2023

Realschule

Original-Prüfungsaufgaben
mit Lösungen

Bayern

Deutsch

STARK

Bildnachweis

S. 4: Texelart.Shutterstock
S. 8: beermedia/AdobeStock.com
S. 10: Ambient Ideas.Shutterstock
S. 15: musicman.Shutterstock
S. 17: Toltemara/AdobeStock.com (oben), © Zoonar/Catalin Petolea – polylooks (unten)
S. 18: stockfour.Shutterstock (oben), jpegwiz.Shutterstock (Mitte), Mathias Rosenthal/AdobeStock.com (unten)
S. 19: DE-V.Shutterstock (oben), Monkey Business Images.Shutterstock (unten)
S. 20: Zerbor/AdobeStock.com (oben), Alexander Limbach/AdobeStock.com (Mitte), 123rf.com (unten)

41. neu bearbeitete und ergänzte Auflage
www.stark-verlag.de

Inhaltsverzeichnis

Erschließen eines pragmatischen Textes

Erschließen eines literarischen Textes

Musteraufgaben des ISB Bayern

Original-Abschlussprüfungen

Abschlussprüfung 2022

Aufgaben .... **www.stark-verlag.de/mystark**

Sobald die Original-Prüfungsaufgaben 2022 freigegeben sind, können sie als PDF auf der Plattform MyStark heruntergeladen werden (Zugangscode vgl. Umschlaginnenseite).

Jeweils zum Schuljahresbeginn erscheinen die neuen Ausgaben der Abschlussprüfungsaufgaben mit Lösungen.

Autor
Thomas Killinger

Vorwort

Liebe Schülerin, lieber Schüler,

dieses Buch möchte dir zeigen, dass eine gelungene Abschlussprüfung keine Glückssache ist, sondern etwas, das strategisch vorbereitet und geübt werden kann. „Für Deutsch kann man nicht lernen!“ und „Später brauche ich das nie mehr!“ sind häufige Vorurteile, die das Training und die Vorbereitung auf Schulaufgaben und Prüfungen nicht eben erleichtern. Doch diese Vorurteile stimmen nicht, da man – ebenso wie in anderen Fächern – auch in Deutsch Fachbegriffe sowie Hintergrundwissen lernen muss und die einzelnen Arbeitsschritte intensiv üben sollte. Mit diesem Buch kannst du genau dies tun und dich umfassend auf die Abschlussprüfung Deutsch vorbereiten und Unsicherheiten abbauen.

Mithilfe der folgenden Kapitel kannst du die wichtigsten Grundlagen für die Bearbeitung der Prüfungsaufgaben wiederholen. Das einführende Kapitel „**Hinweise und Tipps**“ informiert dich über die Rahmenbedingungen der neuen Prüfung und macht dich mit den Grundlagen der Aufsatzarten „Materialgestütztes Argumentieren“ und „Erschließen von pragmatischen oder literarischen Texten“ vertraut.

Die **Übungsaufgaben im Stil der Abschlussprüfung**, die **Musteraufgaben des ISB Bayern** und die **Original-Prüfungsaufgabe** mit ausgearbeiteten Lösungsvorschlägen dienen dir als Orientierung, was in der Prüfung verlangt wird. Die **Hinweise und Tipps** helfen dir bei der Bearbeitung der Aufgaben.

Weitere Informationen und ein intensives Training zu **allen prüfungsrelevanten Aufsatzarten** bietet der Band „Training Abschlussprüfung“ mit ActiveBook zum zusätzlichen Üben am PC/Tablet (Best.-Nr. C09140).

Sollten nach Erscheinen dieses Bandes noch wichtige Änderungen für die Abschlussprüfung 2023 vom Bayerischen Staatsministerium für Unterricht und Kultus bekannt gegeben werden, findest du aktuelle Informationen bei MyStark.

Wie lerne ich mit diesem Buch?

Du kannst ganz individuell mit dem Buch arbeiten und dich auf die schriftliche Prüfung in Deutsch vorbereiten.

Verschaffe dir einen Überblick über die Aufsatzarten und überlege, in welchem Bereich du vorrangig üben willst.

Wenn du dich z. B. beim materialgestützten Argumentieren noch unsicher fühlst, liest du zuerst die Kapitel mit den Informationen zu dieser Aufsatzart und bearbeitest anschließend eine der Übungsaufgaben im Stil der Abschlussprüfung. Diese stammen aus den Original-Abschlussprüfungen der vergangenen Jahre.

Wenn du dich sicherer fühlst und mehr Übung bei der Bearbeitung der einzelnen Aufsatzarten hast, kannst du mit den Musteraufgaben des ISB Bayern oder der Original-Abschlussprüfung (aktuelle Prüfung zum Download) schon einmal den „Ernstfall“ trainieren.

Mit dem Buch kann man sowohl allein als auch in Lerngruppen arbeiten, es kann aber auch im Unterricht eingesetzt werden.

Die Lösungsvorschläge ermöglichen es dir, die eigene Arbeit zu kontrollieren und zu korrigieren. Sie sind jedoch nur als Vorschläge und Anregungen zu verstehen, denn meist gibt es bei Gliederungen verschiedene Aufbaumöglichkeiten oder auch alternative Schwerpunktsetzungen. Gerade bei den argumentativen und kreativen Schreibaufgaben (Aufgaben 4 und 5 bei der Erschließung von Texten) ist die vorgegebene Lösung nur eine Möglichkeit von vielen.

Versuche stets, die Aufgabe zunächst **eigenständig** zu lösen, und sieh nicht gleich in der Lösung nach. Solltest du nicht weiterkommen, helfen dir die **Tipps und Hinweise** vor der jeweiligen Lösung. Wenn du sie gelesen hast, solltest du unbedingt selbstständig weiterarbeiten.

Ich wünsche dir viel Erfolg und Spaß bei der Prüfungsvorbereitung.

Thomas Killinger

HINWEISE UND TIPPS

Hinweise und Tipps

1 Informationen zur Abschlussprüfung

Die Abschlussprüfung im Fach Deutsch gliedert sich in folgende **drei Aufgabenbereiche**, aus denen dir **jeweils ein Thema** gestellt wird:

- Materialgestütztes Argumentieren
- Erschließen eines pragmatischen Textes
- Erschließen eines literarischen Textes

Du wählst **eines der drei Themen** aus. Zur Bearbeitung hast du insgesamt 240 Minuten Zeit. Als Hilfsmittel ist ein Rechtschreibwörterbuch zugelassen.

Materialgestütztes Argumentieren	Erschließen eines pragmatischen oder literarischen Textes
Hier sollst du mithilfe **unterschiedlicher Materialien**, die dir in der Prüfung vorgegeben werden, ein Thema erörtern. Das Angebot an Informationsmaterialien umfasst drei DIN-A4-Seiten. Bei den Materialien kann es sich um Auszüge aus Texten, Diagramme, Schaubilder, Karikaturen usw. handeln, die du hinsichtlich geeigneter Informationen zum Thema auswerten sollst. Gleichzeitig sollst du beim Verfassen des Aufsatzes dein **eigenes Wissen und deine Erfahrungen** miteinbeziehen. Bestandteil deines Aufsatzes ist darüber hinaus auch noch eine **Gliederung**.	Bei dieser Aufgabenart sollst du dich mit einem **journalistischen Text** (z. B. Bericht, Reportage, Kommentar, Glosse) oder einem **literarischen Text** (z. B. Kurzgeschichte, Auszug aus einem Roman, einer Novelle, einer Erzählung) auseinandersetzen, indem du ihn anhand von **fünf Aspekten**, die in der Aufgabenstellung genannt werden, erschließt. Einleitung und Schluss sind ebenfalls Bestandteil des Aufsatzes. Eine Gliederung wird hier nicht verlangt bzw. fließt nicht in die Bewertung ein, kann aber als Schreibplan eine wertvolle Hilfe für dich sein.

Im Folgenden werden die **Aufgabenbereiche** bzw. Aufsatzarten näher erläutert.

2.1 Grundlegendes zur Aufsatzart

Das Wichtigste bei der Vorbereitung ist zunächst die Beantwortung der Frage „wozu?". Natürlich bereitet man sich vor, um eine möglichst gute Note zu erreichen. Doch damit ist die Frage noch nicht ausreichend beantwortet.

TIPP **Ziel der Argumentation**

Beim **Argumentieren** geht es vor allem um die Darlegung von **Argumenten** zu einem bestimmten Thema, für die man zunächst **Behauptungen** aufstellt, die man anschließend gut und stichhaltig **begründet**, mit vielfältigen **Beispielen** belegt und sie zuletzt z. B. mit **Folgen** und **Wirkungen** abrundet.

Das **Argumentieren** bestimmt weite Bereiche unserer alltäglichen Kommunikation. Wenn wir miteinander reden, ist damit immer eine Absicht verbunden, z. B. dass wir unser Gegenüber von etwas überzeugen wollen oder müssen bzw. unsere Gesprächspartner*innen uns von ihrer Sicht der Dinge überzeugen möchten. Denke dabei z. B. an Gesprächsformen und -zusammenhänge im täglichen Leben, etwa beim Bewerbungsgespräch, beim Mitarbeitergespräch, beim Begründen und Abklären von Standpunkten in der Schule zwischen dir und deinen Mitschülerinnen und Mitschülern oder Lehrkräften, in der Teamarbeit, der Partnerschaft oder zu Hause zwischen dir und deinen Eltern. Selbst wenn es nur um die Zeit geht, wie lange du abends oder am Wochenende weggehen darfst, helfen dir **Argumente** (Behauptung + Begründung + Beispiele + Abrundung) weiter.

Eine **Argumentation** muss also **überzeugend** sein. Überzeugen kann aber nur, was **anschaulich, nachvollziehbar und sachlich richtig** ist. Stell dir also vor, dass dein Gegenüber über den Sachverhalt so gut wie nichts weiß und du daher alle Zusammenhänge entsprechend erklären musst. Täglich werden wir in den unterschiedlichsten Medien mit Informationen konfrontiert, die wir auswerten, verarbeiten und mit deren Hilfe wir uns eine Meinung bilden. Diese wollen wir auch möglichst überzeugend und anschaulich an andere weitergeben, z. B. zu Themen aus den Bereichen Politik, Wirtschaft, Unterhaltung oder Mode.

Auch das **materialgestützte Argumentieren**, wie es in der Prüfung verlangt wird, fordert von dir eine umfassende Auseinandersetzung und Auswertung des angebotenen Materials, das sich in ganz unterschiedlichen Formen präsentiert. Damit weist du auch unterschiedliche Kompetenzen nach, die du dir unter anderem im Deutschunterricht angeeignet hast. Die Materialien sollen dein **Wissen und deine Erkenntnisse aus dem eigenen Erfahrungsbereich** sowie dein **Sachwissen**, das dir der **Unterricht** in vielen Fächern vermittelt, jedoch **nicht ersetzen**, **sondern ergänzen**. So ist auch der Begriff „materialgestützt" zu verstehen. Daher ist es auch sinnvoll, den eigenen Wissensstand über den Schulunterricht hinaus zu erweitern. Hier bieten sich die verschiedenen **Medien** als zusätzliche Informationsquellen an. Daher ist zum Beispiel auch das Zeitunglesen eine sinnvolle Form der Prüfungsvorbereitung.

Beim materialgestützten Argumentieren ist es besonders wichtig, dass du Sachverhalte **logisch und überzeugend darstellen** kannst. Wie bei allen Aufsatzarten sind darüber hinaus auch ein **gewandter Schreibstil** und gute Kenntnisse in der **Rechtschreibung und Grammatik** sowie der **Zeichensetzung** erforderlich.

2.2 Erschließen des Themas

Der erste Arbeitsschritt sollte immer eine gründliche **Erschließung des Themas** sein, um sicherzugehen, dass du es auch wirklich verstanden hast.

Gehe dabei wie folgt vor:

Das Thema	Was wird von mir erwartet? Worüber schreibe ich? Was ist die Grundlage für meine Argumentation?
Themaanalyse	Eine genaue Themaanalyse ist die Voraussetzung für eine exakte gedankliche Auseinandersetzung. Eine wichtige Frage dabei ist, welche … 1. **Arbeitsaufträge**, 2. **Denkaufträge** (woran du bei der Stoffsammlung denken sollst, um das Thema ganz zu erfassen), 3. **Hinweise** enthält das Thema? Achte dabei besonders auf den **Vorspann**, der Teil vieler Aufgabenstellungen ist und meist aus einer (provokanten) Aussage besteht.
Themabegriff	Bestimme den oder die zentralen Begriffe des Themas. Er gibt bzw. sie geben allgemein das Thema deiner Argumentation an und sind somit die **Grundlage deiner Argumentation**. Deshalb ist eine genaue und sichere Bestimmung erforderlich.
Einschränkung/ Präzisierung	Das Thema wird häufig durch **weitere Angaben** eingeschränkt. Der einschränkende Begriff kann sich z. B. auf eine bestimmte Personen- oder Altersgruppe beziehen.
Erörterungs-auftrag	Er gibt an, welche Gesichtspunkte du genau erörtern musst (z. B. Möglichkeiten, Gefahren, Vorteile, Nachteile).
Formulieren einer Themafrage	Je nach Aufgabenstellung kann der Erörterungsauftrag aus einer oder zwei Themafragen bestehen.

2.3 Informationsmaterialien auswerten

Die Materialien können dir für **alle Teile des Aufsatzes** Anregungen geben und Fakten liefern. Es wird erwartet, dass du sie möglichst für alle Bereiche deines Aufsatzes nutzt:

- als Materialquelle für deine **Stoffsammlung**
- zur Gewinnung von **Argumenten** zum Thema
- zur anschaulichen **Begründung** deiner Argumente
- zur Veranschaulichung deiner Argumente mit **Beispielen**
- zur Formulierung einer auf das Thema hinführenden **Einleitung**
- zur Ausformulierung eines abrundenden **Schlusses**

Achte bei der Auswertung darauf, dass sich alle entnommenen Informationen **auf das Thema beziehen** und dafür **wichtig** sind. Überlege auch, an welcher Stelle du das Material einsetzen kannst, z. B. in der Einleitung, zur Veranschaulichung von Argumenten oder als Grundlage zur Ableitung neuer Argumente. Beachte auch die **Arbeitsanweisung**, die den Materialien vorangestellt ist: Sie gibt Hinweise, was du bei der Auswertung und der Verwendung des Materials berücksichtigen musst.

Beispiel für eine **Arbeitsanweisung:**

Beziehen Sie die beigefügten Materialien sowie eigenes Wissen und eigene Erfahrungen sinnvoll in Ihre Argumentation ein. Wenn Sie Informationen aus den Materialien wörtlich oder sinngemäß übernehmen, müssen Sie dies in Ihrem Aufsatz angeben.

Wo immer du Daten aus den Materialien verwendest, musst du die **Quelle** korrekt angeben. Wörtlich übernommene Textstellen musst du als **Zitate** kennzeichnen.

TIPP **Hinweis zur Auswertung der Materialien**

Wende bei der Auswertung der Materialien alle dir bekannten Techniken des Markierens und Hervorhebens an. Notiere auch Gedanken und Ideen am Rand. Kläre unbekannte Begriffe mithilfe des **Rechtschreibwörterbuchs**, das dir in der Prüfung zur Verfügung steht. Neben Angaben zur Schreibung liefert es besonders bei Fremdwörtern auch einen Bedeutungshinweis.

Die nachfolgende Tabelle zeigt dir, worauf du bei der **Auswertung der verschiedenen Arten von Materialien** achten solltest:

Textauszug mit Zahlen und Fakten	Längere Textauszüge erfordern eine klare **Untergliederung in Sinnabschnitte**, wie du sie von der Inhaltszusammenfassung kennst. Eine kurze Überschrift für jeden Sinnabschnitt, die den **Kerninhalt** stichpunktartig wiedergibt, hilft dir bei der weiteren Verwendung des Materials in deinem Aufsatz. Zusätzlich zur Auswertung von Zahlen und Fakten ist es bei allen Materialquellen wichtig, die Bedeutung von **(Fach-)Begriffen** zu **klären**. Daher empfiehlt es sich, unbekannte Wörter zu markieren bzw. mit einem Fragezeichen zu kennzeichnen.
Schaubild/ Diagramm	**Schaubilder** stellen wichtige Informationen wie Zahlen oder Zusammenhänge kompakt und anschaulich dar. Sie bestehen häufig aus einer Mischung von grafischen Darstellungen und Aussagen in Textform. Zuerst musst du das **Thema**, zu dem Aussagen gemacht werden, erfassen. Der **Titel** des Schaubilds/Diagramms gibt häufig Auskunft darüber. Überlege als Nächstes, für welchen **Bereich** bzw. für welche **Gruppe** die erhobenen Daten gelten. Achte auch auf die **Einheit**, z. B. Prozent, in der die Angaben gemacht sind.
Tabelle	Da **Tabellen** oft eine **Vielzahl verschiedener Daten** bieten, ist es notwendig, Wichtiges von Unwichtigem zu unterscheiden. Hier empfiehlt sich die **Hervorhebung von auffälligen Zahlen** durch Farben oder Markierungen oder die Kennzeichnung einer Entwicklung bzw. auffälliger Unterschiede innerhalb einer Zahlenreihe. Tabellen haben immer ein **Thema**, das du meist an der Überschrift erkennen kannst. Aus Tabellen kann man zunächst nur einzelne Werte ablesen, viel interessanter sind jedoch **Vergleiche** der Werte und Aussagen zu möglichen Entwicklungen. In diesem Zusammenhang solltest du dich auch fragen, **warum** bestimmte Unterschiede oder Entwicklungen zu erkennen sind.
Karikatur	Auch **Karikaturen** können als Materialgrundlage vorkommen. Diese stellen menschliche Schwächen oder Eigenschaften **überspitzt** dar oder **kritisieren** gesellschaftliche Fehlentwicklungen meist auf witzige und übertriebene Weise. Die jeweilige **Aussage** musst du anhand der dargestellten Gegenstände und ihres Zustands, der abgebildeten Personen und ihrer Haltung bzw. ihres Gesichtsausdrucks **erschließen**. Das Gezeichnete ist meist **auf das Wesentliche reduziert**. Manchmal gibt es kurze Texte zur Erklärung oder als eine Art **Überschrift**.
Bilder	Auch **Bilder** können in Form von Zeichnungen, Fotos oder Plakaten als Material vorkommen. Bei der Auswertung ist es wichtig, die **Bildinhalte** zu erfassen und zu beschreiben. Dazu verschaffst du dir zunächst einen **Überblick** und betrachtest dann die Darstellung und Anordnung der einzelnen **Bildelemente** genauer. Wenn ein **Titel** vorhanden ist, kann er dir bei der **Deutung** des Bildinhaltes und bei der Formulierung einer **Bildaussage** helfen.

2.4 Die Stoffsammlung – Argumente finden

Fertige mithilfe der ausgewerteten Materialien eine **Stoffsammlung** an, z. B. in Form einer Tabelle oder eines Clusters.
Du kannst das **Material** und die **Erkenntnisse aus der Arbeit mit dem Material** auf unterschiedliche Weise in die Stoffsammlung und den Aufsatz einbringen:

- **Materialinhalte direkt übernehmen:** Die Informationsmaterialien kannst du zunächst für die Stoffsammlung nutzen. Aus dem ausgewerteten Material lassen sich einige Ideen für Argumente direkt übernehmen, die du gleich in Form eines Gliederungspunkts notieren kannst.
- **Materialinhalte hinterfragen:** Manche Materialien helfen dir indirekt bei der Suche nach neuen Argumenten. Du musst die Aussagen hinterfragen, um Antworten auf die Themafragen zu erhalten.

2.5 Die Stoffordnung

Die Ideen, die du gesammelt hast, musst du anschließend **sinnvoll ordnen**. Wenn du eine übersichtliche Stoffordnung angefertigt hast, fällt es dir leicht, die Gliederung zu erstellen. Wichtig ist, dass du den **Überblick** behältst und die verschiedenen **Teilbereiche** eines Themas erkennst. Die **Gliederung** richtet sich auch nach der Aufgabenstellung.
Unter Umständen bekommst du bei deiner Stoffsammlung auch Ideen für geeignete **Oberbegriffe**, die du in der Gliederung verwenden kannst. Die Reihenfolge der Argumente hängt unter anderem davon ab, wie du die einzelnen Bereiche in deinem Aufsatz gewichtest. Ordne die Argumente und Oberbegriffe entweder **vom weniger Wichtigen zum Wichtigen** oder **vom weniger Bekannten zum Bekannten**.

Um deine Ideen zu ordnen, kannst du folgende **Techniken** nutzen:

Stoffordnung mithilfe von Symbolen und Farben

Um von einer ungeordneten Stoffsammlung zur Stoffordnung zu gelangen, musst du deine Ideen bei einem zweigliedrigen Thema zuerst den unterschiedlichen **Themafragen** zuordnen. Anschließend solltest du **Oberbegriffe** erarbeiten, die inhaltlich zu deinen **Argumenten** passen. Verwende dazu am besten **Farben oder Symbole**, die du klar definierst, und setze diese vor die einzelnen Begriffe. Vielleicht fallen dir beim Strukturieren auch noch Ungenauigkeiten oder Lücken auf und es zeigt sich, dass du z. B. zu deinen Oberbegriffen noch weitere Argumente finden musst.

Mindmap

Eine Mindmap ist eine bereits **geordnete Gedanken- oder Ideenlandkarte**. Im Unterschied zum Cluster ist die Mindmap strukturiert und kann auch farblich oder zeichnerisch gestaltet sein. Die um den Themabegriff notierten Gesichtspunkte verbindest du dabei mit Linien, die sich verästeln können und so Über- und Unterordnungen veranschaulichen: Mithilfe von vorher erarbeiteten Leitbegriffen zum Thema (Themafrage) lassen sich „**Hauptäste**" zeichnen, die direkt vom „**Stamm**" des Themabegriffs abzweigen und sich wiederum in einzelne „**Zweige**" (Oberbegriffe) und „**Unter-Zweiglein**" (untergeordnete Argumente) verästeln.

2.6 Die Gliederung

Die Gliederung ist sowohl das geordnete **Inhaltsverzeichnis** deines Aufsatzes, mit dem die Leser*innen schnell einen Überblick gewinnen können, als auch dein eigener **Arbeitsplan** für die Ausarbeitung. Für deine folgende Auseinandersetzung mit dem Thema kannst du dich daran „entlanghangeln". Wenn du während des Schreibens noch Veränderungen an der Struktur vornimmst, musst du auch deine Gliederung entsprechend anpassen.
Bei der Erstellung einer Gliederung ist wichtig, dass sie in sich **stimmig und schlüssig** aufgebaut ist. Führe lieber wenige **wichtige Argumente** an, die du dann in deinem Aufsatz auch ausführlich und anschaulich ausarbeiten kannst, als dich in einer Vielzahl von eher unwichtigen und oberflächlichen Einzelargumenten zu verzetteln. Nicht die Anzahl der Argumente ist entscheidend, sondern ihre **Überzeugungskraft**.
Grundsätzlich gibt es zwei Formen der Gliederung: die **konventionelle** und die **numerische Gliederung**.

1. Die konventionelle Gliederung

A. Einleitungsgedanke
B. Themafragen
    I. Erste Themafrage
        1. Oberbegriff
            a) Argument
            b) Argument
        2. Oberbegriff
            a) Argument
            b) Argument
    II. Zweite Themafrage
        …
        …
C. Schlussgedanke

2. Die numerische Gliederung

A. Einleitungsgedanke
B. Themafragen
    1 Erste Themafrage
        1.1 Oberbegriff
            1.1.1 Argument
            1.1.2 Argument
        1.2 Oberbegriff
            1.2.1 Argument
            1.2.2 Argument
    2 Zweite Themafrage
        …
        …
C. Schlussgedanke

In den meisten Fällen reicht die hier angegebene „Tiefe“ der Untergliederung (Themafrage – Oberbegriff – Argument) aus, da du mit deiner Gliederung nur eine **Übersicht** und nicht den genauen Inhalt deines Aufsatzes wiedergeben sollst.

TIPP **Hinweis zur Gliederung**

Einige Grundregeln für die äußere Form und die Formulierung:

- Bei der **numerischen Gliederung** steht **hinter** der jeweils letzten arabischen **Ziffer kein Punkt**.
- Das **erste Wort** eines Gliederungspunkts beginnt mit einem **Großbuchstaben**, auch wenn er nicht als Satz formuliert ist.
- Die Gliederungspunkte zu **Einleitung, Hauptteil und Schluss** können entweder im **Nominalstil** (Wortgruppe mit substantiviertem Verb) oder als Satz (ohne Schlusspunkt) formuliert werden.
- Formuliere die **Oberbegriffe** und **Argumente** einheitlich im **Nominalstil**.
- Jedem **Oberbegriff** sollten **mindestens zwei Argumente** zugeordnet sein.

2.7 Die Ausarbeitung des Aufsatzes

Die Ausarbeitung einer materialgestützten Argumentation besteht aus der **Einleitung**, dem **Hauptteil** mit der Darlegung der Argumente und dem **Schluss**. Je gründlicher du die einzelnen Schritte der Vorarbeit ausgeführt hast, desto leichter fällt dir eine überzeugende schriftliche Ausarbeitung.

Die Einleitung

Die Einleitung soll **gezielt** auf das Thema hinführen, das bedeutet, sie soll …

- die Leser*innen auf das Nachfolgende vorbereiten,
- Interesse und Neugier wecken,
- Hintergrundinformationen zum Thema liefern und
- die Themafrage benennen.

In der Regel ist davon auszugehen, dass einige der Materialien sich gut für einen **Einleitungsgedanken** eignen, z. B. wenn es sich um **aktuelle Entwicklungen oder Ereignisse**, passende **Statistiken** oder **Begriffsdefinitionen** handelt. Oft kannst du Aspekte aus mehreren Materialien kombinieren, um einen besonders anschaulichen und interessanten Beginn deines Aufsatzes zu formulieren. Darüber hinaus hast du die Wahl, selbst einen eigenen passenden Einleitungsgedanken zu formulieren.

TIPP **Hinweis zur Einleitung**

Achte in der Einleitung darauf, …
- **keine Argumente** vorwegzunehmen,
- nicht mehrere Einleitungsvarianten gleichzeitig zu verwenden,
- genau zu überprüfen, welche **Einleitungsvariante** gut zum Thema passt,
- eine sinnvolle, d. h. inhaltlich passende **Überleitung** zur Themafrage zu formulieren,
- Materialinhalte (z. B. Aussagen, Daten) korrekt zu zitieren und ihre **Quelle anzugeben** oder auf die Materialnummer zu verweisen (z. B. Material 1).

Der Hauptteil

Im anschließenden Hauptteil **formulierst** du alle **Argumente** entsprechend der Reihenfolge in der Gliederung aus. Im Hauptteil sollst du dich mit dem vorgegebenen Thema **argumentativ** auseinandersetzen und die Leser*innen überzeugen. Dies gelingt nur, wenn du logisch und nachvollziehbar argumentierst. Achte daher darauf, dass du die Argumente klar und richtig aufbaust.

Informationen aus den Materialien kannst du für **Begründungen** und **Beispiele** verwenden, indem du sie **direkt in deine Argumente** einbindest. Dadurch gelingt es dir, zum einen deine Argumentation stichhaltig zu belegen und zum anderen die Anschaulichkeit deiner Aussagen zu steigern.

Beginne jedes Argument mit einem neuen Absatz. Verknüpfe sowohl die Argumente als auch die Übergänge zum nächsten Oberpunkt bzw. Teilbereich des Themas miteinander. Um die einzelnen Argumente zu verbinden, musst du geschickt **überleiten**.

TIPP **Hinweis zur Überleitung**

Als Vorbereitung auf die Prüfung solltest du dir eine Reihe von **Verknüpfungen** notieren und einprägen. Hier bieten sich an:
- **Adverbien und Konjunktionen** (z. B. außerdem, zusätzlich, daneben, aber),
- **sprachliche Wendungen** (z. B. Man darf nicht vergessen, dass …; Hinzu kommt, dass …; Zu nennen ist …),
- Aufgreifen des **vorangehenden Arguments oder der Themafrage** (z. B. Neben den Vorteilen aus … ergeben sich aber auch positive Folgen für …).

Weitere Beispiele findest du bei den ausgearbeiteten Aufsätzen zu den Übungs- und Prüfungsthemen.

Der Schluss

Der Schluss soll die Erörterung **abrunden**. Das heißt, der Schlussgedanke soll möglichst gut an deine Argumentation anschließen und deine **Aussagen in einem Ergebnis zusammenfassen**. Es können auch mehrere Möglichkeiten für einen Schlussgedanken miteinander kombiniert werden.

Auch für die Gestaltung des Schlusses ist die Verwendung von Inhalten aus den Materialien möglich, z. B. indem du **direkt Aussagen aus den Materialien verwendest** oder dich **zu eigenständigen Schlussgedanken anregen** lässt. Denke dabei an die bekannten Varianten für den Schluss und überlege, welche Informationen sich dafür eignen könnten. Dies sind beispielsweise Aspekte, die du für die Erarbeitung des Aufsatzes nicht verwendet hast, die aber zum Thema passen, es ergänzen oder aus einem anderen Blickwinkel beleuchten.

TIPP **Hinweis zum Schlussgedanken**

Achte bei der Ausarbeitung deines Schlussgedankens auf Folgendes:

- **Vermeide** inhaltliche **Wiederholungen** aus dem Hauptteil.
- Verwende **keine neuen Argumente**.
- Nimm dir für die Ausformulierung des Schlussteils genügend Zeit, damit dein Aufsatz genauso **überzeugend** endet, wie er beginnt.

Dein Aufsatz setzt sich also aus folgenden **Bestandteilen** zusammen:

Einleitung	Jede Einleitung besteht aus **drei Teilen:** • Einleitungsgedanke • Überleitung • Themafrage(n) Für einen **eigenständigen Einleitungsgedanken** bieten sich u. a. an: • persönliche Erlebnisse oder Erfahrungen • aktuelles Ereignis oder aktuelle Entwicklung • geschichtlicher Rückblick oder Vergleich der Vergangenheit mit der Gegenwart • Definition des Themabegriffs • Vergleich mit Ähnlichem oder Gegenüberstellung von Gegensätzlichem • Zitat, Sprichwort, Redensart oder Motto • Statistiken oder Ergebnisse von Untersuchungen
Hauptteil	Ein **Argument** besteht in der Regel aus folgenden Teilen/Bausteinen: • Überleitung vom vorherigen Argument • Behauptung, veranschaulicht durch • Begründung(en) und • Beispiel(e) • Folgen/Wirkungen, Auswirkungen, Rückführung als Abrundung

Schluss	Als **Schlussgedanken** bieten sich u. a. an: • Zusammenfassung der Argumente • Folgerung aus dem Geschriebenen • begründete persönliche Stellungnahme • Ausblick in die Zukunft • Vergleich mit Ähnlichem • gegensätzlicher Gedanke • weiterführender Gedanke • persönlicher Wunsch

2.8 Hinweise zum Üben der Aufsatzform

Vollständige **Gliederungs- und Aufsatzbeispiele**, die die einzelnen Arbeitsschritte der **materialgestützten Argumentation** berücksichtigen und darstellen, findest du in den **Lösungsvorschlägen zu den Übungs- und Prüfungsaufgaben**. Verwende sie nicht nur als Anschauungsmaterial, sondern als Grundlage zur eigenständigen Übung:

- **Einüben der Gliederung:** Erarbeite jeweils zu den Themen des materialgestützten Argumentierens selbstständig eine Gliederung. **Vergleiche hinterher** deine Lösung mit der vorgeschlagenen Gliederung und überarbeite sie gegebenenfalls.
- **Einüben der vollständigen Ausarbeitung:** Wenn du dir bei der Ausarbeitung noch unsicher bist, dann **orientiere dich** zunächst an den **Gliederungsvorschlägen** und formuliere anschließend **einzelne Bereiche bzw. den ganzen Aufsatz** aus. Wenn du dir schon sicherer bist: Sieh dir nur die Aufgabenstellung an und entwirf eine eigene Gliederung und schreibe einen vollständigen Aufsatz. **Vergleiche und überarbeite** deine Lösungen am Ende mithilfe der Hinweise und Lösungsmöglichkeiten in diesem Buch.

Beachte dabei aber, dass es sich hier nur um Lösungsvorschläge handelt. Die Gliederungen sollen dir lediglich eine **Orientierung** bieten, welche Argumente zu den Themen möglich wären. Sie sind daher zum Teil umfangreicher, als sie von dir in der Prüfung erwartet werden. In der Regel genügt es, wenn du insgesamt zehn bis zwölf Argumente findest, die du nachvollziehbar begründest und mit Beispielen veranschaulichst.

TIPP **Leitfaden zum materialgestützten Argumentieren**

Den Leitfaden zum materialgestützten Argumentieren kannst du auch als „Checkliste" verwenden, um zu überprüfen, ob du alle Schritte beherrschst.

1. **Lies** das Thema zum materialgestützten Argumentieren sorgfältig durch.
2. **Analysiere** das Thema genau nach Themabegriff, Einschränkung/Präzisierung, Erörterungsauftrag und Art des Themas.
3. **Werte** das Informationsmaterial **gründlich aus**. Notiere dir, für welche Teile des Aufsatzes du die Informationen jeweils verwenden kannst.
4. Fertige eine **Stoffsammlung** mithilfe einer der vorgeschlagenen Techniken an (Tabelle oder Cluster).
5. **Ordne** den **Stoff** nach den Themafragen, Oberbegriffen und den dazugehörigen Ideen für Argumente. Wende zur Stoffordnung eine der vorgeschlagenen Techniken an (Markierung mit Farben und Symbolen, Mindmap).
6. Ergänze das nun erarbeitete Gliederungsgerüst durch **Einleitungs-** und **Schlussgedanken**.
7. Formuliere die **Gliederung** endgültig, achte dabei auf eine schlüssige Anordnung der Argumente (z. B. vom weniger Wichtigen zum Wichtigen) und einen einheitlichen Sprachstil (Nominalstil oder Satz). Beachte dabei auch die Grundregeln für die äußere Form und die Formulierung der Gliederung.
8. Gestalte die **Einleitung** mithilfe eines eigenständigen Einleitungsgedankens oder unter Verwendung von Materialinhalten und halte dich an den dreiteiligen Aufbau: Einleitungsgedanke, Überleitung und Themafrage(n).
9. Formuliere alle **Argumente** nach dem Argumentationsschema:
   Behauptung – Begründung – Beispiel (– Abrundung) – Überleitung.
   Verwende sprachliche Verknüpfungen zwischen den einzelnen Teilbereichen des Aufsatzes und zwischen den Oberbegriffen bzw. Argumenten.
10. Runde **den Aufsatz** mit einem anschaulichen **Schluss** sinnvoll ab. Verwende dazu geeignete Materialinhalte oder eine eigene Variante.
11. Überarbeite deinen Aufsatz abschließend nach den obigen Punkten. Beachte dabei auch die **äußere Form** (Absätze, Schrift, Korrekturrand) sowie **Rechtschreibung, Grammatik und Zeichensetzung**. Verbessere auch umgangssprachliche Ausdrücke, Wiederholungen und Verallgemeinerungen.

Bei der Erschließung eines pragmatischen oder literarischen Textes handelt es sich um **zwei verschiedene Aufsatzarten**, die aber aufgrund der Ähnlichkeit der Arbeitsaufträge im Folgenden zusammen vorgestellt werden.

3.1 Grundlegendes zu den Aufsatzarten

Eine Texterschließung bezieht sich immer auf einen **Text**, der dir in der Prüfung vorgelegt wird. Es kann sich dabei entweder um einen **literarischen oder einen pragmatischen Text**, also einen Sachtext handeln. Zu diesem werden dir dann immer insgesamt **fünf Arbeitsaufträge** gestellt, die du in Form eines gegliederten Aufsatzes bearbeiten musst. Drei dieser Aufgaben befassen sich mit der **Texterschließung**. Die restlichen zwei Arbeitsaufträge kann man als **weiterführende Aufgaben** bezeichnen. Diese beziehen sich aber ebenfalls auf den Text.

- In den ersten drei Aufgaben zur **Texterschließung** musst du dich beschreibend und auch interpretierend mit dem **Inhalt**, der **Sprache** und einer **weiteren Besonderheit** des vorgegebenen Textes auseinandersetzen.
- Die vierte Aufgabe ist eine sogenannte **argumentative Schreibaufgabe**. Bei dieser sollst du zu einer Aussage aus dem Text oder einer Frage- bzw. Problemstellung, die der Text aufwirft, eine **begründete Stellungnahme** verfassen. Es kann auch sein, dass die Stellungnahme in eine andere Textart, z. B. einen Leserbrief oder einen Aufruf für die Schülerzeitung, gekleidet werden soll.
- Der fünfte Arbeitsauftrag besteht aus einer offeneren **kreativen Schreibaufgabe**, die auch eng im Zusammenhang mit dem vorliegenden Text oder seinen Aussagen steht. Hierbei handelt sich z. B. um einen inneren Monolog, einen Tagebucheintrag oder eine Fortsetzung der Geschichte.

Da ein längerer Text deine Arbeitsgrundlage darstellt, besteht deine erste Arbeitsaufgabe im **sinnerfassenden und genauen Lesen**. Lies den Text mehrfach gründlich durch, unterstreiche wichtige Schlüsselstellen und markiere Auffälliges (z. B. mit Ausrufezeichen) oder Unklares (z. B. mit Fragezeichen). Setze dich anschließend mit den Arbeitsaufträgen auseinander und arbeite genau heraus, was diese von dir verlangen.

Wie jeder Aufsatz besteht auch die Texterschließung aus **Einleitung, Hauptteil** (= die Bearbeitung der fünf Arbeitsaufträge) und **Schluss**. Eine Gliederung wird zwar nicht verlangt, doch ist es empfehlenswert, wenn du einen knappen **Schreibplan** anlegst. Darin kannst du die Arbeitsaufträge (in der Reihenfolge der Aufgabenstellung) auflisten und bei jedem Oberpunkt jeweils die wesentlichen Unterpunkte ergänzen. Damit ist sichergestellt, dass du nichts vergisst oder übersiehst.

3.2 Die Einleitung

Die Einleitung beim Erschließen von Texten soll das **Interesse** der Leser*innen **wecken** und zur **Thematik hinführen**. Dafür eignen sich folgende Inhalte:

- Informationen über **die Autorin/den Autor** (oder nur Nennung des Namens, wenn keine weiteren Angaben vorhanden sind)
- **Daten zum Text** (Titel, Quelle, Erscheinungszeit usw.)
- Einordnung des Textes in die literarische oder geschichtliche **Epoche** (bei literarischen Texten)
- Benennung der **Textsorte**
- **Kernsatz** zur zentralen Thematik des Textes

oder:

- Hinführung zum Thema durch einen **eigenständigen Einleitungsgedanken**

3.3 Der Hauptteil

Im **Hauptteil** der Texterschließung sollst du die in der Aufgabenstellung genannten Arbeitsaufträge ausarbeiten. Zunächst musst du dich **mit dem Text auseinandersetzen** und zeigen, dass du den Text verstanden hast.

Folgende **fünf Aufgabenbereiche** werden im Hauptteil von dir gefordert:

Aufgabe 1	einfache **Inhaltszusammenfassung** (beim literarischen Text) oder Inhaltszusammenfassung unter Berücksichtigung des Aufbaus des Textes (beim pragmatischen Text)
Aufgabe 2	Untersuchen und Reflektieren der **Sprache** des Textes
Aufgabe 3	Erschließen einer **Besonderheit des Textes**, z. B. Bestimmung der Textsorte (evtl. unter Berücksichtigung des Textäußeren), Absicht der Autorin/des Autors und Wirkung des Textes auf die Leser*innen, Charakterisierung der Hauptpersonen (nur bei literarischen Texten)
Aufgabe 4	**begründete Stellungnahme/argumentative Schreibaufgabe** zu einer Aussage des Textes oder einer Frage- bzw. Problemstellung, die der Text aufwirft, z. B. persönliche Stellungnahme, Leserbrief, Aufruf/Appell, Beschwerde
Aufgabe 5	**offenere kreative Schreibaufgabe** zum Text bzw. dessen Thematik, z. B. persönlicher Brief, Tagebucheintrag, Fortsetzung eines Textes, Übertragung in eine andere Textsorte, Schilderung von Gedanken und Empfindungen/innerer Monolog

Im Folgenden werden die **fünf Aufgabenbereiche** näher erläutert.

Aufgabe 1: Inhaltszusammenfassung

Achte bei einer **Inhaltszusammenfassung** auf Folgendes:

- Beantwortung der wichtigen W-Fragen
- Beschränkung auf das Wesentliche
- in eigenen Worten formulieren
- Zeitstufe Präsens
- indirekte Rede (statt wörtlicher Rede)
- beim pragmatischen Text: Funktion der einzelnen Sinnabschnitte für das Textganze, also z. B. Einleitung, Hinführung, Wendepunkt, Darstellung der Ausgangssituation, Schlusspointe

Bei **pragmatischen Texten** ist also **zusätzlich zur Inhaltszusammenfassung** auch der **Aufbau des Textes**, d. h. die Funktion der einzelnen Sinnabschnitte, zu erfassen.

Aufgabe 2: Untersuchen und Reflektieren der Sprache

Diese Aufgabe kann sich auf den **ganzen Text** oder auch nur auf **einen bestimmten Textabschnitt** beziehen. Zu einer Sprach- und Stilanalyse gehört es immer auch, die **Wirkung** der erarbeiteten Merkmale konkret am Text zu beschreiben. Stelle die Sprachanalyse unter folgende **Leitfragen:**

1. Was will die Autorin/der Autor mit dem Text erreichen? (Absicht/Ziel)
2. Wie hat die Autorin/der Autor ihre/seine Gedanken, Inhalte formuliert? (Grammatik/Stil)
3. Welche Wirkung besitzen die einzelnen sprachlichen Gestaltungsmittel?

Dabei kannst du folgende Aspekte untersuchen:

- **Wortwahl:** Besonderheiten bei bestimmten Wortarten (Verben, Nomen, Adjektive ...), Fremdwörter, fachsprachliche Ausdrücke (Wissenschaft, Technik, Sport ...) usw.
- **Sprachebene:** Jugendsprache, Umgangssprache usw.
- **Satzbau:** Satzarten (Fragesätze, Interjektionen ...), Satzstruktur (Satzgefüge, Satzreihe), Stilmittel des Satzbaus (Ellipse, Inversion ...), Zusammenhänge zwischen Absicht und Satzbau usw.
- **Stilmittel/rhetorische Mittel:** Aufzählung, Alliteration, Vergleich, Ironie usw.
- **Rede und Gedanken:** direkte Rede, indirekte Rede, innerer Monolog usw.
- **Erzählperspektive:** Ich-Erzähler, personaler Erzähler usw.

Aufgabe 3: Erschließen einer Besonderheit des Textes

Charakterisierung der Hauptperson(en)

Bei literarischen Texten wird üblicherweise eine Charakterisierung der Hauptperson(en) verlangt. Die **äußeren Merkmale** (Name, Alter, Beruf usw.) kannst du leicht der Textvorlage entnehmen. Die **Charaktereigenschaften** werden hingegen meistens nicht konkret genannt. In diesem Fall musst du aus dem Verhalten Rückschlüsse ziehen und so den handelnden Personen bestimmte Charaktermerkmale zuordnen (z. B. fleißig/faul, ehrlich/verlogen, gutgläubig/misstrauisch, offen/verschlossen). Wichtig sind hierfür nicht nur die Verhaltensweisen der zu beschreibenden Person, sondern auch das **Verhalten der anderen Beteiligten ihr gegenüber**. Oft hilft dir bei der Charakterisierung auch der Blick auf bestimmte Satzteile wie Attribute und Adverbiale. Belege deine Aussagen immer am Text.

Bestimmung der Textsorte anhand typischer Merkmale

Die Textsorte lässt sich anhand zahlreicher Merkmale bestimmen, darunter fallen neben **inhaltlichen Aspekten** üblicherweise auch der Textaufbau, die **Absicht der Verfasserin/des Verfassers** oder bestimmte sprachliche Mittel. Wenn zudem von dir verlangt wird, dass du bei der Textsortenbegründung auch auf das **Textäußere** (äußerer Aufbau, äußere Form, Aufmachung, Erscheinungsbild) eingehen sollst, kannst du folgende Bereiche genauer untersuchen:

- Umfang und Aufbau: Überschriften, Dachzeilen, Schlagzeilen, Vorspann, Absätze, Spalten, Name der Autorin/des Autors, Rubrikname usw.
- Schriftgröße der Schlagzeilen, Fettdruck, Balken, Rahmen, Bilder, Karikaturen, Diagramme, Zeichnungen, Hervorhebungen usw.

Bei einem Textsortennachweis sollst du wichtige Merkmale der Textsorte anführen und sie mit Textbeispielen belegen. Hierzu musst du die **wichtigen und eindeutigen Merkmale der Textsorten** gelernt haben und sicher beherrschen. Manchmal kann es sich bei den Texten aber auch um **Mischformen** handeln. Dann musst du darauf hinweisen und die Hauptmerkmale der infrage kommenden Textsorten herausarbeiten.

Folgende **Textsorten** können dir in der Prüfung begegnen:

Journalistische Texte		Literarische Texte	
informierend:	Bericht, Reportage	erzählend:	Kurzgeschichte, Erzählung, Romanauszug
meinungsbildend:	Kommentar, Glosse, Kolumne	verspottend:	Satire

Absicht der Autorin/des Autors und Wirkung des Textes auf die Leser*innen

Stelle ausführlich **anhand von Textstellen** dar, was die Autorin oder der Autor mit ihrem oder seinem Text **aussagen will** und **welche Wirkung** der Text auf dich als Leser*in hat. Halte dich auch hier an die Funktion der **Textsorte**.

Texte können z. B. …

- unterhalten,
- Kritik an gesellschaftlichen oder politischen Missständen oder an bestimmten menschlichen Verhaltensweisen üben,
- zum Nach- und Weiterdenken anregen,
- zum Handeln aufrufen,
- einen Standpunkt klar darlegen,
- an die Vernunft appellieren,
- zur Hilfe aufrufen,
- Verhaltensänderungen erreichen wollen,
- zur Überprüfung eigener Ansichten herausfordern oder
- einfach nur informieren.

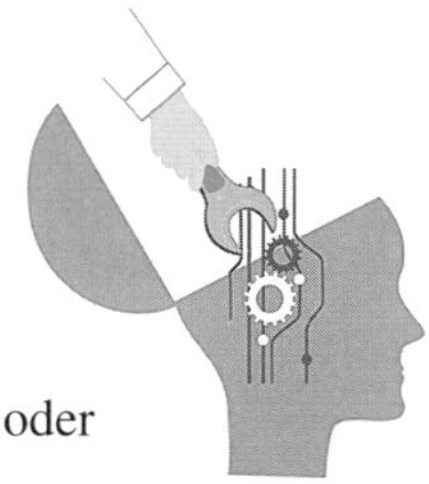

Aufgabe 4: Argumentative Schreibaufgabe/Begründete Stellungnahme

Die argumentative Schreibaufgabe besteht immer aus einer **begründeten Stellungnahme**, die z. B. auch in die Form eines Leserbriefs, eines Appells/Aufrufs oder einer Beschwerde gekleidet sein kann. Wichtig ist bei dieser Aufgabe vor allem, dass du **mit Argumenten überzeugst**. Du musst also nach dem Schema Behauptung – Begründung – Beispiel – Abrundung vorgehen. Einzelne Beispiele dazu findest du in den Lösungen zu den Übungs- und Prüfungsaufgaben. Vom Umfang her solltest du dich an der Wortzahlangabe, die in der Aufgabenstellung gemacht wird, orientieren. Bei durchschnittlicher Schriftgröße dürfte deine Stellungnahme mindestens eine DIN-A4-Seite umfassen.

Folgende **Textarten** können z. B. von dir verlangt werden:

Persönliche Stellungnahme

Bei der **persönlichen Stellungnahme** innerhalb der Erschließung eines Textes musst du zu einer Aussage, zu einem Gesichtspunkt oder zur Thematik des Textes zuerst **Position beziehen** und dann **deine Meinung** mithilfe von **Argumenten** begründen. Die Argumente sind genauso wie bei der materialgestützten Argumentation aufzubauen. Hier wird von dir aber keine so umfangreiche Abhandlung wie bei der materialgestützten Argumentation erwartet. Üblicherweise genügen zwei bis drei aussagekräftige und ausführliche Argumente, damit die erwartete Textlänge erreicht wird.

Leserbrief

In einem **Leserbrief** wendest du dich in Briefform an eine Zeitung oder Zeitschrift und äußerst dich zu einem Zeitungsartikel (in der Regel der Text aus der Aufgabenstellung), den du berichtigst, ergänzt oder kritisierst. Du kannst hier auch Anregungen, Lösungsvorschläge oder Hinweise auf weitere Probleme ansprechen. Diese Aufgabe ist ebenfalls mit einer **Stellungnahme** verknüpft. Das bedeutet, dass du deine Meinung zum Thema äußern und mithilfe von **Argumenten** untermauern sollst. Daher musst du sowohl die Grundregeln der Stellungnahme als auch die Merkmale der Briefform einhalten. Nimm bei der Darstellung auch Rücksicht auf die Leser*innen und beachte ihr mögliches Wissen (oder Nicht-Wissen) und ihre Erwartungen an die Sprache. In der Regel sollte ein Leserbrief **sachlich** und ohne Umgangssprache formuliert werden.

Aufruf/Appell

Ein **Aufruf/Appell** gehört zu den sogenannten appellativen Texten. Aufrufe wollen überzeugen und appellieren an die Leser*innen, in einer gewünschten Art **zu handeln**. Ein Aufruf sollte daher auch stichhaltige **Argumente** liefern. Diese sollten nicht nur überzeugen, sondern auch die Aufmerksamkeit der Leser*innen wecken.

Beim Aufruf musst du dich – im Gegensatz zur persönlichen Stellungnahme – nicht immer an eine sachliche Sprache halten. Um die Zielgruppe deines Aufrufs überzeugen zu können, sind umgangssprachliche oder jugendsprachliche Formulierungen ggf. besser geeignet. Damit sich die Leser*innen direkt angesprochen fühlen, solltest du die Anredepronomen „du" oder „Sie" verwenden.

Beschwerde

Eine **Beschwerde** hat ebenfalls Appellcharakter. Die Beschwerdeführer*innen möchten z. B. erreichen, dass eine Person oder Personengruppe ihr **Verhalten ändert** oder dass ein **sachlicher Mangel behoben** wird. Zunächst musst du klären, was du erreichen möchtest, und dann **Argumente** anbringen, warum du mit einem Verhalten oder einer Situation nicht einverstanden bist. In der Regel wird eine Beschwerde in der **Form eines Briefs** von dir verlangt. Halte dich also an die äußere Form eines offiziellen bzw. formalen Briefs. Schreibe **sachlich**, nur so kannst du dein Anliegen überzeugend darstellen. Berücksichtige dabei auch die Situation der Beschwerdeempfänger*innen.

Aufgabe 5: Offenere kreative Schreibaufgabe

Offenere kreative Schreibformen verlangen, dass du auf Grundlage des vorliegenden Textes selbst **sprachlich kreativ** wirst.

Folgende **Textsorten** können z. B. von dir verlangt werden:

Persönlicher Brief

Ein persönlicher Brief wird anders als ein formaler Brief gestaltet. Das beginnt schon mit der **äußeren Form:** In der Regel ist es nicht erforderlich, dass du die Anschrift der Verfasserin/des Verfassers und der Empfängerin/des Empfängers im Briefkopf einfügst. Es genügen die Angaben von Ort und Datum sowie die Anrede. Zudem musst du dich in die **Situation der Figur** hineinversetzen, die den Brief schreibt, denn es geht immer darum, dass du aus ihrer **Perspektive** schreibst. Wichtig ist, dass du Gefühle, Gedanken und Eindrücke so schilderst, als ob du die betreffende Figur wärst. Verwende daher die **Ich-Form**.
Da es sich bei der Verfasserin oder dem Verfasser immer um eine Figur aus einem Text handelt, solltest du die **Informationen** berücksichtigen, die der Text vermittelt. Dabei solltest du dich vor allem auf Einzelheiten beziehen, die dieser Figur wichtig sind.
Versetze dich aber auch in **die Empfängerin oder den Empfänger** hinein. Bedenke, was sie oder er weiß oder wissen könnte. Nimm auch auf ihre oder seine Gefühle Rücksicht – selbst dann, wenn du Kritik an der Person üben willst. Dabei solltest du eine **Sprachebene** wählen, die der Adressatin/dem Adressaten entspricht. Ob du z. B. auch umgangssprachliche Wendungen benutzen kannst, hängt ganz von der Person ab, an die der Brief gerichtet ist. Beende deinen Brief mit einer entsprechenden Schlussformel.

Tagebucheintrag

Ein Tagebucheintrag ist ein ganz besonders **persönlicher Text**, da die Verfasserin oder der Verfasser hier nicht nur über ihre oder seine Probleme und Sorgen sprechen kann, sondern auch die geheimsten Gedanken und Gefühle zum Ausdruck bringt. Die Verfasserin oder der Verfasser geht schließlich davon aus, dass niemand – außer ihr/ihm selbst – das Tagebuch lesen wird.
Es gibt vor allem zwei Gründe, warum man ein Tagebuch schreibt: Zum einen ist es wie ein **Ventil für die eigenen Gefühle und Gedanken**. Das können positive Gefühle sein (z. B. wenn man frisch verliebt ist) oder auch negative Gefühle (z. B. wenn man sich an einem Tag über jemanden ganz besonders geärgert hat). Zum anderen dient der Tagebucheintrag der **Erinnerung:** Man schreibt all das hinein, was man nicht vergessen möchte (z. B. wenn man ein besonderes Urlaubserlebnis für sich festhalten will).
Einen Tagebucheintrag kannst du sehr frei formulieren. Umgangssprachliche Wendungen solltest du aber nur verwenden, wenn das zu der Figur, in die du dich hineinversetzen sollst, passen würde.
Wie der persönliche Brief steht auch ein Tagebucheintrag immer im **Zusammenhang mit dem Text**. Du musst also in diesem Fall genau überlegen, welche Gedanken und Gefühle die betroffene Figur dazu veranlassen könnten, einen Tagebucheintrag zu schreiben, und welche Informationen du aus dem Originaltext sinnvoll einbauen kannst.

Fortsetzung eines Textes

Bei literarischen Texten wie Kurzgeschichten, Romanauszügen oder Satiren kann die kreative Schreibaufgabe auch darin bestehen, dass du eine Fortsetzung des Textes schreiben sollst. Wichtig ist hier, dass du einen möglichst „nahtlosen" **Übergang** zum Originaltext herstellst. Das betrifft sowohl die **Sprache** als auch den **Inhalt**. Du sollst also nicht einfach deiner Fantasie freien Lauf lassen, sondern musst den vorgegebenen Text so weitererzählen, dass man kaum merkt, dass die Fortsetzung nicht von der Autorin oder dem Autor, sondern von dir stammt.
Daher ist es wichtig, dass du möglichst nahe an der **Sprache des Originaltextes** formulierst und deine Weiterführung der Handlung **glaubwürdig** wirkt. Überlege auch genau, welche **Verhaltensweisen** zu den Figuren, von denen erzählt wird, passen könnten. Mitunter wird auch verlangt, dass du den Text **aus der Sicht einer bestimmten Figur** weitererzählst. Dann musst du dich in diese Figur hineinversetzen und überlegen, wie sie denken, handeln und fühlen könnte. In diesem Fall schreibst du deine Fortsetzung in der **Ich-Form**.

Übertragung in eine andere Textsorte

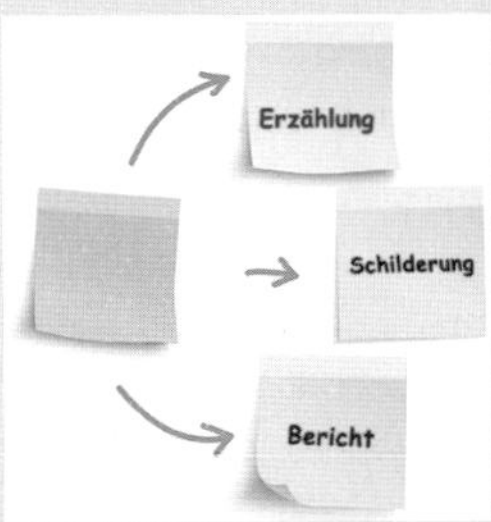

Wenn du den gegebenen Text in eine andere Textsorte übertragen sollst, sind zwei Schwierigkeiten zu bewältigen: Zum einen musst du das im Originaltext **dargestellte Geschehen** Schritt für Schritt rekonstruieren und **alle wesentlichen Informationen** des Ausgangstextes dabei berücksichtigen. Zum anderen musst du deine Darstellung an die neue Textsorte anpassen. Wichtig ist daher, dass du die besonderen **Merkmale der Textsorte** gut kennst und bei deiner Darstellung genau beachtest. Infrage kommen hier z. B. die Textsorten „Erzählung" und „Schilderung".

Schilderung von Gedanken und Empfindungen, innerer Monolog

Eine Schilderung stellt Erlebnisse, Ereignisse, vor allem aber **Gedanken, Stimmungen und Empfindungen** anschaulich dar. Ihr Ziel ist nicht, über ein Geschehen zu informieren, sondern die Wirkung des Geschehens auf eine Person zu veranschaulichen. Deswegen stehen Gedanken und Empfindungen im Vordergrund. Diese lassen sich besonders gut in Form eines **inneren Monologs** darstellen. Wenn du die Form eines **inneren Monologs** wählen sollst, musst du das Geschehen in der **Ich-Form** aufschreiben. Dabei musst du vor allem die möglichen Gedanken der Person darstellen. Dazu hast du eine Vielzahl sprachlicher Gestaltungsmöglichkeiten, z. B. Frage- und Ausrufesätze oder unterbrochene Sätze.

3.4 Der Schluss

Es gibt mehrere Möglichkeiten, einen **Schluss** zu gestalten:

- persönliche **Stellungnahme** zum Text
- kurze **Zusammenfassung** wichtiger Ergebnisse der Auseinandersetzung mit dem Text
- begründete **Kritik oder Würdigung** des Textes oder der Absichten
- **Ergänzung** um einen Teilaspekt, der in der Aufgabenstellung selbst nicht verlangt ist
- **Ausblick** in die Zukunft
- **Appell** an die Leser*innen

Wenn als argumentative Schreibaufgabe eine persönliche Stellungnahme, beispielsweise in Form eines Leserbriefs, verlangt wird, ist es ratsam, im Schlussteil auf eine eigene Stellungnahme zu verzichten und stattdessen eine der **anderen Möglichkeiten** zu wählen.

3.5 Hinweise zum Üben der Aufsatzformen

Vollständige **Aufsatzbeispiele**, die die einzelnen Arbeitsschritte der Erschließung von pragmatischen oder literarischen Texten berücksichtigen und darstellen, findest du in den **Lösungsvorschlägen zu den Übungsaufgaben und Abschlussprüfungen**. Verwende sie nicht nur als Anschauungsmaterial, sondern als Grundlage zu eigenständigen Übungen.

Wenn du dir bei der Ausarbeitung des Aufsatzes noch unsicher bist, dann lies dir die **Lösungshinweise** durch und formuliere anschließend **einzelne Bereiche bzw. den ganzen Aufsatz** aus. Wenn du dir schon sicherer bist: Sieh dir nur die Aufgabenstellung an und schreibe einen vollständigen Aufsatz. **Vergleiche und überarbeite** deine Lösungen am Ende mithilfe der Hinweise und Lösungsmöglichkeiten in diesem Buch.

Beachte dabei aber, dass es sich hier nur um Lösungsvorschläge und „Maximallösungen“ handelt, die von dir in diesem Umfang nicht erwartet werden, um als sehr gute Arbeit zu gelten.

TIPP **Leitfaden zum Erschließen von pragmatischen oder literarischen Texten**

Den Leitfaden zum Erschließen von pragmatischen oder literarischen Texten kannst du auch als „Checkliste“ verwenden, um zu überprüfen, ob du alle Schritte beherrschst.

1. **Analysiere** die fünf Aufgaben, die in der Aufgabenstellung genannt werden, genau.
2. **Lies** den Text mehrmals gründlich durch und **unterstreiche** dabei wichtige Stellen oder hebe sie farbig hervor. **Kennzeichne** Bedeutsames oder unklare Textstellen mit Symbolen (Frage- oder Ausrufezeichen). **Notiere** auch spontane Gedanken und Ideen am Rand.
3. Erstelle auf einem separaten Blatt Papier anhand der Aufgabenstellung eine **Grobgliederung**, die dir als **Schreibplan** für deinen Aufsatz dient.
4. Erarbeite die Aufgaben der Reihe nach mithilfe deiner Markierungen und Randnotizen. Halte die Ergebnisse stichpunktartig in einer Stoffsammlung fest. Berücksichtige dabei alle **Arbeitshinweise**, die du bei den einzelnen Aufgabenbereichen erfüllen sollst.
5. Schreibe die **Einleitung**, um zu deinem Aufsatz hinzuführen (Basisinformationen oder eigenständige Hinführung).
6. Formuliere nun mithilfe deines **Schreibplans** und der **stichpunktartigen Stoffsammlung** die drei Abschnitte der Texterschließung aus. Achte darauf, die einzelnen Arbeitsbereiche sprachlich zu verknüpfen und jede Teilaufgabe mit einem neuen **Absatz** zu beginnen.
7. Bearbeite anschließend die **argumentative und die kreative Schreibaufgabe** entsprechend der jeweiligen Aufgabenstellung.
8. Runde deinen Aufsatz mit einem sinnvollen **Schluss** ab.
9. Überarbeite deinen Aufsatz abschließend nach den obigen Punkten. Beachte dabei auch die **äußere Form** (Absätze, Schrift, Korrekturrand) sowie **Rechtschreibung, Grammatik und Zeichensetzung**. Verbessere auch umgangssprachliche Ausdrücke, Wiederholungen und Verallgemeinerungen.

ÜBUNGSAUFGABEN

Materialgestütztes Argumentieren
Übungsaufgabe 1

In vielen Berufen gibt es die Möglichkeit zum Homeoffice. Erörtern Sie die Vorteile und mögliche Probleme.

Gehen Sie zur Bearbeitung des Themas zunächst das vorliegende Material durch und überlegen Sie sich, welche Informationen Sie für Ihren Aufsatz verwerten möchten. Das Material dient zur Ergänzung Ihrer eigenen Ideen. ***Es muss jedoch deutlich erkennbar sein, dass Teile des Materials in die Bearbeitung mit einbezogen wurden.*** *Falls Sie Textstellen wörtlich übernehmen bzw. angegebene Daten oder Aussagen verwenden, müssen Sie dies in Ihrem Aufsatz angeben.*

Material 1 **Statistik**

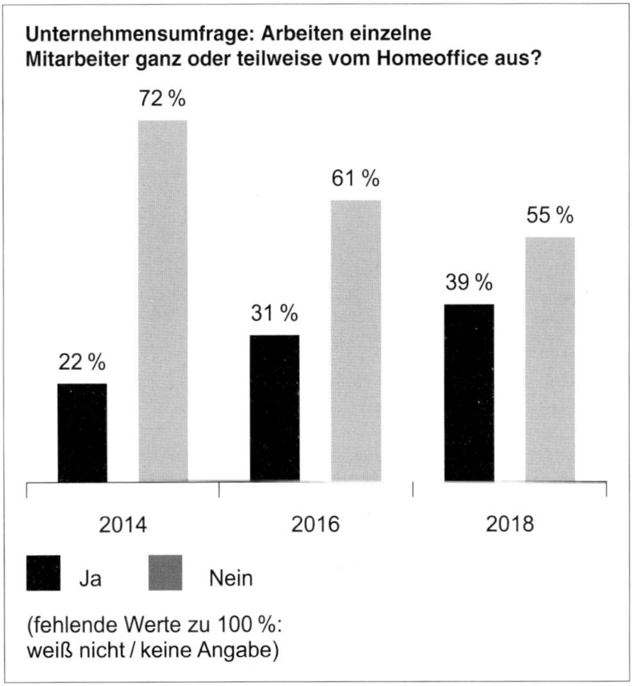

Quelle: www.bitkom.org/Presse/Presseinformation/Vier-von-zehn-Unternehmen-setzen-auf-Homeoffice#item-4161--2

Material 2 Begriffserklärung

Homeoffice, auch Telearbeit genannt, ist eine flexible Arbeitsform, bei der die Beschäftigten ihre Arbeit vollumfänglich oder teilweise aus dem privaten Umfeld heraus ausführen.

Quelle: www.haufe.de/thema/homeoffice

Material 3 Studienergebnisse

Nach einem Gutachten des Instituts für angewandte Arbeitswissenschaft (ifaa) von 2019 könnten rund 4,5 Milliarden Kilometer an Pendlerstrecke und ca. 850 Millionen Kilogramm CO_2 pro Jahr eingespart werden, wenn 10 % der Erwerbstätigen in Deutschland einen Tag in der Woche von zu Hause aus arbeiten würden. Bei 20 % wären es schon 1,7 Milliarden Kilogramm.

Quelle: Cordula Eubel: Wie viel CO_2 Deutschland mit mehr Home Office sparen könnte, 10. 01. 2020, www.tagesspiegel.de/wirtschaft/weniger-pendeln-wie-viel-co2-deutschland-mit-mehr-home-office-sparen-koennte/25406082.html

Forscher der Universität Stanford fanden 2015 heraus, dass sich Berufstätige aus dem Homeoffice nicht nur seltener krankmeldeten, weniger Pausen einlegten und weniger häufig kündigten, weil sie mit ihrer Arbeit zufriedener waren als die Vergleichsgruppe, die weiter ins Büro musste. Diejenigen, die zu Hause arbeiteten, waren auch um 13 % produktiver als die anderen.

Quelle: Süddeutsche Zeitung, 24. 11. 2018

Einer Umfrage des wissenschaftlichen Instituts der AOK (WIdO) aus dem Jahr 2019 zufolge schätzen viele am Homeoffice, selbstständiger planen zu können. Knapp drei Viertel der Befragten gaben an, zu Hause konzentrierter zu arbeiten. Auch die flexiblen Arbeitszeiten und -orte seien ein Vorzug. Die Belange des Familienlebens könnten so besser in den Alltag integriert werden.

Quelle: www.aok-bv.de

Material 4 Schlagzeilen

Homeoffice kann so schön sein! Solange die Technik mitspielt

Quelle: www.merkur.de

Haushalt und Beruf – Homeoffice kann zur Doppelbelastung werden

Quelle: www.handelsblatt.de

Datensicherheit im Homeoffice oftmals unterschätzt

Quelle: www.mdr.de

Die Snackfalle

Häufiges Naschen führt schnell zu Gewichtszunahme. Gerade wer von zu Hause aus arbeitet, läuft Gefahr, dauernd zum Kühlschrank zu gehen.

Quelle: www.sueddeutsche.de

Material 5 Karikatur

Quelle: Tech Toons / Cloud-Science.de

Material 6 Aussagen von Arbeitgebern

„Geringerer Platzbedarf, niedrigere Ausgaben für Strom, Wasser und andere Fixkosten, weniger Fahrtkostenzuschüsse – seitdem wir Telearbeit anbieten, sparen wir Geld."

„Wir ermöglichen Frauen – und auch immer mehr Männern – nach der Familiengründung ins Homeoffice zu wechseln. So binden wir qualifizierte Mitarbeiter."

„Vertrauen ist gut, Kontrolle ist schwierig, aber möglich. Das muss man eben lernen."

„Dank Telearbeit ist unser Unternehmen mit Sitz in München auch für Mitarbeiter aus entfernteren Regionen attraktiv."

Material 7 Information einer Versicherung

Wenn sich ein Mitarbeiter im Büro einen Kaffee holt und stürzt, ist das ein Arbeitsunfall. Wenn das Malheur aber auf dem Weg von der heimischen Küche zum Schreibtisch passiert, hat man laut R+V Versicherung Pech gehabt.

Quelle: Constantin Gillies / Judith Bexten / Sabine Philipp, www.ingenieur.de/karriere/arbeitsleben/alltag/home-office-das-wichtigsten-vorteile-nachteile

Material 8 Diagramm – Ergebnisse einer Arbeitnehmerbefragung

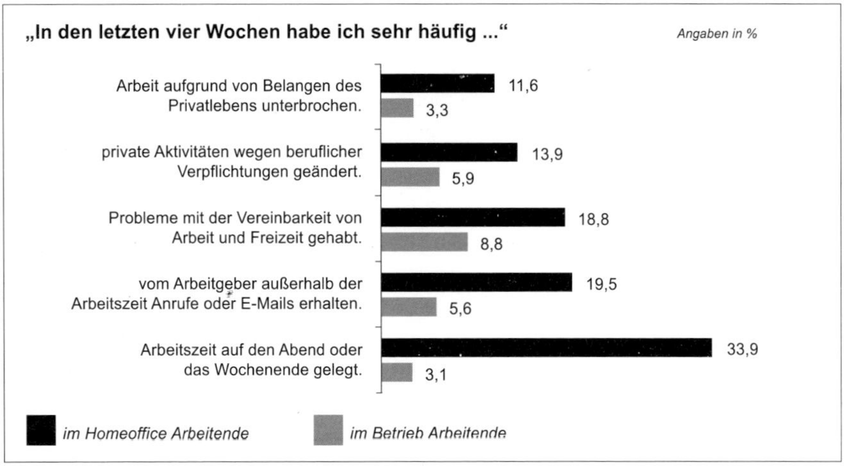

Quelle: Badura/Ducki/Schröder/Klose/Meyer (Hrsg.): Fehlzeiten-Report 2019, Schwerpunkt: Digitalisierung – gesundes Arbeiten ermöglichen. Springer-Verlag Berlin Heidelberg, 2019.

Material 9 Erfahrungsbericht

Homeoffice – darauf waren viele in meinem Freundeskreis sofort neidisch. Ich müsse mir zum Arbeiten nicht mal eine Hose anziehen, sagten einige. Niemand merke, wenn ich einfach einen Tag lang nichts leiste. Mein Bett könne mein Arbeitsplatz sein usw.

Meinen ersten Homeoffice-Tag machte ich, weil Maler das Bad meiner Wohnung streichen mussten. Den Termin konnte ich nicht verschieben. Hätte ich nicht zu Hause gearbeitet, hätte ich mir extra einen Tag Urlaub nehmen müssen.

Pünktlich um 8:30 Uhr saß ich am Esstisch vor dem Laptop. Im Büro bringt mir der Austausch mit meinen Kolleginnen und Kollegen sehr viel. Wenn ich mal nicht weiterweiß, frage ich jemand um Rat. Als ich zu Hause nicht vorankam, saß ich mit leerem Blick am Esstisch. Ich fühlte mich allein. Also machte ich mir noch einen Kaffee, schaute bei den Handwerkern vorbei und setzte mich wieder vor meinen Laptop.

Im Homeoffice vermischte sich mein privates Freiheitsgefühl mit meinem Arbeitskosmos. Da, wo ich normalerweise entspanne und esse, musste ich auf einmal hoch konzentriert arbeiten. Irgendwie war ich langsamer als sonst. Im Laufe des Nachmittags wurde mir klar, dass ich mit meiner Arbeit nicht – wie sonst – um 18 Uhr fertig sein würde. Immerhin hatte ich mir den Arbeitsweg gespart. So redete ich mir den verpatzten Feierabend schön.

Manchmal macht Homeoffice aber auch einfach Sinn. Weil man um 15 Uhr schon die Kinder von der Kita abholt. Oder weil man, wie ich, die Wohnungstür für die Handwerker aufmachen muss. Dann ist es eine geschickte Lösung.

Quelle: Maximilian Senff, DER SPIEGEL (online), 19. 02. 2020, www.spiegel.de/start/homeoffice-arbeit-von-zu-hause-aus-ist-anstrengend-a-9b8efc2c-f105-419c-a346-105c32afee01

Material 10 Tipps für Arbeitgeber

- Produktivitätsvorgaben machen und Regeln für Anmeldung und Abmeldung am Homeoffice-Arbeitsplatz festsetzen
- Klare Regeln und Maßnahmen für Datensicherheit und Datenschutz aufstellen
- Teambuilding-Maßnahmen gegen die Isolation einsetzen; auch hier helfen digitale Kommunikationstools
- Regeln für die interne Kommunikation aufstellen: Wann muss wer wie erreichbar sein? Findet ein regelmäßiger Austausch zwischen Mitarbeitern im Homeoffice und in der Zentrale statt?
- Kombinierte Arbeitsmodelle anbieten: beispielsweise 3 Tage Homeoffice und 2 Tage Arbeit in der Zentrale

Quelle: www.fuer-gruender.de

Die Aufgabe stammt aus der Original-Abschlussprüfung 2021.

Lösungsvorschlag

TIPP **Bearbeitungshinweise**

Erschließung des Themas

Der Vorspann beinhaltet den Themabegriff „Homeoffice“. Das Thema ist zweigliedrig angelegt und besitzt daher zwei Erörterungsaufträge. Die Themenstellung verlangt die Erörterung der Vorteile, im Homeoffice zu arbeiten, und mögliche Probleme dabei.

Themabegriff	Homeoffice
Einschränkung	keine
Präzisierung	Vorteile, im Homeoffice zu arbeiten; Probleme, die dabei auftreten können
Erörterungsauftrag zweigliedrig	1. Welche Vorteile bringt das Arbeiten im Homeoffice mit sich? 2. Welche Probleme können dabei auftreten?

Die wesentlichen Grundlagen für deinen Aufsatz liefert das vorliegende Material. Daher steht eine intensive Auseinandersetzung damit im Mittelpunkt und bildet einen Schwerpunkt deiner Stoffsammlung. Dabei ist es wichtig, zu überlegen, welche Informationen du für welchen Bereich deines Aufsatzes verwenden kannst.

Überlegungen zur Einleitung und zum Schluss

Du solltest das Material auf seine Verwendbarkeit für einen sinnvollen Einleitungs- und Schlussgedanken überprüfen. Infrage kommen für eine Einleitung all jene **Aussagen, die keine Argumente vorwegnehmen**, z. B. Begriffserklärungen oder Statistiken. Es ist auch eine Kombination aus mehreren Materialaussagen möglich oder eine **eigene Hinführung zum Thema**, etwa die Zunahme der Arbeit im Homeoffice aufgrund der Pandemie. Auch beim Schlussgedanken kannst du eine eigenständige Lösung wählen und z. B. deine persönliche Meinung zum Thema „Homeoffice“ darstellen oder Vor- und Nachteile abwägen.

Vorarbeiten für den Hauptteil

Werte das Material zunächst im Hinblick darauf aus, welche **Argumente für die beiden Themafragen** zu finden oder abzuleiten sind. Zusätzlich solltest du die Materialien auf ihre **Verwendbarkeit für Begründungen und Beispiele** überprüfen und dies entsprechend markieren. Textstellen, Daten oder Aussagen, die du zitierst oder benutzt, müssen als **Zitate** gekennzeichnet werden.
Ein zweiter Schritt in der Stoffsammlung besteht darin, zu überlegen, ob sich aus dem vorliegenden Informationsmaterial weitere Argumente ergeben könnten bzw. ob du selbst **eigene Ideen** hast, z. B. durch Erfahrungen in deiner Familie mit der Arbeit im Homeoffice.
Grundsätzlich wird erwartet, dass dem Aufsatz deutlich anzumerken ist, dass das Material gelesen, ausgewertet und sinnvoll verarbeitet wurde.

So könnte die **Auswertung der Materialien** aussehen:

Einleitung	Material 1	• Auswertung der Statistik: Wachsender Anteil an Unternehmen, die Arbeit im Homeoffice anbieten
	Material 2	• Übernahme der Begriffserklärung
Hauptteil 1. Themafrage	Materialien 2, 3, 9	• Flexibilität bei der Arbeitszeitverteilung (Begründungen, Beispiele, Folgen bei M 9)
	Material 3	• Rückgang der Umweltbelastung durch Verkehrsentlastung (vgl. Zitat 1) • Flexibilität bei der Arbeitszeitverteilung (vgl. Zitat 3) • Erhöhung der Produktivität (vgl. Zitat 2) • Selbstständigeres und konzentrierteres Arbeiten (vgl. Zitat 3)
	Materialien 3, 6	• Erhöhung der Arbeitszufriedenheit (vgl. M 3, Zitate 2 und 3; Andeutungen bei M 6)
	Materialien 3, 6, 9	• Bessere Vereinbarkeit von Familie und Beruf (Beispiel bei M 9)
	Material 6	• Einsparung von Kosten für den Arbeitgeber (vgl. Aussage 1) • Steigerung der Attraktivität des Unternehmens (vgl. Aussagen 2 und 4)
	Material 9	• Bessere Vereinbarkeit von Familie und Beruf (Beispiel bei M 9)
2. Themafrage	Material 4	• Mängel in der technischen Infrastruktur (vgl. Schlagzeile 1) • Verleitung zu ungesunder Ernährung (vgl. Schlagzeile 4)
	Materialien 4, 5	• Doppelbelastung durch Beruf und Familie (vgl. M 4, Schlagzeile 2; M 5 als Veranschaulichung)
	Materialien 4, 5, 8, 9	• Gefahr der Verschmelzung von Berufs- und Privatleben (Veranschaulichung besonders bei M 8 und 9)
	Materialien 4, 10	• Mängel bei der Datensicherheit
	Materialien 5, 8, 9	• Vielfältige Formen der Ablenkung
	Materialien 6, 10	• Schwierigkeiten bei der Kontrolle der Mitarbeiter*innen (vgl. M 6, Aussage 3; M 10, Tipp 1 und 4)
	Material 7	• Gefahr rechtlicher Unsicherheiten beim Versicherungsschutz

	Materialien 8, 9	• Ausdehnung der Arbeitszeit auf den Feierabend und das Wochenende
	Materialien 9, 10	• Fehlender Austausch mit Kolleginnen und Kollegen (vgl. M 9, dritter Absatz; M 10, Tipp 3)
	Material 10	• Erhöhter Aufwand zur Ermöglichung der Kommunikation zwischen Mitarbeiterinnen und Mitarbeitern
Schluss	Material 10	• Regeln für die Arbeit im Homeoffice

Gliederungsvorschlag

TIPP **Hinweis zur Gliederung**

Die **Gliederungspunkte** für Einleitung, Hauptteil und Schluss können je nach Vorgabe deiner Lehrkraft einheitlich in ganzen Sätzen oder im Nominalstil formuliert sein.

A. Erklärung des Begriffes „Homeoffice"

B. Erörterung der Vorteile, im Homeoffice zu arbeiten, und der Probleme, die dabei auftreten können

1 Vorteile, im Homeoffice zu arbeiten

1.1 Rückgang der Umweltbelastung durch Verkehrsentlastung
1.2 Zeitgewinn durch Wegfall des Pendelns
1.3 Steigerung der Attraktivität des Unternehmens
1.4 Einsparung von Kosten für den Arbeitgeber
1.5 Erhöhung der Produktivität
1.6 Flexibilität bei der Arbeitszeitverteilung
1.7 Bessere Vereinbarkeit von Familie und Beruf
1.8 Selbstständigeres und konzentrierteres Arbeiten
1.9 Erhöhung der Arbeitszufriedenheit

2 Probleme, die dabei auftreten können

2.1 Schwierigkeiten bei der Kontrolle der Mitarbeiter*innen
2.2 Verleitung zu ungesunder Ernährung
2.3 Erhöhter Aufwand zur Ermöglichung der Kommunikation zwischen Mitarbeiterinnen und Mitarbeitern
2.4 Vielfältige Formen der Ablenkung
2.5 Gefahr rechtlicher Unsicherheiten beim Versicherungsschutz
2.6 Mängel bei der Datensicherheit
2.7 Doppelbelastung durch Beruf und Familie
2.8 Gefahr der Verschmelzung von Berufs- und Privatleben
2.9 Ausdehnung der Arbeitszeit auf den Feierabend und das Wochenende
2.10 Fehlender Austausch mit Kolleginnen und Kollegen
2.11 Mängel in der technischen Infrastruktur

C. Darstellung von Möglichkeiten zur Lösung der Probleme im Homeoffice

Aufsatzbeispiel

> **TIPP** **Hinweis zur Randspalte**
>
> Die **Angaben am Rand** sind nicht Bestandteil des Aufsatzes, sondern dienen nur deiner Orientierung hinsichtlich Inhalt und Aufbau.

A. Einleitung

Unter dem Begriff „Homeoffice" versteht man eine flexible Arbeitsform, bei der die Beschäftigten ihre Arbeit entweder in vollem Umfang oder teilweise von zu Hause ausführen. Man nennt diese Arbeitsform auch Telearbeit (vgl. M 2). Aus einer Unternehmensumfrage aus dem Jahr 2019 (vgl. M 1) geht zudem hervor, dass der Anteil der Mitarbeiter*innen, die im Homeoffice arbeiten, zwischen 2014 und 2018 kontinuierlich zunahm. Angesichts dieser Entwicklung stellt sich die Frage, welche Vorteile die Arbeit im Homeoffice hat, aber auch, welche Probleme dabei auftreten können. *(Überleitung; Themafrage als Aussagesatz)*

B. 1

Der erste Teil des Aufsatzes untersucht zunächst die Vorteile, die das Arbeiten von zu Hause mit sich bringt. *(Hinführung)* Ein positiver Aspekt, der damit verbunden ist, ist der Rückgang der Umweltbelastung durch die Entlastung des Verkehrs. *(1.1 Behauptung)* Denn je mehr Arbeitnehmer*innen im Homeoffice tätig sind, desto weniger Menschen müssen den Weg zum Arbeitsplatz zurücklegen. Da dies häufig mit dem eigenen Pkw geschieht, würde sich die ausgestoßene Menge an CO_2 verringern. *(Begründung)* „Nach einem Gutachten des Instituts für angewandte Arbeitswissenschaft (ifaa) von 2019 könnten rund 4,5 Milliarden Kilometer an Pendlerstrecke und ca. 850 Millionen Kilogramm CO_2 pro Jahr eingespart werden, wenn 10 % der Erwerbstätigen in Deutschland einen Tag in der Woche von zu Hause aus arbeiten würden." (M 3) *(Beispiel)*

Der Rückgang des Pendlerverkehrs wirkt sich jedoch nicht nur auf die Umwelt, sondern auch auf die betroffenen Arbeitnehmer*innen aus, *(1.2 Behauptung)* denn diese sparen viel Zeit, wenn sie nicht zum Arbeitsplatz fahren müssen. *(Begründung)* Bei einer Fahrzeit von nur 30 Minuten pro Richtung würde man pro Woche bereits 5 Stunden einsparen, die man für andere Dinge nutzen kann. Bei längeren Fahrzeiten oder Verzögerungen durch Staus wäre die Zeitersparnis sogar noch deutlich größer. *(Beispiel)*

Auch die Unternehmen können von dieser Beschäftigungsform profitieren, *(1.3 Behauptung)* weil sie für Mitarbeiter*innen aus weiter entfernten Gebieten attraktiver werden, da diese keine langen Fahrtwege in *(Begründung)*

Kauf nehmen müssen. Telearbeit hilft den Firmen auch dabei,	
für qualifizierte Arbeitskräfte nach deren Familiengründung	
attraktiv zu bleiben und sie so an das Unternehmen zu binden	
(vgl. M 6). Zum Beispiel wird eine IT-Spezialistin aus Rosen-	Beispiel
heim eher zu einem Münchner Unternehmen wechseln oder dort	
nach der Familiengründung bleiben, wenn sie den ca. 60 Kilo-	
meter langen Arbeitsweg nicht zurücklegen muss.	
Auch die Einsparung von Kosten ist für viele Firmen ein Argu-	1.4 Behauptung
ment, das für Homeoffice spricht. Wenn die Mitarbeiter*innen	Begründung
nicht im Büro, sondern zu Hause arbeiten, entfallen viele Fix-	
kosten, zum Beispiel für Strom, Wasser und Fahrtkostenzu-	Beispiele
schüsse. Zusätzlich, so die Aussage eines Unternehmers in Ma-	
terial 6, sei der Platzbedarf geringer. Es muss also weniger	
Bürofläche angemietet werden.	
Zudem erhöht sich die Produktivität der Beschäftigten. So haben	1.5 Behauptung
Forscher der Universität Stanford eine Steigerung von 13 % ge-	
genüber den Mitarbeiterinnen und Mitarbeitern im Büro festge-	
stellt. Das könnte daran liegen, dass sich Berufstätige im Home-	Begründung
office seltener krankmelden und weniger Pausen einlegen (vgl.	
M 3). Im Homeoffice wird man zum Beispiel nicht auf dem Weg	Beispiel
in die Kaffeeküche oder zur Toilette von Kolleginnen oder Kol-	
legen in eine Unterhaltung verwickelt, wodurch die Pausen im	
Homeoffice im Vergleich zu denen im Büro kürzer ausfallen	
können.	
Ein bedeutender Vorteil für die Mitarbeiter*innen liegt auch da-	1.6 Behauptung
rin, dass sie im Homeoffice ihre Arbeitszeit flexibel verteilen	
können (vgl. M 3). Sie sind meist nicht an die im Betrieb vorge-	Begründung
gebenen Arbeitszeiten gebunden, sondern können die Arbeits-	
zeit an die eigenen Bedürfnisse anpassen. So muss man sich z. B.	Beispiel
nicht extra Urlaub nehmen, wenn sich ein Handwerker angekün-	
digt hat, sondern kann seine Arbeit kurz unterbrechen und da-	
nach wieder weiterarbeiten (vgl. M 9).	
Von zu Hause aus arbeiten zu können, bietet insbesondere den	1.7 Behauptung
Vorteil, Familie und Beruf besser miteinander vereinbaren zu	
können. Denn Kinder können so von dem Elternteil, das im	Begründung
Homeoffice arbeitet, betreut werden. Auch wenn die Kinder	
schon einen Kindergarten oder die Schule besuchen, ist dann	
nachmittags jemand für sie da. Das belegt auch eine Umfrage	
des wissenschaftlichen Instituts einer Krankenkasse (vgl. M 3),	
die zu dem Ergebnis kommt, dass durch die Arbeit im Home-	
office die Anforderungen durch die Familie besser in den Alltag	

miteinbezogen werden können. Es ist beispielsweise durch die
zeitliche Flexibilität im Homeoffice leichter, die teilweise recht — Beispiele
frühen Abholzeiten aus der Kita einzuhalten. Das stellt selbst der
eher negativ geprägte Erfahrungsbericht aus dem „Spiegel" (vgl. — Ausweitung
M 9) positiv heraus. Auch Arbeitgeber*innen sehen durch
Homeoffice die Chance, qualifizierte Mitarbeiter*innen nach
der Familiengründung leichter im Unternehmen halten zu kön-
nen (vgl. M 6).

Studien konnten auch nachweisen, dass die Telearbeit selbst- — 1.8 Behauptung
ständigeres und konzentrierteres Arbeiten ermöglicht. Eine
AOK-Umfrage (vgl. M 3) bestätigt dieses Argument, denn drei — Begründung
Viertel der Befragten gaben an, zu Hause konzentrierter zu
arbeiten. Das liegt wohl auch daran, dass man die Arbeit nach
seinen Bedürfnissen strukturieren kann und seltener durch
Kolleginnen oder Kollegen abgelenkt wird. Man kann sich bei- — Beispiel
spielsweise besser auf die Arbeit konzentrieren, wenn die all-
gemeine Unruhe, die es insbesondere in Großraumbüros immer
wieder gibt, entfällt.

Aus all den Vorteilen, die sich für die Beschäftigten ergeben, — 1.9 Behauptung
lässt sich ableiten, dass die Arbeitszufriedenheit im Homeoffice
insgesamt höher ist. Sowohl Studienergebnisse als auch eine — Begründung
Umfrage (vgl. M 3) kommen zu dem Schluss, dass die Beschäf-
tigten zufriedener sind, was sich auch darin zeigt, dass sie selte-
ner kündigen. Beispielsweise schätzen viele an der Telearbeit, — Beispiel
dass sie konzentrierter arbeiten und selbstständiger planen kön-
nen, was sicherlich ein wichtiger Beitrag zur Arbeitszufrieden-
heit ist.

Neben den Vorteilen, die das Homeoffice bietet, muss man sich — Überleitung zu **B. 2**
aber auch möglichen Problemen, die dabei auftreten können, zu-
wenden. Ein Problem sehen Arbeitgeber*innen darin, dass es — 2.1 Behauptung
schwierig ist, ihre Mitarbeiter*innen zu kontrollieren. Die Kon-
trolle, ob und wann Mitarbeiter*innen tatsächlich arbeiten,
scheint aber notwendig zu sein, da dies ein Arbeitgeber in — Begründung
Material 6 anspricht. Weil die Vorgesetzten und die Mitarbei-
ter*innen an unterschiedlichen Orten arbeiten, kann z. B. nicht — Beispiel
überprüft werden, ob sich Angestellte über einen längeren Zeit-
raum hinweg mit anderen Dingen, z. B. dem Haushalt, beschäf-
tigen, anstatt zu arbeiten. In den „Tipps für Arbeitgeber" wird — Ausweitung
daher vorgeschlagen, dass man „Produktivitätsvorgaben machen
und Regeln für Anmeldung und Abmeldung am Homeoffice-
Arbeitsplatz festsetzen" (M 10) soll.

Die Verleitung zu einer ungesunden Ernährung kann ein weiteres Problem der Telearbeit darstellen. Da der Kühlschrank ständig in Reichweite ist, wird er zu einer Snackfalle, wie es in einer Schlagzeile der Süddeutschen Zeitung (vgl. M 4) heißt. Nicht selten geht man z. B. unbewusst zum Kühl- oder Vorratsschrank, wenn man sich bei der Arbeit nicht mehr konzentrieren kann, und isst eine Kleinigkeit. Wenn dies besonders häufig vorkommt oder man zu ungesunden Snacks wie Schokoriegeln greift, kann dies gesundheitliche Folgen haben und zu einer Gewichtszunahme führen (vgl. M 4).

2.2 Behauptung
Begründung
Beispiel
Folge

Ebenso muss ein erhöhter Aufwand betrieben werden, damit die Kommunikation zwischen den Mitarbeiterinnen und Mitarbeitern im Homeoffice funktioniert. Da diese nicht im Betrieb, sondern zu Hause sind, können Erreichbarkeit und Kontaktaufnahme schwierig werden. Es muss z. B. mit festen Regeln, wer wann und wie erreichbar ist, und speziellen Kommunikationsprogrammen, z. B. „Microsoft Teams“ gearbeitet werden, damit ein regelmäßiger Austausch stattfinden kann (vgl. M 10).

2.3 Behauptung
Begründung
Beispiel

Ein weiteres Problem ergibt sich aus den vielfältigen Formen der Ablenkung, die es zu Hause geben kann. Denn Haushaltstätigkeiten, Kinder und eine ungünstige Arbeitsumgebung können für Ablenkung und Unterbrechungen sorgen. In der Karikatur M 5 wird dies ebenso anschaulich dargestellt wie im Erfahrungsbericht M 9. Hier wird angedeutet, dass es der Person nicht leichtfiel, plötzlich an dem Ort, an dem sie normalerweise entspannt und isst, hoch konzentriert zu arbeiten. Auch das Diagramm M 8 zeigt, dass fast vier Mal so viele Arbeitnehmer*innen im Homeoffice ihre Arbeit wegen „Belangen des Privatlebens“ unterbrechen mussten als solche, die im Betrieb arbeiten.

2.4 Behauptung
Begründung
Beispiele

Außerdem bestehen bei Arbeitnehmerinnen und Arbeitnehmern immer wieder rechtliche Unsicherheiten, was den Versicherungsschutz angeht. Denn viele wissen nicht, in welchen Fällen die Versicherung greift. Ereignet sich ein Unfall im Homeoffice, der am Arbeitsplatz vielleicht durch die betriebliche Unfallversicherung abgedeckt wäre, ist dieser zu Hause oftmals nicht versichert, auch wenn man dort für seine Firma arbeitet. Dies verdeutlicht das Beispiel, das in einer Versicherungsinformation (vgl. M 7) zu lesen ist. Demnach ist z. B. ein Sturz beim Kaffeeholen im Büro ein Arbeitsunfall, geschieht dies aber im Homeoffice, habe man laut der Versicherung Pech gehabt.

2.5 Behauptung
Begründung
Beispiel

Ein häufig unterschätztes Problem sind mögliche Mängel bei der Datensicherheit im Homeoffice. Darauf weist unter anderem eine Schlagzeile des Mitteldeutschen Rundfunks (vgl. M 4) hin. Denn nicht selten kommen für die Telearbeit private Endgeräte zum Einsatz, die nicht mit der effektivsten Sicherheitssoftware ausgestattet sind und somit ein Sicherheitsrisiko darstellen. Darüber hinaus kann es Sicherheitslücken bei der Übermittlung von Daten, z. B. via E-Mail, geben. Auch für Chats und Videokonferenzen gibt es kaum einen sicheren Schutz durch eine Ende-zu-Ende-Verschlüsselung. Nicht umsonst steht das Thema Datensicherheit und Datenschutz bei den Arbeitgebertipps (vgl. M 10) an zweiter Stelle.

2.6 Behauptung
Begründung
Beispiele
Abrundung

Des Weiteren kann sich die Arbeit im Homeoffice zur Doppelbelastung, bestehend aus Beruf und Familie, entwickeln (vgl. M 4). Denn die Gefahr ist groß, dass aus beiden Bereichen gleichzeitig Verpflichtungen erwachsen. Einerseits wird z. B. von einem erwartet, dass man konzentriert und effizient arbeitet, andererseits quengeln die Kinder, muss die Wäsche gewaschen oder die Wohnung aufgeräumt werden. Die Karikatur M 5 schlägt deshalb scherzhaft einen „Homeoffice Panic Room“ vor, der das Chaos aussperrt.

2.7 Behauptung
Begründung
Beispiele

Ein weiteres Problem besteht in der Verschmelzung von Berufs- und Privatleben, da beides am selben Ort stattfindet. So kann die Verlockung für die Vorgesetzten z. B. hoch sein, Angestellte auch außerhalb der Arbeitszeiten zu kontaktieren. Laut einer Arbeitnehmerbefragung (vgl. M 8) ändern weit mehr Menschen ihre privaten Aktivitäten wegen beruflicher Verpflichtungen, erhalten vom Arbeitgeber Anrufe und E-Mails außerhalb der Arbeitszeit und haben Probleme mit der Vereinbarkeit von Arbeit und Freizeit, wenn sie im Homeoffice arbeiten.

2.8 Behauptung
Begründung
Beispiele

Die Vermischung von Berufs- und Privatleben führt zum nächsten Problemfeld: Es kommt im Homeoffice häufiger vor, dass die Arbeitszeit auf den Feierabend oder das Wochenende ausgedehnt wird. In einer Befragung (vgl. M 8) gibt jede*r dritte im Homeoffice Arbeitende an, dass er in den letzten vier Wochen sehr häufig am Abend oder am Wochenende gearbeitet hat. Bei Personen, die im Betrieb arbeiten, trifft dies nur auf etwa 3 Prozent zu. Das kann zum einen daran liegen, dass Vorgesetzte keine Rücksicht auf den Feierabend nehmen, und zum anderen daran, dass man tagsüber vielleicht aufgrund unterschiedlichster Ablenkungen Zeit verloren hat, die man wieder hereinarbeiten

Überleitung
2.9 Behauptung
Begründung

muss. Dieser Fall wird auch im Erfahrungsbericht M 9 nachvollziehbar dargestellt. Darin wird beschrieben, dass die Person nach einem unproduktiven Tag im Homeoffice ihren Feierabend opfern muss, um das übliche Arbeitspensum zu schaffen. — Beispiel

Außerdem darf man nicht außer Acht lassen, dass bei der Telearbeit der Austausch mit Kolleginnen und Kollegen fehlt oder sich zumindest reduziert. Wenn man allein zu Hause arbeitet, ist es schwieriger möglich, das fachliche Gespräch mit der Kollegin aus dem Nachbarbüro zu suchen oder schnell einen anderen Mitarbeiter aufzusuchen und z. B. um Hilfe bei der Problemlösung zu bitten. Gespräche, die sich aus zufälligen Begegnungen auf dem Gang entwickeln und für die Arbeit zum Teil sehr hilfreich sein können, entfallen durch das Homeoffice ganz. Auf dieses Problem geht auch der Erfahrungsbericht (M 9) ein. Der dort zitierte Beschäftigte fühlt sich schon am ersten Telearbeitstag allein und isoliert. Deswegen müssen sich Arbeitgeber*innen Gedanken machen, mit welchen Teambuilding-Maßnahmen sie der sozialen Isolation begegnen können (vgl. M 10). — 2.10 Behauptung; Begründung und Beispiel; Abrundung

Die bisher erörterten Probleme wiegen jedoch alle nicht so schwer wie das, das auftritt, wenn es Mängel in der technischen Infrastruktur gibt. Eine Schlagzeile auf der Internetseite der Zeitung Merkur (vgl. M 4) weist auf dieses Problem hin. Im Homeoffice ist man zumindest auf einen funktionierenden Computer und eine schnelle und stabile Datenübertragung angewiesen. Gerade Letzteres ist in vielen Regionen Deutschlands – insbesondere auf dem Land – bis heute nicht gewährleistet, da ein gut ausgebautes Breitbandnetz fehlt. Dadurch dauert z. B. die Übertragung großer Datenmengen sehr lang oder funktioniert gar nicht. Auch Videokonferenzen sind dann z. B. nicht möglich. — Überleitung; 2.11 Behauptung; Begründung; Beispiele

C. Schluss

Aufgrund der zahlreichen Vorteile stellt die Arbeit im Homeoffice für viele Beschäftigte eine gute Alternative zur Arbeit im Büro dar. Wesentliche Problembereiche können dadurch beseitigt werden, dass die Unternehmen einige grundlegende Regeln aufstellen und Maßnahmen ergreifen, wie aus den Arbeitgebertipps (vgl. M 10) hervorgeht. Dabei sollte es z. B. um die Themen Datensicherheit und den regelmäßigen Austausch zwischen Mitarbeiterinnen und Mitarbeitern und der Zentrale gehen. Außerdem sollte die Erreichbarkeit der Mitarbeiter*innen zu festen Zeiten gewährleistet sein. Auch das dort erwähnte Angebot von kombinierten Arbeitsmodellen aus Tagen im Homeoffice und im Betrieb kann mögliche Nachteile ausgleichen. — mögliche Lösungen für Probleme

Materialgestütztes Argumentieren
Übungsaufgabe 2

Fast Fashion ist ein aktueller Trend in der Textilbranche. Erörtern Sie die Gründe hierfür sowie bedenkliche Auswirkungen.

Gehen Sie zur Bearbeitung des Themas zunächst das vorliegende Material durch und überlegen Sie sich, welche Informationen Sie für Ihren Aufsatz verwerten möchten. Das Material dient zur Ergänzung Ihrer eigenen Ideen. ***Es muss jedoch deutlich erkennbar sein, dass Teile des Materials in die Bearbeitung mit einbezogen wurden.*** *Falls Sie Textstellen wörtlich übernehmen bzw. angegebene Daten oder Aussagen verwenden, müssen Sie dies in Ihrem Aufsatz angeben.*

Material 1 Begriffserklärung

„Fast Fashion", ein Begriff, der Mitte der 1990er-Jahre aufgekommen ist, bezeichnet das rasche, preisgetriebene Angebot stark trendbezogener Kleidung, deren Qualität und Preis im niedrigen Segment anzusiedeln sind. „Fast Fashion" steht für ein schnelles Imitieren von Laufstegmodellen und Modetrends in kostengünstigen Kopien wie auch für eine hohe Anzahl an Kollektionen und Auslieferungsterminen.

Quelle: Sarah Maria Schmidt u. a.: Fast Fashion. Teil 2: Einkaufspraktiken, Christl Initiative Romero Münster 2019, S. 6, https://saubere-kleidung.de/wp-content/uploads/2019/06/FastFashion_Dossier_CIR_2019_Teil2_Einkaufspraktiken.pdf

Material 2 Grafik

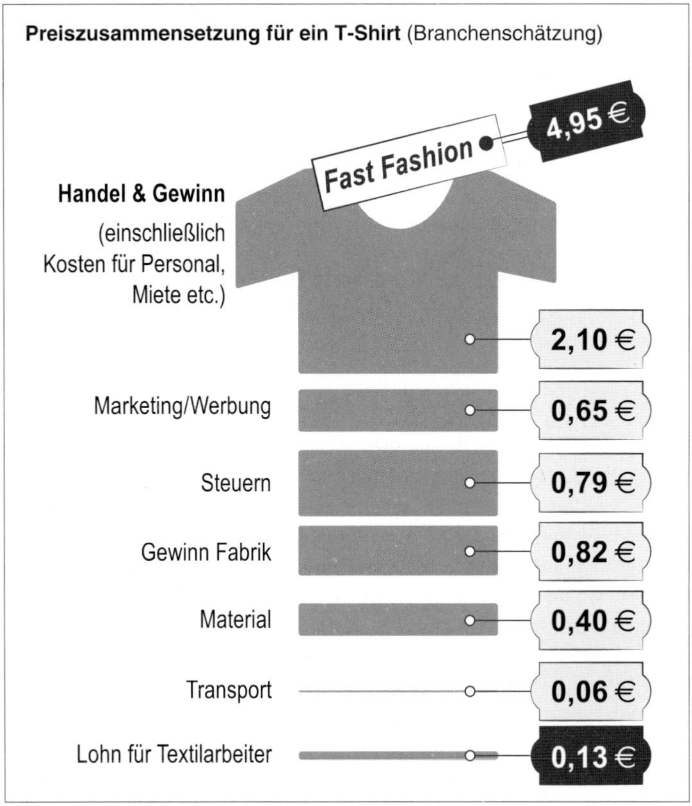

Quelle: Nils Reinke-Dieker, Larissa Starke, Friederike Wolf, 2015, Museum für Kunst und Gewerbe, www.fastfashion-dieausstellung.de/de/oekonomie

Material 3 aus einem Aufruf

Obwohl wir inzwischen wissen, dass der Massenkonsum von Kleidung die Umwelt und die Menschen in den Produktionsländern schwer belastet, bleibt der Trend, mehr und mehr Kleidung zu kaufen, bisher ungebrochen, denn wir werden ständig auf Instagram, YouTube, auf Plakaten etc. zum Shoppen animiert. Wir sind gefangen in unseren Gewohnheiten und einer Konsumkultur, die uns immer wieder Geld ausgeben lässt. Wenn wir uns etwas Neues kaufen, werden Glückshormone ausgeschüttet, was wie eine Belohnung wirkt.

Quelle: www.ci-romero.de/poppenstattshoppen (04. 09. 2019)

Material 4 aus einem Interview

Ulrich Müller, Geschäftsführer der Deutschen Kleiderstiftung, die für gemeinnützige Zwecke gebrauchte Kleidung sammelt:

„Wir merken deutlich, dass die Fast-Fashion-Mentalität jetzt auch in der Entsorgung angekommen ist. Die Materialien werden grundsätzlich schlechter. Wir haben eine Fülle von Textilien, bei denen wir merken, dass sie nur für eine Saison hergestellt sind. Das heißt, sie sind dann für uns als Hilfsgut auch nicht mehr zu verwenden, wenn die Teile nach dem Waschen schon aus der Form geraten sind, Knöpfe abgehen usw. […] Wir konnten vor zehn oder auch vor fünf Jahren für Ware auch mittlerer Qualität problemlos einen Erlös erzielen. Das ist heute nicht mehr möglich. Diese Ware ist einfach übrig, weil diese schlechte Qualität niemand haben möchte. Nur noch 18 % der Altkleider werden überhaupt recycelt. Der Rest – also 82 % – ist unbrauchbar."

Quelle: Ulrich Müller, Deutsche Kleiderstiftung, im Beitrag von Jörn Kersten: Fast Fashion – Wegwerfprodukte für wenig Geld, www.daserste.de/information/wirtschaft-boerse/plusminus/sendung/sendung-vom-21-08-2019-mode-100.html

Material 5 aus einem Online-Artikel

Fast 60 Prozent der Kleidung enthalten mittlerweile Polyesterfasern. Allerdings merkt das kaum jemand. Denn damit sich der Pulli aus Plastik nicht genauso anfühlt wie seine Verpackung, wird er in der Regel mit einer Naturfaser wie Baumwolle gemischt. […] Der Trugschluss fällt dem Kunden meist erst auf, wenn das schicke Shirt schon nach dem ersten Tragen verdächtig müffelt oder er vor der Waschmaschine das Etikett studiert. „Der Einsatz von Polyester hat den Aufstieg von Fast-Fashion-Ketten überhaupt erst möglich gemacht", sagt Alexandra Perschau. Die Kunstfaser sei „leicht herzustellen, schnell zu verarbeiten und vor allem billig", erklärt die Textilexpertin einer Umweltorganisation.

Quelle: Simone Salden, DER SPIEGEL 8/2017, S. 56 ff.

Material 6 aus einem Veranstaltungshinweis

Wussten Sie, dass ...

- im Jahr rund 4 000 Kontaktallergie-Fälle, die in deutschen Hautkliniken festgestellt werden, auf Kleidung zurückzuführen sind?
- das Angebot neuer Kollektionen in immer kürzeren Zeitabständen in den Fabriken [...] 10- bis 16-Stunden-Tage für die einzelnen Näherinnen zur Folge hat?

Quelle: Fast Fashion, Die Schattenseiten der Mode, www.fastfashion-rjm-koeln.de

Material 7 aus einem Online-Magazin

Laut einer Studie bringen große Textilunternehmen jedes Jahr bis zu 24 Kollektionen auf den Markt. [...] In den Jahren 2000 bis 2016 hat sich die Menge der Textilproduktion weltweit verdoppelt – 2014 durchbrach sie die Schwelle von jährlich 100 Milliarden hergestellten Kleidungsstücken. [...] 2030 wird die Weltbevölkerung voraussichtlich jedes Jahr 102 Millionen Tonnen Kleidungsstücke konsumieren. [...] Verbraucher tragen bis zu 40 Prozent der gekauften Kleidung nur selten – oder gar nicht. Ein großer Teil landet in Altkleidercontainern.

Quelle: Bekleidung: Fast Fashion, www.konsument.at/fast-fashion-062019 (30. 01. 2009);
Foto: Gorodenkoff.Shutterstock

Material 8 Unternehmerinformation

Da bei der Färbung von Kleidung giftige Chemikalien verwendet werden, ist die Textilfärbung [...] der zweitgrößte Wasserverschmutzer. 70 % der Seen und Flüsse in China sind mit giftigen Farbstoffen und Chemikalien verunreinigt. Das Grundwasser ist so verseucht, dass Bauern sich fürchten, Gemüse anzubauen. Der Baumwollanbau für ein einziges T-Shirt verschlingt zum Beispiel bis zu 2000 Liter Wasser. Außerdem wird Polyester aus Erdöl hergestellt. [...]

Quelle: https://blog.printzipia.de/fadenscheinige-fast-fashion-kleidung-auf-kosten-von-mensch-und-natur/ (24. 01. 2019)

Material 9 Grafik

Jährlicher Aufwand der Bekleidungsindustrie

Quelle: © Christliche Initiative Romero (ci-romero.de);
Grafik: Nikola Berger (Nikobe.net) unter CC-BY-NC-SA 4.0

Material 10 Zitat

„Die serienmäßige Herstellung von Mode wurde in den letzten Jahrzehnten ausgelagert und globalisiert. Die Verantwortung für die Lieferkette ist nicht mitgewachsen. Die Einkäufer der Modelabels haben angesichts des Konkurrenzdrucks den Auftrag, ihre Einkaufspreise zu senken, für nachhaltigen Einkauf gibt es kaum Anreize. Verstöße gegen Menschenrechte, zum Beispiel bei Arbeitsschutz oder Überstunden, werden nur zum Teil geahndet. Sobald Löhne in den Produktionsländern steigen, lässt man die Zulieferer im Stich und wechselt rasch ins nächste Billigland."

Quelle: Zitat von Thomas Antkowiak, Misereor-Geschäftsführer für Fairen Handel

Material 11 Karikatur

Quelle: © Karsten Schley/toonpool.com

Material 12 aus einer TV-Doku

Modekampagnen vermitteln Lebensentwürfe und Lebensgefühle. Werbung macht aus einfachen Kleidungsstücken „Fashion-Items“, die in einschlägigen Modeblogs und Modemagazinen zum „It-Piece“ oder „Must Have!“ ausgerufen werden. Models, It-Girls, Bloggerinnen, Filmstars und andere Prominente sind die Zugpferde einer gigantischen Industrie.

Quelle: Eva Maria Steimle: Unsere zweite Haut Mode: Marken und Märkte, www.br.de/fernsehen/ard-alpha/programmkalender/ausstrahlung-627590.html (15. 02. 2019)

Material 13 aus einer Online-Nachricht

Black Friday oder Kauf-Nix-Tag?

Seit einigen Tagen läuft der Countdown bei vielen Händlern zum „Black Friday“ […], an dem Rabatte locken. Einige Anbieter werben sogar mit einer gesamten „Black-Friday-Woche“ oder dem darauffolgenden „Cyber Monday“. […] Als Gegenentwurf zu „Shopping“-Aufforderungen gibt es deshalb den „Kauf-Nix-Tag“. […] Der Tag ist ein Aufruf an alle, einen Tag lang nichts zu kaufen und sich kritisch mit dem eigenen Konsum auseinanderzusetzen.

Quelle: www.umweltbundesamt.de/themen/black-friday-kauf-nix-tag (28. 11. 2019)

Die Aufgabe stammt aus der Original-Abschlussprüfung 2020.

Lösungsvorschlag

TIPP **Bearbeitungshinweise**

Erschließung des Themas

Der Themabegriff „Fast Fashion“ findet sich im Vorspann. Es gibt keine Einschränkungen, nur den Hinweis, dass es sich um einen aktuellen Trend handelt. Der Arbeitsauftrag des zweigliedrigen Themas umfasst die Erörterung der Gründe sowie der bedenklichen Auswirkungen dieses Trends.

Themabegriff	Fast Fashion
Einschränkung	keine
Präzisierung	Gründe für den aktuellen Trend „Fast Fashion“; seine bedenklichen Auswirkungen
Erörterungsauftrag zweigliedrig	1. Welche Gründe gibt es für den aktuellen Trend „Fast Fashion“? 2. Welche bedenklichen Auswirkungen hat dieser Trend?

Stoffsammlung

Die Auseinandersetzung mit dem vorliegenden Material bildet einen Schwerpunkt deiner Stoffsammlung. Aus deinem Aufsatz muss deutlich hervorgehen, dass das Material ausgewertet und sinnvoll verarbeitet wurde. Wenn du Aussagen oder Daten aus den Materialien wiedergibst, sei es als direktes Zitat oder mit eigenen Worten, musst du die Quelle (z. B. www.spiegel.de) oder die entsprechende Materialnummer (z. B. M 5) angeben. Daher solltest du dir bei der Stoffsammlung nicht nur die Informationen in Stichworten aufschreiben, sondern immer auch genau notieren, in welchem Material diese enthalten sind. Im zweiten Schritt der Stoffsammlung kannst du dann eigene Ideen zum Thema „Fast Fashion“ sammeln, zum Beispiel hinsichtlich deines eigenen Kaufverhaltens bei Kleidung.

Überlegungen zu Einleitung, Hauptteil und Schluss

Überlege genau, welche Informationen du für welchen Bereich deines Aufsatzes (Einleitung, Hauptteil oder Schluss) verwenden kannst.

Bereite zunächst den **Hauptteil** vor. Werte aus, in welchen Materialien Argumente für die beiden Themafragen (1. Gründe für Fast Fashion, 2. Auswirkungen) zu finden sind, und überprüfe, welche Aspekte du zur Begründung und Veranschaulichung deiner Argumente verwenden kannst.

Für die **Einleitung** kommen alle Aussagen infrage, die keine Argumente vorwegnehmen, z. B. Begriffserklärungen oder Ergebnisse aus Statistiken. Für den **Schlussgedanken** bieten sich z. B. Aussagen an, die ein Fazit oder einen Ausblick geben. Achte unbedingt darauf, am Schluss keine neuen Argumente mehr anzuführen. Du kannst in Einleitung und Schluss auch mehrere Materialaussagen kombinieren und eigene Ideen oder Kenntnisse aus dem Unterricht (Kinderarbeit, Armut in den Entwicklungsländern usw.) einbringen. Im Schlussteil kannst du zudem auch deine persönliche Meinung zum Thema darstellen.

So könnte die **Auswertung der Materialien** aussehen:

Einleitung	Material 1	• Begriffserklärung
	Material 3	• Aussagen über das Kaufverhalten vieler Menschen *(auch für den Schluss geeignet)*
	Material 7	• Statistische Angaben zur Entwicklung der Textilproduktion
Hauptteil 1. Themafrage	Materialien 2, 5	• Niedrige Produktionskosten, z. B. durch billige Kunstfasern (M 2, 5) und günstige Transportkosten (M 2)
	Materialien 2, 7	• Streben nach größtmöglichem Gewinn durch hohe Verkaufszahlen, z. B. durch sehr niedrige Lohnkosten oder immense Stückzahlen • Große Auswahl an Textilien zu Niedrigpreisen
	Materialien 2, 10, 11	• Produktion in Billiglohnländern (M 2, 10) mit Hungerlöhnen (M 11)
	Materialien 3, 13	• Stark ausgeprägtes Konsumverhalten vieler Verbraucher*innen
	Materialien 10, 11	• Fehlende Produktionsvorschriften (Arbeitsschutz, Menschenrechte)
2. Themafrage	Materialien 2, 6, 10, 11	• Massive Verstöße gegen Menschenrechte, z. B. durch Ausbeutung von Arbeitskräften, Kinderarbeit, schlechte Arbeitszeiten
	Materialien 4, 5	• Schlechte Qualität der Produkte
	Materialien 6, 9	• Gesundheitsgefährdung für Textilarbeiter*innen und Verbraucher*innen
	Material 7	• Förderung der Wegwerfgesellschaft
	Materialien 8, 9	• Vergeudung von Ressourcen (Wasser, Öl) • Zunahme der Umweltverschmutzung
	Material 9	• Bedeutender Beitrag zum Klimawandel
	Material 10	• Verhinderung einer nachhaltigen Produktion durch Konkurrenzdruck
Schluss	Material 13	• Beispiel einer Gegenbewegung

Die Materialien enthalten weitere Informationen, die zu Argumenten ausgebaut oder zur Veranschaulichung anderer Argumente verwendet werden können:
1. Themafrage: massive Werbung (M 3), Verfügbarkeit in großen Mengen (M 7)
2. Themafrage: Entstehung von viel Textilmüll (M 4, 7)

Gliederungsvorschlag

> **TIPP** **Hinweis zur Gliederung**
>
> Die **Gliederungspunkte** für Einleitung, Hauptteil und Schluss können je nach Vorgabe deiner Lehrkraft einheitlich in ganzen Sätzen oder im Nominalstil formuliert sein.

A. Erklärung des Begriffes „Fast Fashion“

B. Gründe für den aktuellen Trend „Fast Fashion“ und bedenkliche Auswirkungen

1 Gründe für den aktuellen Trend „Fast Fashion“

1.1 Vonseiten der Textilwirtschaft
- 1.1.1 Niedrige Produktionskosten
- 1.1.2 Fehlen strenger Produktionsvorschriften
- 1.1.3 Streben nach größtmöglichem Gewinn durch hohe Verkaufszahlen

1.2 Vonseiten der Verbraucher*innen
- 1.2.1 Große Auswahl an Textilien zu Niedrigpreisen
- 1.2.2 Stark ausgeprägtes Konsumverhalten vieler Verbraucher*innen

2 Bedenkliche Auswirkungen von „Fast Fashion“

2.1 Schlechte Qualität der Produkte
2.2 Verhinderung einer nachhaltigen Produktion durch Konkurrenzdruck
2.3 Vergeudung von Ressourcen
2.4 Förderung der Wegwerfgesellschaft
2.5 Bedeutender Beitrag zum Klimawandel
2.6 Zunahme der Umweltverschmutzung
2.7 Gesundheitsgefährdung für Textilarbeiter*innen und Verbraucher*innen
2.8 Massive Verstöße gegen Menschenrechte

C. Notwendigkeit, sich mit dem eigenen Kaufverhalten bei Textilien auseinanderzusetzen

Aufsatzbeispiel

> **TIPP** **Hinweis zur Randspalte**
>
> Die **Angaben am Rand** sind nicht Bestandteil des Aufsatzes, sondern dienen nur deiner Orientierung hinsichtlich Inhalt und Aufbau.

Wenn in den Medien über das Thema „Mode“ berichtet wird, fällt immer wieder der Begriff „Fast Fashion“. Gemeint ist damit „das rasche, preisgetriebene Angebot stark trendbezogener Kleidung, deren Qualität und Preis im niedrigen Segment anzusiedeln sind. ‚Fast Fashion‘ steht für ein schnelles Imitieren von Laufstegmodellen und Modetrends in kostengünstigen Kopien wie auch für eine hohe Anzahl an Kollektionen und Auslieferungsterminen“ (M 1). Diese Art der Mode ist in der Textilbranche mittlerweile zum Trend geworden. Doch welche Gründe gibt es dafür und welche bedenklichen Auswirkungen sind damit verbunden? Diese Fragen sollen nachfolgend erörtert werden. — **A. Einleitung** · Hinführung · Begriffsklärung · Überleitung zu den Themafragen

Bei der Frage nach den Gründen für den aktuellen Trend „Fast Fashion“ ist es zunächst sinnvoll, das Thema aus Sicht der Textilwirtschaft, also der Produzenten der Mode, zu betrachten. — **B.1** · Überleitung zu 1.1

Ein ausschlaggebender Grund für die Textilbranche sind die niedrigen Produktionskosten dieser Art von Mode: Die Kleidungsstücke werden überwiegend aus günstigen Kunstfasern wie Polyester gefertigt (vgl. M 5), die Lohnkosten für die Textilarbeiter*innen sind gering, da meist in Billiglohnländern produziert wird (vgl. M 10), und die Transportkosten fallen niedrig aus. Branchenschätzungen zufolge liegen beispielsweise bei einem T-Shirt aus dem „Fast-Fashion“-Bereich, das für 4,95 € verkauft wird, die Materialkosten bei 0,40 €, die Lohnkosten bei 0,13 € und die Transportkosten bei nur 0,06 € (vgl. M 2). Somit sind die geringen Produktionskosten für die Textilhersteller ein großer Anreiz, „Fast-Fashion“ zu produzieren. — 1.1.1 Behauptung · Begründung · Beispiel · Abrundung

Daraus ergibt sich auch ein weiterer Aspekt, warum „Fast Fashion“ vonseiten der Textilbranche zum Trend geworden ist. — Überleitung

Es wird den Herstellern nämlich leicht gemacht, diese Art der Mode kostengünstig zu produzieren, da keine strengen Produktionsvorschriften vorhanden sind. Verstöße beim Arbeitsschutz und gegen Menschenrechte werden nur zum Teil geahndet (vgl. M 10). Steigen in einem Land die Lohnkosten, z. B. um den Textilarbeiterinnen und -arbeitern faire Löhne zu bezahlen, wird die — 1.1.2 · Behauptung · Begründung · Beispiel

Produktion einfach in ein anderes Billiglohnland verlagert (vgl. M 10).	
Auf diese Weise können die Kleidungsstücke weiterhin möglichst günstig hergestellt werden.	Folge
Außerdem ist besagter Modetrend für die Textilwirtschaft von großer Bedeutung, da damit große Gewinne erzielt werden können.	1.1.3 Behauptung
Gründe dafür sind einerseits die bereits erwähnten niedrigen Produktionskosten (vgl. M 2) und andererseits die immensen Stückzahlen, die verkauft werden.	Begründung
So hat sich laut einer Studie „[i]n den Jahren 2000 bis 2016 […] die Menge der Textilproduktion weltweit verdoppelt – 2014 durchbrach sie die Schwelle von jährlich 100 Milliarden hergestellten Kleidungsstücken“ (M 7). Da diese Textilien natürlich nicht nur produziert, sondern auch verkauft werden, lässt sich erahnen, wie groß die Gewinne der Textilwirtschaft sind.	Beispiel
„Fast-Fashion“ ist aber nicht nur für die Textilproduzenten, sondern auch für die Verbraucher*innen interessant.	Überleitung zu 1.2
Ein Grund dafür ist die große Auswahl an Textilien zu niedrigen Preisen.	1.2.1 Behauptung
So bringen große Textilunternehmen einer Studie zufolge bis zu 24 Kollektionen pro Jahr auf den Markt (vgl. M 7), weshalb den Konsumentinnen und Konsumenten in kurzen und regelmäßigen Abständen immer wieder neue und zudem günstige Ware angeboten werden kann.	Begründung
Wenn einem beispielsweise die aktuelle Kollektion an Sommerkleidern nicht gefällt, muss man nur wenige Wochen warten, bis es eine neue gibt. So hat man immer wieder die Chance, das passende Kleid zu finden, und muss nicht auf das nächste Jahr warten, bis eine neue Sommerkollektion herauskommt.	Beispiel
Ausschlaggebend für die Entstehung des Trends „Fast-Fashion“ ist zudem das stark ausgeprägte Konsumverhalten vieler Verbraucher*innen.	1.2.2 Behauptung
Denn „Fast-Fashion“ kommt ihrem Bedürfnis nach Kleidungsstücken, die immer der neuesten Mode entsprechen, entgegen. Verstärkt wird das Konsumverhalten zusätzlich noch durch Soziale Medien, Werbung oder Rabattaktionen (vgl. M 3, M 13).	Begründung
Wird beispielsweise auf Instagram von einer beliebten Influencerin ein neuer Modetrend vorgestellt, kann bei ihren Followerinnen und Followern der Wunsch ausgelöst werden, diesem Trend zu folgen. „Fast Fashion“ zu kaufen, bietet sich in diesem Fall an, da sich die Mode stark an Trends orientiert und kostengünstig ist (vgl. M 1).	Beispiel

Überleitung zu ***B.2***

Auch wenn „Fast Fashion" sowohl für die Textilwirtschaft als auch für die Verbraucher*innen Vorteile mit sich bringt, hat dieser Trend jedoch bedenkliche Auswirkungen zur Folge.

2.1 Behauptung
Begründung und Beispiele

Eine dieser Auswirkungen ist, dass die Produkte häufig von schlechter Qualität sind. Denn um die Kleidungsstücke zeitsparend und günstig produzieren zu können, wird auf leicht verarbeitbare und billige Materialien wie Polyester gesetzt (vgl. M 4, M 5). Diese sind allerdings nicht so lange haltbar und geraten z. B. nach dem Waschen schnell aus der Form (vgl. M 4).

2.2 Behauptung
Begründung
Beispiel

Außerdem ist durch den großen Konkurrenzdruck in der „Fast Fashion"-Branche eine nachhaltige Produktion kaum möglich, da geringe Produktions- und Einkaufspreise im Vordergrund stehen (vgl. M 10). Eine nachhaltige Produktion würde in diesem Zusammenhang unter anderem bedeuten, dass Materialien verwendet werden, die langlebig sind und eine gute Ökobilanz besitzen, z. B. ökologisch angebaute Naturfasern. Eine Textilfabrik, die derartige Materialien verarbeitet und ihren Mitarbeiterinnen und Mitarbeitern im besten Fall auch noch faire Löhne bezahlt, muss zwangsläufig mehr Geld für ihre Produkte verlangen als eine Fabrik, die dies nicht tut. Um konkurrenzfähig zu bleiben, wird sich ein „Fast Fashion"-Unternehmen daher eher für die günstigere, wenn auch nicht nachhaltige Produktion entscheiden.

2.3 Behauptung
Begründung
Beispiel

Eine weitere bedenkliche Auswirkung ist, dass durch „Fast Fashion" sehr viele Ressourcen verschwendet werden. Die Herstellung verbraucht riesige Mengen an Rohstoffen, aber die Kleidungsstücke werden dann nur kurz getragen (vgl. M 8). Die Grafik aus Material 9 veranschaulicht, wie groß der jährliche Aufwand der Bekleidungsindustrie in einzelnen Bereichen ist. So werden beispielsweise jedes Jahr 98 Millionen Tonnen Erdöl und 79 Milliarden Kubikmeter Wasser für die Produktion von Kleidung verbraucht. Anzunehmen ist, dass es sich beim Großteil der Kleidung um „Fast Fashion" handelt.

2.4 Behauptung
Begründung
Beispiel

„Fast Fashion" fördert zudem die Wegwerfgesellschaft, da die Kleidungsstücke und die Modetrends, denen sie entsprechen, nur sehr kurzlebig sind. Deshalb ist es auch nicht verwunderlich, dass die Verbraucher*innen laut einer Studie „bis zu 40 Prozent der gekauften Kleidung nur selten – oder gar nicht [tragen]. Ein großer Teil landet in Altkleidercontainern" (M 7). Ein Oberteil mit einem ausgefallenen Muster wird wahrscheinlich nur in der Saison getragen, in der das Muster gerade im Trend ist. In der darauffolgenden Saison liegt es entweder ungetragen im Schrank oder wandert in den Altkleidercontainer.

Ausweitung

Wer glaubt, dass er mit seiner „Fast Fashion“-Kleiderspende Hilfsbedürftigen etwas Gutes tut, der irrt sich meist. Aufgrund der schlechten Qualität der Kleidung werden „[n]ur noch 18 % der Altkleider […] überhaupt recycelt […]. Der Rest – also 82 % – ist unbrauchbar“, wie der Geschäftsführer der Deutschen Kleiderstiftung erklärt (M 4).

2.5 Behauptung

Darüber hinaus leistet „Fast Fashion“ einen bedeutenden Beitrag zum Klimawandel,

Begründung

weil bei der Herstellung und beim Transport der Kleidung Treibhausgase freigesetzt werden. Da sehr große Mengen an Kleidung für die „Fast Fashion“-Branche produziert werden, ist die CO_2-Emission auch entsprechend hoch.

Beispiel

Laut der Grafik aus Material 9 werden allein durch die Bekleidungsindustrie jedes Jahr 1 458 Millionen Tonnen Treibhausgase ausgestoßen.

2.6 Behauptung

Das ist aber noch nicht alles. „Fast Fashion“ trägt auch zur Umweltverschmutzung bei,

Begründung

da zum einen bei der Produktion schädliche Stoffe in die Umwelt gelangen und zum anderen große Mengen an Müll entstehen.

Beispiele

Beispielsweise werden beim Färben der Kleidung giftige Chemikalien verwendet, sodass in China bereits 70 % der Seen und Flüsse mit Farbstoffen und Chemikalien verunreinigt sind (vgl. M 8). Insgesamt verbraucht die Bekleidungsindustrie pro Jahr ganze 43 Millionen Tonnen Chemikalien. Außerdem gelangen durch diese Branche jedes Jahr 522 Millionen Kilogramm Mikrofasern in die Ozeane und es entstehen 92 Millionen Tonnen Müll (vgl. M 9).

Abrundung

Die kurzlebige und nicht nachhaltig produzierte „Fast Fashion“ hat somit erheblich Mitschuld an der weltweiten Umweltverschmutzung.

2.7 Behauptung

„Fast Fashion“ stellt aber nicht nur eine Gefahr für die Umwelt, sondern auch für die Textilarbeiter*innen und Verbraucher*innen dar,

Begründung

weil sich die giftigen Farbstoffe und Chemikalien negativ auf die Gesundheit auswirken.

Beispiele

„Fast Fashion“-Kleidung wird meistens in Billiglohnländern produziert, wo häufig nicht viel Wert auf Arbeitsschutzmaßnahmen, z. B. Schutzkleidung, gelegt wird. Das hat zur Folge, dass jedes Jahr 27 Millionen Textilarbeiter*innen mit arbeitsbedingten Krankheiten zu kämpfen haben (vgl. M 9). Aber auch die Käufer*innen der Kleidung spüren die Auswirkungen der giftigen Farbstoffe und Chemikalien, wenn sie diese tragen. So sind „im Jahr rund 4 000 Kontaktallergie-Fälle, die in deutschen Hautklinken festgestellt werden, auf Kleidung zurückzuführen“, wie es in Material 6 heißt.

Am schlimmsten sind jedoch die massiven Verstöße gegen Menschenrechte, die immer wieder bei der Produktion von „Fast Fashion“ begangen werden. Das liegt, wie bereits erwähnt, daran, dass ein großer Konkurrenz- und Preisdruck in der Branche vorhanden ist und Verstöße nur zum Teil geahndet werden (vgl. M 10). Daher werden die Arbeitskräfte häufig ausgebeutet, indem sie z. B. eine sehr schlechte Bezahlung erhalten und zum Teil zehn bis 16 Stunden pro Tag arbeiten müssen (vgl. M 6). Auch die Beschäftigung von Kindern ist nach wie vor keine Seltenheit (vgl. M 11).

2.8 Behauptung

Begründung

Beispiele

Macht man sich über die zahlreichen bedenklichen Auswirkungen des „Fast Fashion“-Trends Gedanken, so kommt man nicht umhin, sich auch mit dem eigenen Kaufverhalten bei Textilien auseinanderzusetzen. Die meisten Menschen wissen zwar, dass die Massenproduktion der „Fast Fashion“-Industrie die Umwelt und die Textilarbeiter*innen belastet, doch ändern sie aus Gewohnheit oder aus anderen Gründen nichts an ihrem Konsumverhalten (vgl. M 3). Die negativen Auswirkungen sind meiner Meinung nach aber zu schwerwiegend, als dass wir Verbraucher*innen sie weiter ignorieren dürfen. Ich wünsche mir deshalb, dass es nicht nur beim reinen Nachdenken über das eigene Konsumverhalten bleibt, sondern jede*r Einzelne auch tatsächlich etwas daran ändert. Man muss nicht gleich vollständig auf den Kauf von Kleidung verzichten, aber vielleicht müssen es beim nächsten Mal nicht vier Pullover sein, sondern es reicht auch einer, dafür aber aus hochwertigen Materialien und nachhaltiger Produktion. Man selbst hat schließlich länger etwas von dem Kleidungsstück und tut gleichzeitig auch den Arbeitskräften und der Umwelt etwas Gutes damit.

C. Schluss

eigene Meinung

Wunsch

Materialgestütztes Argumentieren
Übungsaufgabe 3

Viele Menschen pendeln zur Arbeit. Erörtern Sie Gründe hierfür und mögliche negative Auswirkungen.

Gehen Sie zur Bearbeitung des Themas zunächst das vorliegende Material durch und überlegen Sie sich, welche Informationen Sie für Ihren Aufsatz verwerten möchten. Das Material dient zur Ergänzung Ihrer eigenen Ideen. ***Es muss jedoch deutlich erkennbar sein, dass Teile des Materials in die Bearbeitung mit einbezogen wurden.*** *Falls Sie Textstellen wörtlich übernehmen bzw. angegebene Daten oder Aussagen verwenden, müssen Sie dies in Ihrem Aufsatz angeben.*

Material 1 Grafik

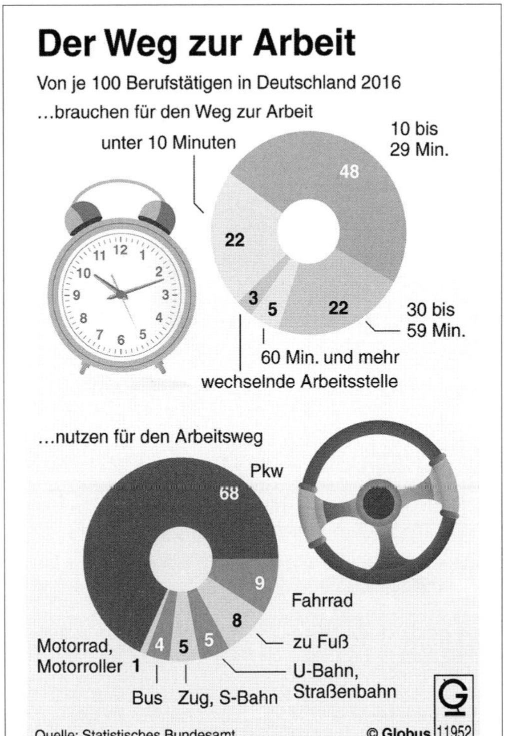

Quelle: picture-alliance /dpa-infografik

Material 2 Pressetitel zum Thema

Pendlerland Bayern Zwei Drittel der Arbeitnehmer pendeln. **Stadt, Land – alles im Fluss** Weil seit Jahren in den Boom-Regionen zu wenige Wohnungen gebaut werden, müssen so viele Menschen pendeln. **Auf breiten Straßen in den Stau** Der Ausbau der Verkehrswege verleitet zum Pendeln.	**Land der Pendler** Hohe Mieten, knapper Wohnraum: Immer mehr Menschen wohnen nicht in der Stadt, in der sie arbeiten. **Crash bei Bad Abbach** Unfall auf der A 93 legt den Pendlerverkehr lahm. **Technologiekonzern erwägt Standortverlagerungen** Vielen stellt sich die Frage: umziehen oder pendeln?

Material 3 Auszug aus einer Begriffserklärung

[…] Pendler sind eine Begleiterscheinung der zunehmenden Mobilität der Bevölkerung. Diese erlaubt es z. B., dass Stadtbewohner im städtischen Umland billigere Baugründe in Anspruch nehmen, was als Zersiedelung bezeichnet wird. Demgegenüber steht der Trend, dass neue Arbeitsstätten vermehrt in der Nähe von Ballungszentren entstehen – die wiederum Bewohner des ländlichen Raumes anziehen. […]

Quelle: www.wikipedia.org

Material 4 Auszug aus einem Interview mit dem Mediziner Steffen Häfner

SZ: Macht Pendeln nun krank?
Steffen Häfner: Es muss nicht, aber es kann. Es ist ein zusätzlicher Stressfaktor.
SZ: Wie wirkt sich dieser Stress genau aus?
Steffen Häfner: […] Häufige körperliche Symptome sind Rückenschmerzen im Hals- oder Lendenwirbelbereich sowie Kopfschmerzen. Das trifft besonders die Autofahrer […]. Die Bahnfahrer müssen schon mal zur Haltestelle rennen oder können im Zug auf und ab laufen. […] Oft ist auch das gesamte Essverhalten gestört. Vor allem Autopendler neigen mehr zu Übergewicht.
SZ: Und was passiert mit der Psyche?
Steffen Häfner: […] Die Angst vor dem Zuspätkommen, vor unkalkulierbarem Verkehr, vor Terror in öffentlichen Verkehrsmitteln fährt immer mit. […]

Quelle: Interview Theresa Krinninger & Steffen Häfner: Wie Pendeln die Gesundheit gefährdet, Süddeutsche Zeitung vom 14. 08. 2017, www.sueddeutsche.de/bayern/mobilitaet-wie-pendeln-die-gesundheit-gefaehrdet-1.3626582

Material 5 Tipps für Pendler

Pendelstrecken Sinn geben: Pendeln wird dann als Stress wahrgenommen, wenn die Fahrt als verlorene Zeit abgestempelt wird. […]

Persönliche Auszeit: Reserviert sich der Pendler die Fahrt bewusst als persönliche Entspannungszeit, belastet ihn der Weg zur Arbeit weniger. […]

Zeit einplanen: Zeitdruck erhöht das Stresslevel. […]

Öffentlichen Nahverkehr nutzen: Eine Autofahrt fordert viel Konzentration. […]

Besser im Team: Mitfahrgelegenheiten sparen Kosten und Parkraum, entlasten Straßen, reduzieren den Abgasausstoß. […]

Quelle: www.adac-blog.de und ADACmotorwelt 10 /2017

Material 6 Karikatur

Quelle: FEICKE/www.feickecartoons.de

Material 7 Umfrageergebnis

Das Unternehmen Regus befragte Berufstätige nach den Hauptursachen für Stress während des Pendelns:

Verspätungen und Betriebsstörungen	44 %
Schlechte Fahrweise der anderen	40 %
Aggressive Autofahrer	38 %
Mangelhafte Information durch Verkehrsbetriebe	25 %
Schlechte Luft und Hitze	22 %
Laute Handy-Gespräche der anderen Pendler	21 %
Körper- und Essensgerüche	13 %

Quelle: eigene Darstellung nach: www.regus.de

Material 8 Umfrageergebnis

[…] 18,4 Millionen Menschen in Deutschland sind Pendler, gab das Bundesinstitut für Bau-, Stadt- und Raumforschung (BBSR) Ende Juli bekannt […]. Umgerechnet 59,4 Prozent aller Beschäftigten „müssen vom Wohnort zur Arbeit in eine andere Gemeinde fahren", wie die offizielle Pendler-Definition lautet.

Quelle: nach einer Veröffentlichung des BBSR (2017)

Material 9 Ausschnitt aus einer Stellenanzeige

Zur Ergänzung unseres Teams suchen wir

einen/eine Erzieher/-in

mit Bereitschaft zum flexiblen Einsatz in unseren Wohnstätten in München und Ingolstadt.

Die Stelle ist befristet bis zum 31. 7. 2019. […]

Material 10 Auszug aus einem Zeitungsartikel

Der Marathon-Mann

Johann Lenz fährt täglich 280 Kilometer [...] nach Dingolfing. [...] Als sich der gelernte Heizungstechniker als 20-Jähriger [...] bewarb, plante er nicht weit voraus. Er nahm den unbefristeten Vertrag erst mal an. Heute steht sein Haus mit Doppelgarage und Waldblick einen Sprung entfernt von Tschechien. Der [...] Kredit ist fast abbezahlt. Die Frau hat einen Job im Nachbarort, die zwei Kinder gehen in der Umgebung zur Schule. „Vor der Finanzkrise waren Grund und Immobilien bei Dingolfing unerschwinglich", sagt er. Deshalb blieb es bei Haidmühle.

[...] In schlechten Phasen habe er überlegt, [...] Richtung Dingolfing zu ziehen. Aber dann waren die Kinder da, und seine Frau hatte einen Job. Er war gebunden. „23 Jahre Betriebszugehörigkeit setzt man nicht so einfach aufs Spiel", sagt seine Frau. Alternativen in der Umgebung sucht man vergebens. Kein hiesiger Arbeitgeber kann ihm ähnliche Konditionen bieten. [...]

Quelle: Theresa Krinninger: Der Marathon-Mann, Süddeutsche Zeitung vom 14./15. 8. 2017

Die Aufgabe stammt aus der Original-Abschlussprüfung 2018.

Lösungsvorschlag

TIPP **Bearbeitungshinweise**

Erschließung des Themas

Der Themabegriff „Pendeln“ ist durch den Zusatz „zur Arbeit“ eingeschränkt. Eine Unterscheidung zwischen Tages- und Wochenendpendlerinnen und -pendlern wird nicht gemacht. Präzisiert wird das Thema durch die beiden Erörterungsaufträge, die nach den „Gründen für das Pendeln“ und den „möglichen negativen Auswirkungen“ fragen, die sich daraus – nicht nur für die Pendler*innen – ergeben können.

Themabegriff	Pendeln
Einschränkung	zur Arbeit
Präzisierung	Gründe für das Pendeln; mögliche negative Auswirkungen
Erörterungsauftrag zweigliedrig	1. Aus welchen Gründen pendeln viele Menschen zur Arbeit? 2. Was sind mögliche negative Auswirkungen?

Stoffsammlung

Der erste Schritt der Stoffsammlung besteht in der gründlichen Auswertung des vorliegenden Materials hinsichtlich der folgenden Fragen:

- Welche Materialvorgaben enthalten Ideen für Argumente?
- Was kannst du zur Veranschaulichung deiner Argumente verwenden?
- Welche Informationen können in die Einleitung oder den Schluss einfließen?

Markiere wichtige Aussagen und notiere, wie du sie im Aufsatz verwenden möchtest. Schreibe auch auf, welchem Material sie entnommen wurden, denn Textstellen oder Daten, die du im Aufsatz direkt oder indirekt zitierst, müssen mit der Quellenangabe (z. B. Süddeutsche Zeitung vom 14. /15. 8. 2017) oder einem Verweis auf die Materialnummer (z. B. M 10) gekennzeichnet werden.

Im zweiten Schritt überlegst du, ob sich aus dem Material weitere Argumente ergeben könnten bzw. ob du eigene Ideen zum Thema hast. Frage dich z. B.:

- Welche zusätzlichen Informationen oder eigenen Erfahrungen könnte ich in der Einleitung einbringen? (z. B. Familienmitglieder, die selbst pendeln)
- Kann ich aus meinem eigenen Wissen weitere Argumente für den Hauptteil formulieren? Fallen mir eigene Beispiele ein, die diese veranschaulichen?
- Habe ich eigene Ideen für den Schluss? (z. B. persönliche Meinung zum Thema Pendeln in Bezug auf dein zukünftiges Arbeitsleben)

Stoffordnung und Gliederung

Fasse ähnliche oder zusammengehörige Punkte zusammen und überlege, ob eine weitere Untergliederung, z. B. mithilfe von Oberbegriffen, sinnvoll ist. Bringe die Argumente dann in eine logische Reihenfolge, etwa aufsteigend vom schwächeren zum stärksten.

So könnte die **Auswertung der Materialien** aussehen:

Einleitung	Material 3	• Auszug aus einer Begriffserklärung (ohne Nennung der Gründe)
	Material 8	• Zahl der Berufspendler*innen, Begriffsdefinition
	Material 10	• Lebensgeschichte eines Pendlers (seine Fahrleistungen)
Hauptteil 1. Themafrage	Materialien 1, 2	• Gut ausgebautes Verkehrsnetz
	Materialien 2, 3 10	• Hohe Immobilienpreise und Mieten am Arbeitsort • Wohnungsknappheit am Arbeitsort • Konzentration der Arbeitsplätze in der Nähe der Ballungszentren • Fehlende Arbeitsplätze am Wohnort
	Materialien 2, 9	• Notwendigkeit von Mobilität bei Neueinstellungen
	Materialien 2, 10	• Treue zum Unternehmen
	Material 10	• Fehlen ähnlicher Konditionen (= Verdienstmöglichkeiten) • Vielseitige Verbindung zur Heimat • Familie als Abhängigkeitsgrund • Eigene Immobilie am Wohnort
2. Themafrage	Materialien 1, 2, 4–7	• Belastung durch lange Fahrzeiten, Zeitdruck und Fahrtbedingungen
	Materialien 1, 2, 5–7	• Weniger Freizeit • Folgen für die Pendler*innen, ihre Familien/Partnerschaften
	Materialien 2, 3, 5	• Umweltbelastung: Abgase und Flächenversiegelung • Zersiedelung
	Materialien 2, 5	• Unfallrisiko
	Materialien 4, 5	• Unterschiedliche Gesundheitsrisiken
Schluss	Material 1	• Dauer des Arbeitsweges, Verteilung der Fortbewegungsmittel in Prozent
	Material 5	• Tipps für Pendler*innen

Gliederungsvorschlag

> **TIPP** **Hinweis zur Gliederung**
>
> Die **Gliederungspunkte** für Einleitung, Hauptteil und Schluss können je nach Vorgabe deiner Lehrkraft einheitlich in ganzen Sätzen oder im Nominalstil formuliert sein.

A. Überblick über die Zahl der Berufspendler*innen und Definition des Begriffs

B. Gründe für das Pendeln zur Arbeit und mögliche negative Auswirkungen

1 Gründe für das Pendeln zur Arbeit

1.1 Verbundenheit mit einem Unternehmen
1.2 Vorhandensein eines gut ausgebauten Verkehrsnetzes
1.3 Notwendigkeit von Mobilität bei Neueinstellungen
1.4 Sozialer Lebensmittelpunkt am Wohnort
1.5 Mangel an bezahlbarem Wohnraum am Arbeitsort
1.6 Bessere Verdienstmöglichkeiten
1.7 Mangel an geeigneten Arbeitsplätzen am Wohnort

2 Mögliche negative Auswirkungen des Pendelns zur Arbeit

2.1 Belastung durch Fahrzeiten, Zeitdruck und Fahrtbedingungen
2.2 Umweltbelastung durch den Pendlerverkehr
2.3 Erhöhtes Unfallrisiko
2.4 Verlust von Freizeit
2.5 Risiken für die Gesundheit

C. Tipps für Pendler*innen

Aufsatzbeispiel

TIPP **Hinweis zur Randspalte**

Die **Angaben am Rand** sind nicht Bestandteil des Aufsatzes, sondern dienen nur deiner Orientierung hinsichtlich Inhalt und Aufbau.

A. Einleitung
Hinführung

Nach einer Veröffentlichung des Bundesinstituts für Bau-, Stadt- und Raumforschung gab es 2017 in Deutschland 18,4 Millionen Pendler*innen. Das sind mehr als die Hälfte aller Arbeitnehmer*innen, genauer gesagt 59,4 Prozent. Der Begriff „Pendler*in" bedeutet, dass eine Beschäftigte oder ein Beschäftigter ihren oder seinen Wohnort verlässt, um in einer anderen Gemeinde einer Arbeit nachgehen zu können (vgl. M 8). Angesichts dieser hohen Zahl stellt sich sowohl die Frage danach, warum so viele Menschen zur Arbeit pendeln, als auch nach möglichen negativen Auswirkungen, die sich daraus ergeben können.

Begriffs-erklärung | Überleitung | Themafrage als Aussagesatz

B. 1

Der erste Teil des Aufsatzes befasst sich mit den Gründen, die dazu führen, dass so viele Menschen oftmals sehr lange Arbeitswege in Kauf nehmen.

1.1 Behauptung
Begründung

Ein Grund ist die Verbundenheit mit einem Unternehmen. Diese kann sich aus einer langen Betriebszugehörigkeit ergeben. Sie kann auch in der Einstellung begründet sein, dass man als Arbeitnehmer*in einer Firma treu bleiben möchte, einerseits weil man sich mitverantwortlich für den Erfolg fühlt, andererseits weil man sich vielleicht sehr mit dem Betrieb und seinen Produkten identifiziert. Dies wird am Beispiel des Arbeitnehmers deutlich, den die Süddeutsche Zeitung zitiert (vgl. M 10); dessen Frau erwähnt zudem, dass man 23 Jahre Betriebszugehörigkeit nicht einfach aufs Spiel setzt. Auch einer der Pressetitel in Material 2 weist auf diese Verbundenheit hin: Ein Technologiekonzern erwägt Standortverlagerungen. Es heißt, dass sich viele Mitarbeiter*innen die Frage stellen, ob sie umziehen oder pendeln sollten. Die Möglichkeit, den Arbeitsplatz zu wechseln, wird gar nicht genannt. Das weist darauf hin, dass sich viele Arbeitnehmer*innen so mit dem Unternehmen verbunden fühlen, dass ein Wechsel für sie keine Option darstellt und sie eher einen langen Anfahrtsweg in Kauf nehmen würden.

Beispiele | Abrundung

Hinzu kommt die Tatsache, dass Bayern bzw. Deutschland über ein gut ausgebautes Verkehrsnetz verfügt. Dies stellt einen weiteren wichtigen Grund für die Vielzahl der Pendler*innen dar. — 1.2 Behauptung
Gute Verkehrsverbindungen sind eine Grundvoraussetzung dafür, dass Pendeln auch über weite Strecken möglich ist bzw. dass es sich für die Arbeitsnehmer*innen lohnt und der Zeitaufwand im Rahmen bleibt. — Begründung
Das Straßennetz trägt die Hauptlast des Pendlerverkehrs, denn mehr als zwei Drittel der Menschen pendeln mit dem Pkw zur Arbeit (vgl. M 1). Das unterstreicht auch die Schlagzeile eines Presseberichts, die von „breiten Straßen“ (M 2) spricht und davon, dass der Ausbau der Verkehrswege zum Pendeln verleite. — Beispiele
Ohne diese Voraussetzungen wäre es demnach gar nicht möglich, dass so viele Menschen in die Arbeit pendeln. — Abrundung

Neben gut ausgebauten Verkehrswegen sind auch die Unternehmen selbst für die hohen Pendlerzahlen verantwortlich, indem sie Mobilität und Flexibilität von ihren Beschäftigten verlangen. — Überleitung / 1.3 Behauptung
Häufig wird erwartet, dass die oder der Angestellte nicht nur an einer festen Einsatzstelle arbeitet, sondern an mehreren unterschiedlichen Orten, an denen der Betrieb Niederlassungen hat. — Begründung
Aus der Stellenanzeige in Material 9 kann dies deutlich herausgelesen werden: Darin wird die Bereitschaft zum flexiblen Einsatz – nicht nur innerhalb Münchens, sondern auch in Ingolstadt – gefordert. — Beispiel
Allein aufgrund der Größe Münchens ergeben sich für die Stelleninhaberin oder den Stelleninhaber bereits weite Wege. Dies ist erst recht der Fall, wenn sie oder er ins 80 Kilometer entfernte Ingolstadt pendeln muss. — Abrundung

Ein wichtiger Gesichtspunkt liegt ferner darin, dass der Wohnort üblicherweise auch der Lebensmittelpunkt der Menschen ist. — 1.4 Behauptung
Daraus ergeben sich viele Verpflichtungen und Abhängigkeiten, die ein Pendeln notwendig machen. Dies können soziale Beziehungen am Wohnort sein, wie Freundinnen und Freunde, Vereine, aber auch die Kinder, die im Heimatort zur Schule gehen wollen, oder eine Lebenspartnerin oder ein Lebenspartner, die oder der an den Ort gebunden ist. Ebenso kann aber auch der Besitz einer eigenen Immobilie, z. B. eines Hauses, Grund für das Pendeln sein. Der in Material 10 zitierte Zeitungsartikel beschreibt am Beispiel des Pendlers Johann Lenz die Gründe für seine Verbundenheit und Abhängigkeit: Das Haus ist fast abbezahlt, die Kinder gehen in der Umgebung in die Schule und seine Frau hat einen Job im Nachbarort, den sie sicherlich nicht gerne — Begründungen / Beispiele

aufgeben würde. Da ist es durchaus verständlich, dass er das Pendeln einem Umzug vorzieht, auch wenn Lenz täglich eine sehr große Entfernung zurücklegen muss. Abrundung

Doch auch der Arbeitsort selbst liefert vielen Pendlerinnen und Pendlern ein wichtiges Argument, der Arbeitsstelle nicht hinterherzuziehen. In den Ballungsräumen mangelt es häufig an bezahlbarem Wohnraum. Eine hohe Nachfrage bei knappem Angebot führt zu hohen Mieten (vgl. M 2) und unerschwinglichen Grundstückspreisen (vgl. M 10), die sogar Stadtbewohner*innen dazu bringt, im Umland der Städte zu bauen, weil dort der Baugrund günstiger ist (vgl. M 3). Johann Lenz wird in dem Artikel der Süddeutschen Zeitung (vgl. M 10) dahingehend zitiert, dass sogar in einer Kleinstadt wie Dingolfing die Preise für ihn zu hoch waren. Da ist leicht nachvollziehbar, dass viele Menschen aufgrund der hohen Miet- und Immobilienpreise aus dem Umland in die Stadt pendeln.

Überleitung
1.5 Behauptung
Begründung
Beispiele
Abrundung

Häufig bietet die Arbeit in den Ballungsräumen bessere Verdienstmöglichkeiten, da sich dort hauptsächlich große Unternehmen ansiedeln. Diese können oftmals höhere Löhne, hochqualifizierte Arbeitsplätze und gute Aufstiegschancen in Aussicht stellen. Auch Herrn Lenz hätte kein Arbeitgeber in der Nähe seines Wohnorts, der unweit der tschechischen Grenze liegt, ähnliche Konditionen bieten können wie sein Arbeitgeber in Dingolfing (vgl. M 10). Auch aus diesem Grund hat er sich fürs Pendeln entschieden.

1.6 Behauptung
Begründungen
Beispiel
Abrundung

Das entscheidende Argument ist jedoch die Tatsache, dass Arbeitsplätze in den Orten und Regionen, aus denen die Pendler*innen kommen, fehlen. Dies kann man aus dem Artikel der Süddeutschen Zeitung (vgl. M 10) erschließen. Laut des zitierten Pendlers Lenz gebe es keine Alternativen in der Umgebung. Vielmehr ist es so, dass die Arbeitsplätze in den Ballungszentren und ihrem Umland existieren, wo laut Material 2 und 3 bevorzugt neue Arbeitsplätze entstehen bzw. dorthin verlagert werden. Diese Entwicklung verschlechtert die Arbeitssituation in den ländlichen Regionen, was wiederum dazu führt, dass mehr Menschen in die Ballungszentren umziehen oder pendeln müssen. Da sich Unternehmen jedoch eher dort ansiedeln, wo mit qualifizierten Arbeitskräften zu rechnen ist, entsteht ein Teufelskreis, der dazu führt, dass sich die Situation immer weiter verschärft.

1.7 Behauptung
Begründung
Beispiele
Folge / Auswirkung

Neben dem Erörtern von Gründen für das Pendeln vieler Arbeitnehmer*innen ist auch die Frage nach den möglichen negativen Auswirkungen zu untersuchen. Überleitung zu **B. 2**

Zunächst sind alle Pendler*innen einer gewissen Belastung ausgesetzt, die sich aus der Fahrzeit, dem Zeitdruck (vgl. M 5) und den Fahrtbedingungen zusammensetzt. In einer ganzen Reihe von Materialien wird dies thematisiert. So müssen Pendler*innen mit Staus und den damit verbundenen Zeitverzögerungen rechnen, die sie unter Druck setzen können (vgl. M 3, M 4). Eine solche Belastung bringt auch die Fahrtdauer mit sich, die bei 70 Prozent der Berufstätigen in Deutschland immerhin zwischen 10 und 59 Minuten liegt und von fast ebenso vielen mit dem Pkw zurückgelegt wird (vgl. M 1). So wie der Stau für die Pkw-Fahrer*innen sind Streiks, Verspätungen und Betriebsstörungen ein Belastungsfaktor für die Pendler*innen, die auf öffentliche Verkehrsmittel setzen (vgl. M 6, M 7). Schließlich spielen auch die Fahrtbedingungen eine große Rolle. Eine Fahrt wird dann als Belastung empfunden, wenn sich die Pkw-Fahrer*innen über aggressive Verkehrsteilnehmer*innen bzw. über deren Fahrweise ärgern müssen oder sich die Nutzer*innen öffentlicher Verkehrsmittel mangelhafter Informationen der Verkehrsbetriebe, schlechter Luft und Hitze, Körper- und Essensgerüchen oder lauten Handygesprächen der Mitreisenden ausgesetzt sehen (vgl. M 7). Der Stress, den die Pendler*innen während der Fahrt empfinden, kann sich letztlich sogar negativ auf sie und damit auch auf ihre Gesundheit auswirken.

2.1 Behauptung
Begründungen
Beispiele
Folge / Auswirkung

Die großen Pendlerströme (vgl. M 2, M 8) legen auch den Schluss nahe, dass das höhere Verkehrsaufkommen und der Trend, in der Nähe der Ballungszentren zu bauen, die Umwelt belastet. Material 5 weist indirekt auf die Belastung durch einen hohen Abgasausstoß hin. Material 2 deutet zudem auf den Flächenverbrauch bzw. die Flächenversiegelung durch den Ausbau der Verkehrswege hin. Außerdem verursachen die wachsenden Siedlungen im Umland der Städte letztlich eine „Zersiedelung" der Landschaft, wie es in Material 3 heißt, was ebenso wie der Straßenausbau zu einer Zurückdrängung der Natur führt. Folglich belasten die hohen Pendlerzahlen nicht nur den Menschen selbst, sondern auch seine Umwelt.

2.2 Behauptung
Begründung
Beispiele
Folge / Auswirkung

Zu den genannten Belastungen für Pendler*innen und Umwelt kommt eine weitere wichtige negative Auswirkung hinzu: *Überleitung* *2.3 Behauptung* Pendeln ist mit einem erhöhten Unfallrisiko verbunden. *Begründung* Dabei spielen nicht nur die täglich zurückgelegten Kilometer eine Rolle, sondern vor allem die Bedingungen, unter denen die Fahrten stattfinden. *Beispiel* In Material 5 ist zu lesen, dass Zeitdruck den Stresspegel erhöht und das Autofahren viel Konzentration erfordert. Vor dem Hintergrund, dass den Pendlerinnen und Pendlern entweder noch ein anstrengender Arbeitstag bevorsteht oder er bereits hinter ihnen liegt, ist es nicht verwunderlich, wenn für diese dadurch ein erhöhtes Unfallrisiko besteht (vgl. M 2). *Folge/Auswirkung* Durch Staus aufgrund solcher Verkehrsunfälle steigt wiederum das Stresslevel der anderen Pendler*innen, was die Gefahr von Folgeunfällen erhöht.

2.4 Behauptung Aus den Materialien (z. B. M 1, M 2) lässt sich ableiten, dass das Pendeln einen großen Verlust an Freizeit bedeutet. *Begründung* Die Fahrzeiten zur Arbeitsstelle und wieder zurück müssen von der Zeit, die an Werktagen zur freien Verfügung steht, abgezogen werden. *Beispiele* Pendler*innen kommen später nach Hause als Personen, die am Wohnort arbeiten, und müssen früher aufstehen. Weil sie auch eher schlafen gehen müssen, um am nächsten Tag ausgeschlafen zu sein, wird die Freizeit zusätzlich eingeschränkt. Aus der Grafik von Material 1 lässt sich errechnen, dass rund jede*r fünfte Arbeitnehmer*in auf diese Weise täglich ein bis zwei Stunden an freier Zeit verliert. Beim „Marathon-Mann“ Lenz (vgl. M 10) summiert sich die Fahrzeit auf mindestens vier Stunden. *Folge/Auswirkung* Der Verlust an Freizeit wirkt sich nicht nur auf die Betroffenen selbst negativ aus, indem sie weniger Zeit für Sport, Hobbys oder Freundschaften haben, sondern auch ihre Familien und Partnerschaften können unter dem Zeitmangel leiden, wenn die Pendler*innen den Erwartungen und Anforderungen nicht mehr gerecht werden können.

2.5 Behauptung Hinzu kommt eine weitere negative Auswirkung. Das Pendeln wirkt sich negativ auf die Gesundheit der Pendler*innen aus. *Begründung* Der Mediziner Steffen Häfner erklärt in einem Interview mit der Süddeutschen Zeitung (vgl. M 4), dass das Pendeln krank machen könne und ein zusätzlicher Stressfaktor sei. *Beispiele* Er spricht dabei vor allem von Rückenschmerzen im Hals- und Lendenwirbelbereich, von Kopfschmerzen sowie einem gestörten Essverhalten, das zu Übergewicht führen könne. Darüber hinaus gebe es Auswirkungen auf die Psyche, da Ängste, z. B. vor dem

Zuspätkommen, immer mitfahren würden. Demnach sind es vor allem die Pendler*innen selbst, die unter den Fahrten leiden – sei es körperlich oder psychisch. Abrundung

C. Schluss

Vor dem Hintergrund der eben erörterten negativen Auswirkungen des Pendelns und der Tatsache, dass nicht davon auszugehen ist, dass in Zukunft weniger Menschen pendeln müssen, erscheinen die Tipps des ADAC, wie man am besten mit der Situation umgeht (vgl. M 5), sehr sinnvoll. Hier wird geraten, die Pendelstrecken als persönliche Auszeit zu nutzen, damit sie nicht als verlorene Zeit bewertet werden. Indem man einen ausreichend großen Zeitpuffer einplant, kann man sich außerdem viel Stress bei der täglichen Fahrt zur Arbeit ersparen. Schließlich empfehlen die Expertinnen und Experten, Fahrgemeinschaften zu bilden oder am besten gleich auf den öffentlichen Nahverkehr umzusteigen, weil Autofahren eine sehr hohe Konzentration erfordert. Tipps für Pendler*innen

Allen Pendlerinnen und Pendlern, die Busse und Bahnen nutzen, ist zu wünschen, dass sie sich auf deren Zuverlässigkeit und Pünktlichkeit verlassen können. Wunsch

Text

Lost in Translation

Künstliche Intelligenz hat Übersetzungsprogramme so verbessert, dass man vielleicht bald keine Fremdsprache mehr lernen muss. Das macht Verständigung leichter – aber wohl auch viel schwieriger.

VON TOBIAS HABERL

Vor Kurzem beobachtete ich in Hamburg die kuriose Unterhaltung eines koreanischen Rucksacktouristen mit einem Hotelangestellten. Immer wieder sprach einer der beiden in ein Mobiltelefon, wartete kurz, scannte das Display, reichte es dem jeweils anderen über die Rezeption hinweg, der seinerseits etwas hineinsprach, wartete, scannte und so weiter. Es war offensichtlich, dass der eine kein Deutsch und der andere kein Koreanisch sprach, und obwohl die beiden kein einziges Wort miteinander wechselten, dauerte das Gespräch mehrere Minuten. Alle anderen Gäste schauten routiniert durch die Gegend, nur ich verfolgte die Szene halb verdutzt, halb skeptisch, als hätte sich für einen Moment ein Spalt in die Zukunft aufgetan. Bis heute denke ich darüber nach, ob ich mich darauf freuen soll. Natürlich weiß ich, dass es digitale Übersetzungsprogramme gibt, die passabel funktionieren. Meine Kolleginnen und Kollegen arbeiten im Büro damit, einige Freunde auf Reisen. Trotzdem hatte ich sie nie richtig ernst genommen. Meistens hatte man mir erzählt, was sie alles nicht können, dass sie etwa „waterproof" mit „Wasser-Beweis" übersetzen.

In den vergangenen Jahren wurde einiges verbessert. Seitdem Tech-Firmen ihre Algorithmen mit riesigen Datensätzen (zum Beispiel sämtlichen UNO-Protokollen seit 1945) trainieren, nähern sich die Resultate der Qualität menschlicher Übersetzungen gnadenlos an. In der Forschung glauben manche, dass es nur noch ein paar Jahre dauern wird, bis wir uns mit Hilfe von Übersetzungs-Apps zumindest in den gängigsten Sprachen der Welt flüssig unterhalten werden, ohne je einen Sprachkurs besucht zu haben. Der Physiker Ulrich Eberl geht davon aus, dass wir in gar nicht so ferner Zukunft eine winzige Maschine im Ohr mit uns herumschleppen werden, die Gespräche in Echtzeit übersetzt.

Ich habe mit Kollegen und Freunden über diese Aussichten gesprochen. Fast alle freuen sich darauf, manche können es kaum erwarten. „Nie mehr Vokabeln büffeln", jubelte einer. Eine Freundin meinte, es sei doch toll, wenn man sich auf Reisen nicht mehr hilflos fühlen müsse. Überhaupt würden die Menschen zusammenrücken, ach, die ganze Welt würde zusammenwachsen, wenn endlich jeder mit jedem spontan ins Gespräch kommen könne.

Sagen wir so: Ich verstehe, was diese Menschen meinen, ich fände es sogar schön, wenn sie recht hätten. Trotzdem bin ich skeptisch, was auch daran liegt, dass ich mich gut an das Versprechen erinnere, soziale Netzwerke würden unsere Welt gerechter und demokratischer machen. Es führt nun mal nicht notwendigerweise zu Verständnis und Toleranz, wenn Barrieren fallen und Fremdheit abgebaut wird, sondern oft auch zu Chaos, Banalität und Missverständnissen.

Zweifellos werden Übersetzungsprogramme unsere Art zu reisen, zu arbeiten und zu kommunizieren schneller und effizienter machen. Natürlich weiß ich, wie ohnmächtig man sich fühlen kann, wenn man eine Sprache nicht oder kaum beherrscht. Immer bleibt eine Lücke, eine Distanz, die sich nicht überbrücken lässt, immer fühlt man sich in der eigenen Sprache und Herkunft gefangen. Und ja, es klingt verlockend, solche Momente hinter sich zu lassen. Für Menschen, die nie die Möglichkeit hatten, eine Fremdsprache zu lernen, käme es einer Erlösung gleich. Und dann erst die ökonomischen Vorteile: Freiberufler könnten ihre Dienste weltweit anbieten, internationale Konferenzen effektiver ablaufen, Forschungsergebnisse problemlos ausgetauscht werden. Ganz sicher ließen sich Profite steigern und Kosten sparen.

Schon möglich, dass ich schlecht darin bin, mir so die digitalisierte Zukunft anders als dystopisch[1] vorzustellen, aber ich habe nun mal die Ahnung, dass wir einen Preis für diesen technischen Fortschritt bezahlen müssen. Es ist ja meistens so, dass man durch die Lösung eines Problems ein neues produziert, dass man, wenn man etwas gewinnt, immer auch etwas verliert.

Solange ich denken kann, haben mich Sprachen und Fremdheit fasziniert. Den Graben, der damit verbunden ist, habe ich immer als geheimnisvoll empfunden. Ich mag die Vorstellung, dass es beschwerlich ist, sich anderen Menschen, Ländern und Kontinenten zu nähern. Es erscheint mir sinnhaft, wenn zwischen kulturellen Erfahrungen eine Distanz liegt, die nicht anstrengungslos zu überwinden ist, und sei es, dass man dafür jahrelang Vokabeln lernen muss. Nur durch die Auseinandersetzung mit einer Sprache bekommt man ein Gefühl für das Schicksal und die Mentalität von Menschen. Dazu kommt die tiefe Befriedigung, ja das kindliche Glück, wenn man Erlerntes zum ersten Mal erfolgreich anwenden darf: Nie werde ich vergessen, wie stolz ich war, als ich mit 15 in Paris die erste Bouillabaisse[2] meines Lebens bestellte – und der Ober mich weder auslachte noch ungläubig anstarrte, sondern ganz selbstverständlich Notizen machte.

Es sind diese Verletzlichkeit und die Erfahrung, sich mit Charme oder Fantasie verständlich zu machen, obwohl man eine Sprache nicht spricht, die Reisen erst aufregend machen. Als Junge fand ich Urlaube mit meinen Eltern vor allem deswegen spannend, weil ich nichts verstand. Wenn ich im Hotelzimmer den Fernseher anmachte, sah ich Bilder, verstand aber nichts, und das war aufregend, weil mich erst dieses Nichtverstehen begreifen ließ, was es bedeutet, woanders zu sein als zu Hause. Im Nachhinein kommt es mir vor, als hätte diese Distanz nicht zu Hilflosigkeit geführt, sondern zu einer Wachheit und Gegenwärtigkeit, zu Respekt und Neugierde. Hier hatte ich Augen und Ohren aufzumachen, hier gab es Neues zu entdecken. Und mal nicht zu wissen, wie die Dinge laufen, mal nicht souverän und selbstsicher zu sein, sondern abzuwarten und zu beobachten, schadet niemandem.

„Was uns antreibt, ist die Idee, es Menschen zu ermöglichen, miteinander zu sprechen“, sagt Jaroslaw Kutylowski, Geschäftsführer eines deutschen Start-ups für Übersetzungsprogramme. Er glaube, das Verständnis der Menschen füreinander werde stärker, wenn sie sich austauschen könnten. Ich glaube, dass Toleranz nicht entsteht, indem wir Fremdheit abschaffen, sondern indem wir uns ihr aussetzen und versuchen, uns in fremde Orte und Menschen einzufühlen.

Meine erste große Liebe dauerte nur ein paar Tage. Sie war zehn Jahre alt, hieß Francesca, und ihren Eltern gehörte das Hotel, in dem ich meine Sommerferien verbrachte. Wir trafen uns jeden Abend auf der Hollywoodschaukel. Ich hielt ihre Hand, sie lächelte mich an, es war perfekt. Am Tag der Abreise gab ich ihr einen Kuss auf die Wange, stieg ins Auto meiner Eltern und versuchte 700 Kilometer lang nicht zu weinen. Obwohl wir kein Wort gewechselt hatten, gehören die wenigen Stunden, die wir miteinander hatten, zu den gelungensten meines Lebens. Heute säßen Francesca und ich mit dem Handy auf der Hollywoodschaukel. Wir würden uns Videos vorspielen und immer wieder Sätze in unsere Telefone sprechen, die wir uns übersetzen ließen – aber wären wir glücklicher?

Quelle: Tobias Haberl: Lost in Translation. In: Süddeutsche Zeitung Magazin vom 03. 07. 2020 (Text zu Prüfungszwecken gekürzt und verändert)

Anmerkungen

1 dystopisch: hier: düster
2 die Bouillabaisse: französisches Fischgericht

Aufgabenstellung

Lesen Sie den Text „Lost in Translation“ sorgfältig durch und bearbeiten Sie dann die folgenden Aufgaben.

1. Fassen Sie den Inhalt des Textes so zusammen, dass dessen Aufbau erkennbar wird.
2. Beschreiben Sie auffällige sprachliche Mittel und deren Wirkung.
3. An welche Zielgruppen wendet sich der Text? Begründen Sie.
4. Erörtern Sie, warum das Erlernen von Fremdsprachen eine große Bedeutung hat.
5. Erzählen Sie eine unterhaltsame Geschichte, wie sich die Begegnung zwischen Francesca und dem Autor (vgl. Z. 170–190) abgespielt hätte, wenn sie bereits Übersetzungsprogramme genutzt hätten.

Die Aufgaben stammen aus der Original-Abschlussprüfung 2021.

Lösungsvorschlag

TIPP **Bearbeitungshinweise**

EINLEITUNG

Neben der Darstellung der Thematik des Textes bietet sich hier auch ein **eigenständiger Einleitungsgedanke** an, den du mit einer **Überleitung zum Thema** des Textes abschließt. In jedem Fall musst du in einem **Basissatz** die grundlegenden Informationen zum Text (Titel, Autor, ggf. Textsorte, Quelle, Thema) nennen. Möglichkeiten für einen eigenen Einleitungsgedanken sind z. B.:

- eigene Erfahrungen mit der Nutzung von digitalen Übersetzungsprogrammen, z. B. Schwächen/Stärken dieses Hilfsmittels
- Zusammenfassung der Vorteile solcher Programme unter Verwendung von Aussagen aus dem Text (siehe z. B. Z. 51–62)
- Darstellung der Erwartungen, die du in immer besser funktionierende digitale Übersetzungsprogramme setzt

HAUPTTEIL

1. Inhaltszusammenfassung und Textaufbau

Hier wird eine Gliederung des Textes in **Sinnabschnitte**, die kurze Wiedergabe des Inhalts und die Darstellung des Textaufbaus, bei der du auch die jeweilige **Funktion** der Sinnabschnitte nennen musst, verlangt. Die Absätze bieten dir eine erste Orientierung, wo neue Sinnabschnitte beginnen können. Formuliere für jeden dieser Abschnitte eine inhaltlich passende Überschrift, mit der du erfasst, was im jeweiligen Textabschnitt geschieht. Die Zusammenfassung sollte in eigenen Worten und in zwei bis drei Sätzen pro Abschnitt erfolgen.

2. Sprachliche Mittel und deren Wirkung

Ein wichtiger Bereich ist hier zunächst die Untersuchung bestimmter **Wortarten** (z. B. Adjektive, Verben). Darüber hinaus sind Wörter zu berücksichtigen, die auf die verwendete Sprachebene hinweisen, z. B. technische Fachbegriffe und Fremdwörter. Zudem solltest du auf die verschiedenen **rhetorischen Mittel**, die der Autor verwendet, achten. Diese müssen nicht gehäuft vorkommen, sollten aber eine wichtige Rolle für den Text spielen, wie beispielsweise bildhafte Ausdrücke oder Aufzählungen. Nicht zuletzt ist auch die Überschrift in englischer Sprache von Bedeutung.

Beim **Satzbau** kannst du zunächst nach verschiedenen **Satzarten** und **Satzstrukturen** suchen (z. B. Satzreihen, Satzgefügen) und deren Eigenschaften beschreiben. Achte auch auf die Verwendung von **direkter bzw. indirekter Rede** und gehe auf ihre Funktion im Text bzw. ihre Wirkung ein. Eine wichtige Rolle spielt hier auch die **Verwendung des Konjunktivs**. Berücksichtige darüber hinaus auch **Stilmittel**, bei denen vom üblichen Satzbau abgewichen wird, wie z. B. Anaphern (= Wiederholung von Satzanfängen) oder Parallelismen (= gleicher Aufbau von Sätzen/Satzteilen), die oft dem Zweck der Betonung oder Hervorhebung dienen.

Aussagen zum **Sprachstil** stellen immer eine zusammenfassende Wertung des Satzbaus, der Wortwahl und des sprachlichen Niveaus dar bzw. sollen Eigenheiten des Stils benennen. Dabei musst du besonders auf die Wirkung achten und Textbelege nennen.

3. Mögliche Zielgruppen

Zur Zielgruppe gehören alle Leser*innen, die von der Thematik angesprochen werden, z. B. Menschen, deren Fremdsprachenkenntnisse in bestimmten Situationen nicht ausreichen, Touristinnen und Touristen, begeisterte oder unkritische Nutzer*innen von derartigen Programmen oder Personen, die diesen Programmen eher zurückhaltend gegenüberstehen. Da der Autor im Text oft seine Kolleginnen und Kollegen erwähnt, kommen auch diese als Zielgruppe infrage.

4. Erörterung

Zunächst bestimmst du den **Themabegriff** (Fremdsprachen) und achtest auf die **Präzisierung des Erörterungsauftrags**. Gefragt wird nach Gründen, warum das Erlernen von Fremdsprachen eine große Bedeutung besitzt. Für deine kurze Stoffsammlung kannst du dich fragen, welche Vorteile dir das Beherrschen von Fremdsprachen bringt oder in welchen Bereichen du davon profitierst. Einige Anregungen für Argumente liefert der Text selbst (vgl. Z. 76–82, Z. 92–97).
Wichtige Argumente können unter anderem sein: Besseres Verständnis für die Mentalität und Kultur der Menschen, Erweiterung der Kontakt- und Kommunikationsmöglichkeiten, Steigerung der Berufs- und Karrierechancen weltweit, Verbesserung des Gedächtnisses und der Gehirnleistung, Erleichterung beim Reisen, Steigerung des Selbstwertgefühls usw.
Abhängig davon, welche Vorgaben deine Lehrkraft macht, genügen in der Regel zwei bis drei aussagekräftige und vollständig ausformulierte Argumente (mit Begründung, Beispiel(en) und eventuell Abrundung). Schreibe sachlich und verknüpfe deine Argumente sprachlich miteinander.

5. Erzählung

Zum einen wird eine Erzählung von dir verlangt, weshalb du auf die Einhaltung der typischen **Merkmale dieser Textsorte** achten musst, und zum anderen muss die Geschichte unterhaltsam sein. Sie soll also abwechslungsreich, anschaulich, witzig und vielleicht auch spannend sein. Du sollst dich in die Geschichte hineinversetzen und den Ablauf der Abende/des Abends neu denken, indem du dir vorstellst, dass beide ein Smartphone mit einem Übersetzungsprogramm besitzen.
Erzählungen bestehen in der Regel aus Einleitung, Hauptteil und Schluss. In der **Einleitung** bestimmst du die Erzählperspektive (Wer erzählt?). Hier bietet sich der Autor an, weil die Geschichte im vorliegenden Text ebenfalls aus seiner Sicht erzählt wird. In der Einleitung solltest du zunächst die notwendigen Angaben zur Ausgangssituation nennen (Wer? Wo? Wann?). Hier kannst du entweder genauso unbestimmt bleiben wie der Autor oder du erfindest konkrete Angaben zu Zeit und Ort. Im **Hauptteil** wird dann das Geschehen in Handlungsschritten wiedergegeben. Dabei sollen folgende Fragen beantwortet werden: Wie verhalten sich die Personen? Was denken und fühlen sie? Welche Folgen hat ihr Verhalten?

Im Prinzip gibt es zwei **mögliche Ausgangslagen:** Zum einen ist denkbar, dass die Kommunikation über die Programme sehr umständlich und fehlerbehaftet ist. Das könnte zu massiven (z. B. lustigen, peinlichen) Missverständnissen führen, wodurch der ersten großen Liebe ein plötzliches Ende bereitet wird und keine weiteren Treffen stattfinden. Zum anderen kannst du von der Grundannahme ausgehen, dass die digitalen Übersetzungsprogramme eine große Hilfe sind, um sich mit Worten näherzukommen. Jedoch könnte diese sprachliche Verständigung auch den „wortlosen Zauber", der ursprünglich über den Treffen lag, zerstören, sodass sich die beiden gar nicht näherkommen und das erste Zusammentreffen bereits in einem Desaster endet.
Die **Sprache** ist bei Erzählungen durch ausdrucksstarke Adjektive und Verben sowie die Verwendung der direkten Rede gekennzeichnet. Naheliegend sind auch Wortwitze und Fehlübersetzungen, die zu Missverständnissen führen. Möglich ist aber auch das Gegenteil, also, dass die Programme eine „erfolgreiche Kommunikation ins Glück" fördern. Die Zeitform ist in der Regel das Präteritum und in der direkten Rede das Präsens.

SCHLUSS
Eine naheliegende Möglichkeit, deinen Aufsatz sinnvoll abzuschließen, besteht darin, die Vorteile von digitalen Übersetzungsprogrammen darzustellen. Anhaltspunkte dazu finden sich bereits im vorliegenden Text. Außerdem kannst du deine **eigene Meinung** zum Thema oder zum Text darstellen, z. B., dass der Autor zu kritisch argumentiert oder du ihm zustimmst und dich seinen Kritikpunkten anschließt. Zudem bietet sich ein **Ausblick** an, wie du digitale Übersetzungsprogramme in Zukunft nutzen willst.

Aufsatzbeispiel

TIPP **Hinweis zum Aufsatzbeispiel**

Die **Angaben am Rand** sind nicht Bestandteil des Aufsatzes, sondern dienen nur deiner Orientierung hinsichtlich Inhalt und Aufbau.
Es kann sein, dass sich die **Sprachanalyse** in der Prüfung auf einen bestimmten Textabschnitt bezieht. Das Aufsatzbeispiel stellt daher insbesondere bei der Sprachanalyse, aber auch bei anderen Teilaufgaben, sehr viele infrage kommende inhaltliche Aspekte dar. Für einen sehr guten Lösungsaufsatz reichen auch weniger Aspekte aus.

EINLEITUNG
Thematik des Textes, Basisinformationen zum Text

Übersetzungen von Texten jeglicher Art in alle erdenklichen Sprachen per Smartphone – ganz einfach, sekundenschnell und im besten Fall absolut kostenlos: So sieht das Ziel für bekannte Übersetzungsprogramme wie GoogleTranslate, Microsoft Translator und viele andere für die nahe Zukunft aus. Die Qualität der Übersetzungsprogramme hat im letzten Jahrzehnt große Fortschritte gemacht und nähert sich in den gängigsten Sprachen immer mehr den menschlichen Übersetzungen an. Mit dieser Entwicklung beschäftigt sich auch Tobias Haberl in seinem meinungsbetonten Text „Lost in Translation“, der am 03. 07. 2020 im Süddeutsche Zeitung Magazin veröffentlicht wurde. Er betrachtet das Thema jedoch kritisch und verweist auch auf mögliche Probleme, die durch Übersetzungsprogramme entstehen können.

HAUPTTEIL
1. Inhaltszusammenfassung und Textaufbau
Sinnabschnitt 1 (Z. 1–31)

Im ersten Sinnabschnitt (Z. 1–31) nimmt der Autor ein persönliches Erlebnis zum Anlass, über die Anwendung von Übersetzungsprogrammen nachzudenken. Dazu schildert er eine Unterhaltung zwischen einem koreanischen Touristen und einem deutschen Hotelangestellten, die er beobachtet hat. Diese wurde via Übersetzungs-App über die Mobiltelefone der beiden geführt.

Sinnabschnitt 2 (Z. 32–50)

Anschließend (Z. 32–50) gibt der Autor einen kurzen Überblick über den technischen Fortschritt bei den Übersetzungsprogrammen. Da sie ständig verbessert werden, ist davon auszugehen, dass damit in den nächsten Jahren eine flüssige Kommunikation in den gängigsten Sprachen möglich sein wird.

Sinnabschnitt 3 (Z. 51–75)

Im nächsten Abschnitt (Z. 51–75) stellt Tobias Haberl zwei mögliche Sichtweisen auf dicse Entwicklung dar: Während sein Freundes- und Kollegenkreis den Fortschritt überschwänglich begrüßt, ist er eher skeptisch. Er vermutet, dass Übersetzungsprogramme – ähnlich wie soziale Netzwerke – nicht halten werden, was sie versprechen.

Im darauffolgenden Sinnabschnitt (Z. 76–97) zeigt er aber auch eine Reihe von Vorteilen von Übersetzungsprogrammen auf, z. B. für Menschen, die nie eine Fremdsprache gelernt haben, oder für bestimmte Berufsgruppen, beim Reisen oder bei Konferenzen. Hier könnten Übersetzungsprogramme sehr hilfreich sein oder Gewinne steigern bzw. Kosten senken. Sinnabschnitt 4 (Z. 76–97)

Der Autor unterstreicht in den Zeilen 98 bis 107 noch einmal seine Meinung, dass wir auch für diesen technischen Fortschritt einen Preis zahlen werden müssen und neue Probleme auftauchen werden. Sinnabschnitt 5 (Z. 98–107)

Im nächsten, zentralen Sinnabschnitt (Z. 108–169) begründet Haberl seine kritische Meinung gegenüber Übersetzungsprogrammen. Er ist der Auffassung, dass man erst durch das mühevolle Erlernen einer Sprache und die aktive Auseinandersetzung mit ihr Einblick in die fremde Kultur und die Mentalität der Menschen erhält. Zudem stelle es ein besonderes Erfolgserlebnis dar, wenn man das Erlernte zum ersten Mal erfolgreich anwendet. Außerdem könne gerade die Distanz, die durch die Sprachbarriere entsteht, dazu führen, dass man anderen Kulturen gegenüber neugieriger und achtsamer begegnet. Die Möglichkeit der ungehinderten Kommunikation, die für die Entwickler im Mittelpunkt steht, vermittle aber noch längst nicht die Fähigkeit, sich wirklich näher zu kommen und sich zu verstehen. Daher glaubt Haberl auch, dass die Möglichkeit, miteinander zu sprechen – die für Entwickler wie den Geschäftsführer eines Start-ups für Übersetzungsprogramme im Vordergrund steht –, nicht ausreicht, um echtes Verständnis und Toleranz zu entwickeln. Sinnabschnitt 6 (Z. 108–169)

Im letzten Abschnitt (Z. 170–190) erinnert sich Tobias Haberl an seine erste große Liebe, die er als Kind bei einem Urlaub mit seinen Eltern kennengelernt hat. Obwohl die beiden kein Wort miteinander gewechselt haben, haben sie glückliche Stunden zusammen verbracht. Der Autor stellt sich schließlich die Frage, ob sie wirklich glücklicher gewesen wären, wenn sie ein Übersetzungsprogramm gehabt hätten. Sinnabschnitt 7 (Z. 170–190)

Bei der Wortwahl fällt zunächst die englischsprachige Überschrift „Lost in Translation“ auf. Sie gibt einen Hinweis auf das Thema „Übersetzungsprogramme“, mit dem sich der Text auseinandersetzt, und deutet bereits auf die kritische Haltung des Autors hin.
Die Verwendung von Fremdwörtern, z. B. „kuriose“ (Z. 2), „Banalität“ (Z. 74), „effizienter“ (Z. 79), „dystopisch“ (Z. 100), ist ein Zeichen für eine gehobene Sprache. Mit technischen Fachbegriffen, z. B. „scannte“ (Z. 10), „Algorithmen“ (Z. 34), „Datensätzen“ (Z. 34/35), will der Autor fachliche Kompetenz beweisen.

2. Sprachliche Mittel und ihre Wirkung

Wortwahl und Stilmittel: englische Überschrift

Fremdwörter und technische Fachbegriffe

Darüber hinaus verwendet Tobias Haberl oft anschauliche Verben und Adjektive, um seine Ansichten zu verdeutlichen. Die Wörter „fasziniert“ (Z. 109/110), „geheimnisvoll“ (Z. 111), „beschwerlich“ (Z. 113), „anstrengungslos“ (Z. 117), „aussetzen“ (Z. 167) und „einzufühlen“ (Z. 168/169) sind Beispiele hierfür. In diesen Passagen will der Autor davon überzeugen, dass uns erst die Aneignung und aktive Auseinandersetzung mit einer Fremdsprache die Menschen und ihre Kultur nahebringt. Dies können Übersetzungsprogramme nicht leisten.

anschauliche Verben und Adjektive

Bildhafte Ausdrücke heben hervor, dass es mit viel Arbeit verbunden ist, eine Fremdsprache zu erlernen (z. B. „überbrücken“, Z. 83/84; „fühlt man sich […] gefangen“, Z. 84–86; „Graben“, Z. 110; „kindliche Glück“, Z. 124). Sie finden auch Verwendung, wenn es darum geht, die möglichen Vorteile und Gefahren von Übersetzungsprogrammen zu beschreiben, z. B. „ein Spalt in die Zukunft aufgetan“ (Z. 19/20), „eine winzige Maschine im Ohr mit uns herumschleppen“ (Z. 47–49), „einen Preis […] bezahlen“ (Z. 102/103).

bildhafte Ausdrücke

Mit einigen Aufzählungen, z. B. „Chaos, Banalität und Missverständnissen“ (Z. 74/75) oder „Art zu reisen, zu arbeiten und zu kommunizieren“ (Z. 77/78) wird zudem die Zweischneidigkeit des technischen Fortschritts betont.

Aufzählungen

Die Sätze „Überhaupt würden die Menschen zusammenrücken, ach, die ganze Welt würde zusammenwachsen“ (Z. 58–60) und „sich anderen Menschen, Ländern und Kontinenten zu nähern.“ (Z. 113–115) sind als Klimax aufgebaut. Dadurch werden die Meinung der Befürworter*innen und die eher kritische Sicht des Autors besonders hervorgehoben.

Klimaxe (Steigerungen)

Mit der rhetorischen Frage am Ende des Textes („aber wären wir glücklicher?", Z. 189/190) werden die Leser*innen schließlich aufgefordert, sich selbst eine Antwort auf die Frage nach dem Nutzen von Übersetzungsprogrammen zu geben.

rhetorische Frage

Bei der Untersuchung von Besonderheiten beim Satzbau fallen an einigen Stellen, in denen es um die Schilderung eigener Erlebnisse geht, Satzreihen auf. Durch diese werden die Erlebnisse knapp, aber präzise dargestellt. Als Beispiele dienen die Zeilen 5 bis 10 (Erlebnis im Hotel) und die Zeilen 170 bis 190 (Schilderung der Urlaubsliebe).

Satzbau: Satzreihen

Die wörtliche und indirekte Rede im Text (z. B. Z. 54–62, Z. 157–164) dienen dazu, positive Aussagen über den Nutzen von Übersetzungsprogrammen wiederzugeben.

wörtliche und indirekte Rede

Dort, wo es dem Verfasser darum geht, seine Bedenken gegenüber diesen Übersetzungsprogrammen zu formulieren, verwendet er oft konzessive, also einräumende Konjunktionen. Beispiele sind die Sätze „Trotzdem hatte ich […]." (Z. 26–28), „Trotzdem bin ich skeptisch […]." (Z. 66–70) oder „aber ich habe nun mal […]." (Z. 101–103). Er will damit ausdrücken, dass er den Nutzen von Übersetzungsprogrammen zwar sieht, er aber dennoch eine andere Meinung vertritt.

Verwendung konzessiver (einräumender) Konjunktionen

Einige Passagen sind zudem im Konjunktiv formuliert (z. B. Z. 64/65, Z. 90–97). Auch damit zeigt der Autor seine Zweifel an den positiven Auswirkungen dieser Hilfsprogramme.

Verwendung des Konjunktivs

Schließlich kommen in diesem Text auch einige Anaphern vor, beispielsweise in den Zeilen 63/64 („Ich verstehe […], ich fände […]") und in den Zeilen 104 bis 107 („[…] dass man […] produziert, dass man […] verliert."). Ebenso findet sich ein Parallelismus im Text („Er glaube […]. Ich glaube […].", Z. 161–169). Diese Stilmittel heben die kritische und subjektive Meinung des Autors über den Sinn und Nutzen von Übersetzungsprogrammen hervor.

Anaphern und Parallelismus

Abschließend geht es um Aussagen zum Sprachstil, also um eine zusammenfassende Bewertung des Satzbaus, der Wortwahl und des sprachlichen Niveaus.

Überleitung Sprachstil:

Die Sprache des Textes ist als eher anspruchsvoll zu bezeichnen (vgl. „Wortwahl und Stilmittel" und „Satzbau"). Der gehobene Stil deutet auch darauf hin, dass der Verfasser versucht, die Vor- und Nachteile dieser technischen Neuerung ernsthaft abzuwägen.

anspruchsvolle Sprache

Sehr oft ist der Text auch wie ein Gespräch formuliert, das der Autor mit sich selbst oder mit den Leserinnen und Lesern führt. Dies wird an einigen Floskeln deutlich, wie sie häufig in Gesprächen vorkommen, z. B. „ach“ (Z. 59), „Sagen wir so [...].“ (Z. 63), „Und ja“ (Z. 86). Dabei verwendet der Autor auch umgangssprachliche Ausdrücke, beispielsweise „toll“ (Z. 56), „nun mal“ (Z. 71), „Und mal nicht zu wissen“ (Z. 152). Der Eindruck, es handle sich um eine Art Gespräch, wird durch wertende Ausdrücke, wie man sie auch im Dialog verwendet, noch verstärkt, z. B. „Zweifellos“ (Z. 76), „Natürlich“ (Z. 79), „Ganz sicher“ (Z. 96), „Schon möglich“ (Z. 98). So gelingt es Tobias Haberl bei der Gegenüberstellung der Vor- und Nachteile von Übersetzungsprogrammen, seine eigene, kritische Meinung besonders hervorzuheben.

Anschein eines Gesprächs

Der Text wendet sich vor allem an Leser*innen, die ebenso wie der Autor ihre begründeten Zweifel am Nutzen von technischen Fortschritten im Allgemeinen und von Übersetzungsprogrammen im Besonderen haben. Dies wird unter anderem in den Zeilen 66 bis 75 und 98 bis 107 deutlich.

3. Mögliche Zielgruppen

andere kritische Personen

Darüber hinaus sollen wahrscheinlich technikbegeisterte Personen angesprochen werden, die zum Beispiel Übersetzungsprogramme unkritisch benutzen (vgl. Z. 58–62, Z. 66–70).

technikbegeisterte Menschen

Eine weitere Zielgruppe könnten Touristinnen und Touristen sein, deren Sprachkenntnisse manchmal nicht ausreichen, aber die gerne fremde Kulturen erkunden und den Menschen näherkommen wollen. Ihnen gibt der Autor indirekt auch den Rat, die Fremdsprache zu diesem Zweck zu erlernen, auch wenn das anstrengend ist (vgl. Z. 112–123).

Touristinnen und Touristen

Aufgrund der Tatsache, dass Haberl an zwei Stellen im Text auf Aussagen seiner Kolleginnen und Kollegen Bezug nimmt (vgl. Z. 24–31, Z. 51–62), gehören vermutlich auch diese zur Zielgruppe.

Haberls Kolleginnen und Kollegen

Im Folgenden wird erörtert, warum das Erlernen von Fremdsprachen eine große Bedeutung besitzt. Ein wichtiger Grund ist, dass man dadurch ein besseres Verständnis für die Mentalität und Kultur der Menschen des jeweiligen Landes bekommt. Beim Erlernen der Sprache ist man mit Texten und anderen Medien konfrontiert, die Einblicke in die Lebensweise geben und die vielfältige Informationen über das Land vermitteln. Zudem gibt es in der Schule, wo man meistens eine Fremdsprache erlernt, oft auch einen Schüleraustausch, wodurch man nicht nur

4. Erörterung

Argument 1: Besseres Verständnis für die Mentalität und Kultur der Menschen tiefe Einblicke in die Kultur gewinnt, sondern auch intensiven Kontakt zu den Menschen, z. B. zur Gastfamilie, hat. Daher hat der mehrmalige Schüleraustausch, den meine Schule zusammen mit einer Schule im Westen Frankreichs anbietet, nicht nur meine Sprachfähigkeit, sondern auch mein Verständnis für die Mentalität und Kultur gefördert. Denn als Teil der dortigen Gastfamilie konnte ich die französische Lebensart kennen und lieben lernen.

Überleitung zu Argument 2: Erweiterung der Kontakt- und Kommunikationsmöglichkeiten

Nicht nur das Verständnis für die Kultur und die Menschen wird durch das Erlernen einer Fremdsprache gefördert, sondern es werden auch die Kontakt- und Kommunikationsmöglichkeiten erweitert, da man ohne Sprachbarriere mit den Menschen sprechen, sie verstehen und kennenlernen kann. Das gilt sowohl für den Urlaub als auch für soziale Netzwerke, in denen man weltweit neue Kontakte knüpfen kann. Auch im eigenen Land ist die Beherrschung einer Fremdsprache von Nutzen, denn auch hier gibt es viele Menschen, die eine andere Muttersprache besitzen. Es kann für beide Seiten ein schönes Erlebnis sein, wenn man z. B. seine Spanisch- oder Russischkenntnisse im Gespräch mit den Wohnungsnachbarn anwenden kann.

Argument 3: Steigerung der Berufs- und Karrierechancen

Ein weiteres wichtiges Argument, das für das Erlernen von Fremdsprachen spricht, ist die Steigerung der Berufs- und Karrierechancen. Eine bestimmte Fremdsprache zu beherrschen, kann bei der Bewerbung ein Alleinstellungsmerkmal sein und einem einen Vorteil gegenüber den anderen verschaffen, weil man beispielsweise für Kundinnen und Kunden in den entsprechenden Ländern als Ansprechpartner*in dienen kann. Wenn man eine Fremdsprache beherrscht, ist man üblicherweise auch mit der Mentalität der Menschen und der Kultur des Landes vertraut, sodass Unternehmen gerade solche Mitarbeiter*innen gerne in verantwortungsvolle Positionen ins Ausland schicken. Somit kann das Beherrschen von Fremdsprachen zu einem „Karriere-Turbo“ werden.

5. Erzählung
Beschreibung der Ausgangssituation

Bis vorgestern schleppte sich der alljährliche Familienurlaub in Rimini träge durch die flirrende Hitze. Meine Eltern zieht es, seit ich denken kann, immer in das gleiche Hotel. Meistens langweilte ich mich tödlich in Ermangelung Gleichaltriger, mit denen man wenigstens mal hätte spielen können. Doch vorgestern änderte sich das schlagartig.

unerwartetes Auftauchen eines Mädchens

Ich saß, auf das Abendessen und die Eltern wartend, auf einer der gelben Hollywoodschaukeln auf der Hotelterrasse und blinzelte gelangweilt in den kitschigen Sonnenuntergang, als ein

Schatten durch die Abendsonne in meine Richtung kam. Er entpuppte sich als bildhübsches Mädchen mit einem dunklen Lockenkopf und großen rehbraunen Augen. Es setzte sich auf die Schaukel neben mir und begann, gedankenverloren leicht vor- und zurückzuschwingen. Nachdem ich es eine Weile verstohlen aus dem Augenwinkel beobachtet hatte, fasste ich mir ein Herz, warf meine Schüchternheit über Bord und stellte mich vor: „Hallo, ich bin der Tobias, kommst du auch aus Deutschland und machst hier Urlaub mit deinen Eltern?“, fragte ich. Das Mädchen blickte mich fragend an, zuckte mit den Schultern, holte ihr Smartphone hervor, tippte darauf herum und hielt es mir hin. „Ich klinge Francesca und meine Alten haben das Hotel.“ Aha, gut, dass ich mir für den Urlaub diese kostenlose Sprach-App für Italienisch heruntergeladen hatte. Ich tippte meinen vorherigen Satz ins Handy und zeigte Francesca die italienische Übersetzung. Sie kugelte sich vor Lachen. Wieder tippte sie munter auf ihrem Handy herum. „So, so, deine Eltern haben im Urlaub Deutschland gekauft“, war da zu lesen. So wird das nichts, dachte ich mir. Das ist nicht lustig, vielmehr anstrengend. Leider tauchten nun auch noch meine Eltern auf und ich musste handeln. „Morgen um 20 Uhr hier?“, gab ich in die App ein und reichte Francesca mein Handy. Sie lächelte ganz süß. Dieses Mal hatte sie wohl alles verstanden. Dann gab sie mir ihr Smartphone. Ich las und musste lachen: „Gerne morgen um 8 in Hollywood!“ Nun musste ein begeistertes Nicken von mir genügen. Zum Abschied winkten wir uns zu und ich verbrachte eine schlaflose Nacht und einen ziemlich unruhigen Tag, an dem ich bestimmt tausendmal auf die Uhr schaute.

erste Kontaktaufnahme

erstes Gespräch mithilfe einer Übersetzungs-App

Verabredung für den nächsten Abend

20 Uhr, endlich! Meine Eltern hatten mir am letzten Urlaubsabend großzügig eine Stunde freigegeben. Da saßen wir nun auf der Hollywoodschaukel und tippten unsere Botschaften in die Handys. Heute funktionierte es irgendwie besser und ich musste mir eingestehen, dass ich mich in das gleichaltrige Mädchen zu verlieben drohte. Also nahm ich allen Mut zusammen und fragte via Handy: „Darf ich dich bitte zum Abschied küssen?“ Die Reaktion war verheerend. Francesca schrie entsetzt auf, ließ mein Handy fallen und ehe ich mich von diesem Schock erholte, war sie weg. Leider verstand ich das, was auf dem Display stand, nicht. Ich habe auch nie herausbekommen, was diese Panik ausgelöst hat.

zweites Treffen

abruptes Ende der Bekanntschaft durch eine falsche Übersetzung

Nun sitze ich im Auto und bin froh, dass der Urlaub zu Ende ist. Aber ich zerbreche mir jetzt schon den Kopf darüber, wie ich meine Eltern dazu bringen kann, mich im nächsten Jahr nicht wieder an diesen Ort der Peinlichkeit zu schleppen. Ich werde wohl eine Sonnenallergie vortäuschen, um das Zimmer nicht verlassen zu müssen.

Heimfahrt und Überlegungen zur Zukunft

Digitale Übersetzungsprogramme, die auf der Basis von Algorithmen immer ausgeklügelter und fehlerfreier werden, können in der Zukunft ein wichtiges Hilfsmittel in der globalen Kommunikation werden. Durch sie ist es möglich, mit anderen Menschen zu kommunizieren, Dienstleistungen anzubieten und Geschäfte abzuwickeln. Auch im Urlaub können sie als Verständigungshilfe dienen, um unnötige Missverständnisse oder Anstrengungen zu vermeiden. Dennoch würde ich nicht so weit gehen und behaupten, dass Übersetzungsprogramme es überflüssig machen, Fremdsprachen zu erlernen, da damit auch positive Aspekte verbunden sind, wie Tobias Haberls Text unter anderem zeigt.

SCHLUSS

Darstellung der Vorteile digitaler Übersetzungsprogramme

Erschließen eines pragmatischen Textes
Übungsaufgabe 2

Text

Macht süchtig

Eine ganze Branche lebt davon, Menschen von Apps, Spielen und sozialen Netzwerken abhängig zu machen. Nur wenige kämpfen gegen den Sog des Digitalen. Von einem ungleichen Duell

VON ANDRIAN KREYE

Die meisten Mütter, die an diesem Abend zum „Workshop Mediensucht" in das Klassenzimmer gekommen sind, haben die ersten Phasen ihrer Kampf-oder-Flucht-Reaktionen hinter sich. Den Kampf gegen den Sog der Bildschirme, gegen das Gebettel, Gequengel, Geschrei. Die Flucht vor der Realität, dass so harmlose Dinge wie Zeichentrickfilme oder Geduldsspiele den Kindern schaden könnten, die doch so behütet aufwachsen. Was bleibt, ist das Gefühl, dass da etwas auf die Kinder zugreift, das sehr viel mächtiger ist als Elternliebe und gute Erziehung. Wegen der immer häufigeren Berichte über die Nebenwirkungen der digitalen Revolution. Und ganz konkret wegen des Spiels Fortnite. Das hat bei Schulkindern stärker eingeschlagen als alle Spiele zuvor.

Faszination Computerspiel

Das Klassenzimmer ist die vorderste Frontlinie einer Debatte, für die sich der Begriff „Techlash" etabliert hat, ein englisches Wortspiel aus „technology" und „backlash", aus Technologie und Gegenreaktion. Hierbei geht es um das Unbehagen gegenüber der Sogwirkung sozialer Netzwerke, der Macht der Videospiele und dem übermäßigen Gebrauch von Smartphones.

Sean Parker zum Beispiel, der Mitbegründer von Facebook, gestand ein, sie hätten von Anfang an Suchtmechanismen eingebaut. Erst merkten die Erwachsenen, dass ihnen da etwas aus dem Ruder läuft, weil sie statistisch ihr Handy jeden Tag zwischen zwei- und fünftausend Mal berühren und um die vier bis fünf Stunden im Internet sind. Bald darauf merkten sie auch, dass die bunte Kinderwelt gar nicht so harmlos ist.

Mediensucht in der Diskussion

Der Mann, der den Workshop veranstaltet, heißt Jürgen Eberle, ein grundsympathischer Herr von 46 Jahren, er trägt Jeans und dunkles Hemd. Und er spricht mit einer Ruhe, der man anmerkt, dass er es gewohnt ist, Klassenzimmer voller Trotzköpfe dazu zu bringen, sich auf ihn einzulassen. Jürgen Eberles Abend für die Eltern ist nur die Vorbereitung für den eigentlichen Workshop mit den Schülern. Es ist ihm wichtig, dass er nichts verteufeln will. Eberle hält nichts von Panik. Das sei weltfremd: „Diese Geräte sind jetzt nun mal da. Die können wir nicht mehr wegzaubern. Ich habe ja auch ein Smartphone. Ich habe sogar Freude daran. Wir müssen nur lernen, damit umzugehen.“ Er will bei Mediensucht auch nicht von Krankheit sprechen. „Die sind nicht krank. Die haben nur Verhaltensweisen entwickelt, die eigentlich mal in Ordnung waren, aber ihnen jetzt schaden. Die sollten sie wieder ablegen.“

Die Weltgesundheitsorganisation WHO sieht das dramatischer. Noch ist Onlinesucht zu wenig erforscht, um offiziell als Krankheit zu gelten. Als Problem aber wurde sie erkannt. Allein in Deutschland, meldete die deutsche *Ärzte Zeitung*, seien rund 600 000 junge Menschen medienabhängig. In den USA sei fast ein Drittel der 18- bis 24-Jährigen süchtig nach irgendetwas Digitalem. Die Folgen: Konzentrations- und Schlafstörungen, Leistungsabfall, Depressionen, Vereinsamung, Mangelernährung, Verwahrlosung. Das sind Extreme. Aber es reicht ja schon, wenn die Schulnoten in den Keller gehen und das Familienleben zur Quengelhölle wird.

Am Haken der Ingenieure

Der ehemalige Google-Designer Tristan Harris warnte alle, die glauben, dass soziale Medien für Kinder nichts anderes seien als die Telefonitis der Teenies, die in den Siebzigerjahren Stunden am Hörer verbrachten: „Damals gab es noch keine hundert Ingenieure am anderen Ende, die genau wissen, wie die Psychologie ihrer Nutzer funktioniert.“ Einer dieser Ingenieure ist Nir Eyal, ein sogenannter Verhaltensformer. Er hat einen Bestseller geschrieben, dessen Untertitel sein deutscher Verlag viel eindeutiger übersetzt hat: „Hooked – Wie Sie Produkte erschaffen, die süchtig machen“. Ein innerer oder äußerer Auslöser bringt den Nutzer zu einer Handlung, für die er eine Belohnung bekommt, die ihn dazu bringt, mehr Zeit oder gar Geld zu investieren. „The Hook Model“ nennt Nir Eyal die Methode, das Hakenmodell, was buchstäblich als Angelhaken zu verstehen ist. Er beschreibt das an Facebook. Auslöser sind bei den meisten Nutzern Gefühle von Langeweile oder Einsamkeit. Das bringt sie so dazu, sich auf Facebook einzuloggen. Dort sehen sie dann lustige oder empörende Beiträge ihres digitalen Freundeskreises. Wenn sie nun einen Kommentar platzieren, ein Bild oder ein Video, können andere Nutzer ein Daumen-rauf-Symbol anklicken, einen sogenannten Like. Diese Mikrodosis digitaler Streicheleinheiten bringt sie dazu, immer öfter auf Facebook zu gehen, immer öfter etwas von sich preiszugeben. Es funktioniert deshalb so gut, weil Facebook es geschafft hat, mit den verschiedensten Streichelsignalen die Aufmerksamkeit in ständiger Habachtstellung zu halten.

Kurskorrektur bei der Digitalindustrie

Sucht hält Eyal allerdings für das falsche Wort. Es gibt durchaus positive Gründe, ein Produkt zur Gewohnheit zu machen. Das ist der Traum jedes Verhaltensformers, dass er Menschen zu vernünftigem Handeln bringt. Eyal predigt seine Methode aber nicht nur. Er glaubt an sie, deswegen investiert er in Start-ups, die sie anwenden. „Fitbot zum

Beispiel. Das ist eine App, die Sie dazu bringt, mehr Sport zu treiben. Oder Kahoot!, das ist eine Lernplattform mit Spielen." Er hat schon viel Geld damit verdient.

Jürgen Eberles Geschäft ist nicht so lukrativ. Wenn er nicht durch die Schulen zieht, betreibt er seine private Praxis „Mediensucht". Er arbeitete davor in Ulm in einer Drogensuchtberatung, als immer öfter Familien zu ihm kamen, die mit Videospielen ein Problem hatten. Wobei es ihm wichtig ist, dass es nie die Spiele alleine sind, die das Problem schaffen. „Hinter der Sucht liegen immer Bindungsproblematiken innerhalb der Familie." Deswegen redet er nicht nur mit den Spielsüchtigen selbst, sondern immer auch mit den Eltern. 90 Prozent seiner Klienten seien Jungs, sagt er. Alle hätten vor allem mit Spielen ein Problem. „Fortnite ist eine Epidemie." Vier, fünf Stunden pro Tag seien ein Problem. Einmal behandelte er einen Jungen, der jeden Tag zehn Stunden am Gerät verbrachte. Es sind fast immer die Eltern, die zu ihm kommen. „Die Kinder haben kein Problem", sagt er, „die sind ja happy. Mensch, Mama, lass mich in Frieden, ich will zocken. Mach keinen Stress. Die guten Eltern entwickeln da aber ein Problembewusstsein."

Das ist nicht mehr so selten. Womit man wieder beim Techlash wäre, der inzwischen Wirkung zeigt. Im Silicon Valley wissen sie sehr wohl, dass man die „Gewohnheitsbildung" nicht ewig weitertreiben kann. Die Industrie steuere jetzt dagegen. „Die wissen, dass sie Kunden verlieren, die das Gefühl haben, dass ihnen ein Produkt schadet", sagt Nir Eyal. Deswegen gibt es jetzt unzählige Apps, die die Nutzungszeit begrenzen. Und das ist erst der Anfang.

Als Jürgen Eberle das hört, seufzt er. „Dann hat unsere Arbeit ja was gebracht." Auch wenn er die Grenzen seiner Arbeit viel zu gut kennt. Denn dass der Igel gegen den Hasen gewinnt, das gibt es nur im Märchen. Oder in der Fantasiewelt der Computerspiele.

Quelle: Andrian Kreye: Macht süchtig. Süddeutsche Zeitung vom 09. 02. 2019 (Text zu Prüfungszwecken gekürzt und verändert), Foto: yougoigo.Shutterstock

Aufgabenstellung

Lesen Sie den Text „Macht süchtig“ sorgfältig durch und bearbeiten Sie dann die folgenden Aufgaben.

1. Fassen Sie den Inhalt des Textes so zusammen, dass dessen Aufbau erkennbar wird.
2. Beschreiben Sie auffällige sprachliche Mittel und deren Wirkung.
3. Bestimmen Sie die Textsorte und weisen Sie diese am Text nach.
4. Erörtern Sie, welche Möglichkeiten Eltern haben, ihre Kinder zu einem vernünftigen Umgang mit digitalen Medien zu erziehen.
5. Schreiben Sie einen Dialog zwischen einem medienbegeisterten Jugendlichen und seinen besorgten Eltern.

Die Aufgaben stammen aus der Original-Abschlussprüfung 2020.

Lösungsvorschlag

TIPP **Bearbeitungshinweise**

EINLEITUNG

In der Einleitung müssen in einem Basissatz alle grundlegenden Informationen zum Text genannt werden: Textsorte, Titel, Verfasser, Quelle und Thema des Textes (= Suchtgefahren durch digitale Medien und mögliche Auswirkungen einer solchen Sucht). Wie du diese Angaben in die Einleitung einbettest, ist dir freigestellt. Du kannst mit dem **Basissatz** beginnen und mit einer knappen Darstellung der **Thematik des Textes** zum Hauptteil überleiten.

Auch eine **eigenständige Hinführung** zum Thema ist möglich. Beschreibe z. B.

- persönliche Erfahrungen mit Computerspielen und Social Media,
- Erfahrungen mit schulischen Angeboten zur Medienerziehung,
- den Umgang mit den digitalen Medien in der eigenen Familie oder
- Vorteile der Nutzung digitaler Medien.

Leite dann zum Hauptteil über, indem du unter Angabe der Basisinformationen auf den Text verweist, der im Folgenden untersucht werden soll.

HAUPTTEIL

1. Inhaltszusammenfassung und Textaufbau

Hier wird verlangt, dass du den Text in **Sinnabschnitte** gliederst und den Inhalt Abschnitt für Abschnitt kurz wiedergibst. Dabei musst du auch die **Funktion** der Sinnabschnitte benennen (z. B. Darstellung von Hintergrundwissen, Fazit). Orientiere dich an den Absätzen; häufig beginnt mit einem neuen Absatz auch ein neuer Sinnabschnitt. Schreibe in eigenen Worten und achte darauf, nur die **wichtigen Informationen** zu nennen.

2. Sprachliche Mittel und deren Wirkung

Um die Sprache eines Textes beschreiben zu können, musst du ihn vor allem im Hinblick auf Wortwahl, Stilmittel, Satzbau und ggf. weitere sprachliche Besonderheiten untersuchen. Wichtig ist, die sprachlichen Mittel nicht nur aufzuzählen, sondern auch ihre **Wirkung** im Text zu benennen.

An der **Wortwahl** lässt sich das sprachliche Niveau (die Sprachebene) eines Textes erkennen. Achte insbesondere darauf, ob viele Fachbegriffe und Fremdwörter (z. B. Anglizismen) verwendet werden, welche Wortarten vorherrschen und ob bildhafte und umgangssprachliche Ausdrücke eingesetzt werden. In diesem Zusammenhang kannst du auch auf die **rhetorischen Mittel**, die der Autor verwendet, eingehen.

Untersuche zudem, welche Art von **Satzbau** überwiegt. Handelt es sich um einfache Sätze oder um komplexe Satzkonstruktionen? Gibt es unvollständige Sätze, Einschübe oder Appositionen? Achte auch auf andere Satzarten wie z. B. Fragesätze und auf die Verwendung von direkter und/oder indirekter Rede.

3. Bestimmung der Textsorte
Eine Reportage zeichnet sich durch zahlreiche **spezifische Merkmale** aus: Beispielsweise soll das Layout die Leser*innen besonders ansprechen, z. B. durch prägnante Überschriften oder ein Foto. Reportagen behandeln zudem meist ein aktuelles Thema, das aus unterschiedlichen Sichtweisen dargestellt wird. Typisch sind auch ein szenischer Einstieg sowie der Wechsel zwischen subjektiv wertenden Abschnitten und sachlichen Informationen. Die Beschreibung eigener Beobachtungen und Rechercheergebnisse sind ebenfalls kennzeichnend. Diese werden stets durch Fakten, Expertenaussagen oder Zitate aus anderen Medien untermauert. Reportagen sind außerdem überwiegend im Präsens verfasst.

4. Erörterung
Bei dieser Aufgabe ist es sinnvoll, zunächst den **Themabegriff** (digitale Medien) und mögliche **Einschränkungen** (vernünftiger Umgang) zu bestimmen. Achte auch auf die **Präzisierung des Erörterungsauftrags** (Möglichkeiten der Eltern, ihre Kinder zu einem vernünftigen Umgang mit digitalen Medien zu erziehen). Eine kurz angelegte **Stoffsammlung** kannst du aus der Frage entwickeln, wie dir deine Eltern einen vernünftigen Umgang mit Smartphone und Co. vermitteln. Mögliche Antworten auf die Themafrage liefert auch die Reportage (Zeitbeschränkung, Bewusstsein über die manipulative Wirkung und schädliche Inhalte). Verfasse schließlich zwei bis drei überzeugende **Argumente** zum Thema.

5. Dialog
Ein Dialog ist ein **Gespräch** zwischen zwei oder mehr Personen, in diesem Fall zwischen einem „medienbegeisterten Jugendlichen“ und seinen „besorgten Eltern“. Du kannst ein Dreiergespräch entwerfen oder nur den Vater oder die Mutter das Gespräch mit der oder dem Jugendlichen führen lassen. **Inhaltlich** gibt die Aufgabenstellung nur zwei Pole vor (medienbegeisterter Jugendlicher und besorgte Eltern), lässt aber die Richtung des Gesprächs offen. Es kann daher hilfreich sein, an eigene Gesprächserfahrungen in diesem Zusammenhang zu denken. Die **sprachliche Gestaltung** des Dialogs orientiert sich am mündlichen Sprachgebrauch (z. B. Fragen, Ausrufe, unvollständige Sätze oder Einwürfe und Unterbrechungen). Achte auch darauf, dass der Sprachstil zu den sprechenden Personen passt. Kennzeichnend für einen Dialog sind zudem Regieanweisungen, die verdeutlichen, wie jemand spricht oder welche Mimik und Gestik seine Aussage begleiten. Die Verwendung von Namen ist möglich, aber nicht notwendig.

SCHLUSS
Im Schlussteil könntest du aus **aktuellem Anlass** die positiven Aspekte und Möglichkeiten beschreiben, die digitale Medien bieten, und welche Bedeutung sie in der Zeit von Schulschließungen aufgrund von COVID-19 hatten. Ebenso könntest du **eigene Erfahrungen**, etwa deine Erlebnisse in sozialen Netzwerken, anführen. Es ist auch möglich, aufzugreifen, welche **Regeln für die Nutzung digitaler Medien** bei dir zu Hause gelten. Oder du **erweiterst den Blickwinkel** und stellst dar, wie wichtig reale soziale Kontakte und freie Zeit ohne digitale Medien sind.

Aufsatzbeispiel

TIPP **Hinweis zum Aufsatzbeispiel**

Die **Angaben am Rand** sind nicht Bestandteil des Aufsatzes, sondern dienen nur deiner Orientierung hinsichtlich Inhalt und Aufbau.
Es kann sein, dass sich die **Sprachanalyse** in der Prüfung auf einen bestimmten Textabschnitt bezieht. Das Aufsatzbeispiel stellt daher insbesondere bei der Sprachanalyse, aber auch bei anderen Teilaufgaben, sehr viele infrage kommende inhaltliche Aspekte dar. Für einen sehr guten Lösungsaufsatz reichen auch weniger Aspekte aus.

EINLEITUNG
Hinführung

Wenn man die Menschen auf den Straßen, an Haltestellen oder im öffentlichen Nahverkehr genauer beobachtet, fällt schnell auf, dass die meisten mit ihrem Smartphone beschäftigt sind. Einige von ihnen können ihren Blick nicht einmal von ihrem Handy losreißen, wenn sie eine Straße überqueren. Neben dieser offensichtlichen körperlichen Gefahr birgt eine unangemessene Nutzung digitaler Medien aber auch versteckte Gefahren, z. B. durch eine Sucht.

Thematik des Textes, Basisinformationen zum Text

Mit dieser Suchtgefahr und ihren möglichen Auswirkungen beschäftigt sich auch Andrian Kreyes Reportage „Macht süchtig“, die am 09. 02. 2019 in der Süddeutschen Zeitung erschienen ist.

HAUPTTEIL
1. Inhaltszusammenfassung und Textaufbau
Sinnabschnitt 1 (Z. 1–20)

Der Autor steigt in seinem Artikel direkt in das Thema ein (Z. 1–20), indem er seine Eindrücke aus einem Workshop für besorgte Eltern zum Thema „Mediensucht“, der an einer Schule stattfindet, schildert.

Sinnabschnitt 2 (Z. 21–42)

Im zweiten Sinnabschnitt (Z. 21–42) geht er dann konkreter auf die Thematik ein und stellt die allgemeine Besorgnis über die Macht der digitalen Medien, die unter dem Begriff „Techlash“ zusammengefasst wird, dar.

Sinnabschnitt 3 (Z. 43–67)

Im dritten Abschnitt seines Textes (Z. 43–67) wechselt er wieder zu seinen Eindrücken aus dem Workshop und beschreibt die Arbeitsweise und die Ziele des Kursleiters Jürgen Eberle, der eine bewusste Nutzung digitaler Medien fordert.

Sinnabschnitt 4 (Z. 68–85)

Im nächsten Sinnabschnitt (Z. 68–85) bezieht sich der Autor auf Informationen der WHO und aus der deutschen „Ärzte Zeitung“ über die große Zahl von Betroffenen und die gefährlichen Folgen für die Gesundheit und Persönlichkeit.

Sinnabschnitt 5 (Z. 86–128)

Sinnabschnitt 5 (Z. 86–128) befasst sich schließlich mit den Ursachen der Sucht. In diesem Zusammenhang wird das „Hakenmodell“, demzufolge digitale Angebote so konstruiert werden, dass sie Nutzer*innen gezielt lenken und an sich binden, erläutert. Dabei stützt sich Kreye auf Aussagen des ehemaligen Google-Designers Tristan Harris sowie des Ingenieurs und Bestsellerautors Nir Eyal.

Sinnabschnitt 6 (Z. 129–143)

Der sechste Sinnabschnitt (Z. 129–143) greift das zuvor erwähnte „Hakenmodell" noch einmal auf und weitet das Thema aus, indem auf Apps hingewiesen wird, die dieses Modell für positive Zwecke einsetzen, z. B. um die Nutzer*innen der Apps zum Sport oder Lernen zu motivieren.

Sinnabschnitt 7 (Z. 144–170)

Im darauffolgenden Sinnabschnitt (Z. 144–170) kehrt der Autor zur konkreten Situation des Suchtberaters Eberle zurück und stellt dessen Arbeit vor. In seiner Praxis hat Eberle die Erfahrung gemacht, dass Spielsucht die häufigste Form der Mediensucht ist, hauptsächlich Jungen betroffen sind und immer Bindungsprobleme innerhalb der Familie hinter der Sucht stecken.

Sinnabschnitt 8 (Z. 171–182)

Der achte Sinnabschnitt (Z. 171–182) weist auf die jüngsten Entwicklungen in der Software-Industrie hin. Diese hat erkannt, dass ihr durch ein zunehmendes Problembewusstsein bei den Kundinnen und Kunden Umsatzverluste drohen, weshalb zahlreiche Apps zur Begrenzung von Nutzungszeiten auf den Markt gebracht wurden.

Sinnabschnitt 9 (Z. 183–189)

Der Artikel endet schließlich mit einer Art Fazit des Suchtberaters (Z. 183–189). Auch wenn die neuesten Maßnahmen der Technologiekonzerne positiv zu bewerten sind, weiß Eberle, dass seine Arbeit Grenzen hat und er letztlich nicht gegen die Software-Industrie gewinnen kann.

2. Sprachliche Mittel und deren Wirkung

Wortwahl und Stilmittel: Wortspiel

Bereits der Titel des Zeitungsartikels „Macht süchtig" zeigt, dass der Text durch sprachliche Besonderheiten gekennzeichnet ist, z. B. im Bereich der Wortwahl und Stilmittel. So stellt das Wortspiel in der Überschrift einerseits eine prägnante Diagnose im Zusammenhang mit digitaler Mediennutzung dar und spielt andererseits mit dem Begriff „machtsüchtig". Diese Eigenschaft passt nämlich zu den IT-Konzernen, die alles daransetzen, ihre Gewinne zu steigern und Macht auf die Verbraucher*innen auszuüben.

Wiederholungen

Dass von digitalen Medien auch Gefahren ausgehen, wird durch zahlreiche Wortwiederholungen eindringlich betont. Aus diesem Grund kommen im Text auch häufig unterschiedliche Formen der Wörter „Sucht", „digital" und „Sog" vor („Sucht", Z. 130, Z. 153; „süchtig", Titel, Z. 77, Z. 101/102; „Mediensucht", Z. 2, Z. 43, Z. 61/62, Z. 147; „Suchtmechanismen",

Z. 33/34; „Onlinesucht“, Z. 70; „Drogensuchtberatung“, Z. 148; „Spielsüchtigen“, Z. 156; „digital“, Untertitel, Z. 17, Z. 77/78, Z. 115, Z. 120, Z. 129; „Sog“, Untertitel, Z. 6; „Sogwirkung“, Z. 27).

Zusätzlich unterstreicht der Autor die Gefahren und negativen Auswirkungen der Abhängigkeit von digitalen Medien mithilfe einiger Aufzählungen, z. B. Z. 6–8, Z. 26–30, Z. 78–81. Aufzählungen

Auch die Ausdrücke, die an Kampf oder an Krankheit erinnern, z. B. „ungleiche[s] Duell“ (Untertitel), „Nebenwirkungen der digitalen Revolution“ (Z. 17/18), „hat […] stärker eingeschlagen“ (Z. 19/20), „vorderste Frontlinie“ (Z. 21/22), „eine Epidemie“ (Z. 160), weisen auf die Gefahr, die von digitalen Medien ausgeht, hin und betonen ihre Macht. Ausdrücke, die an Kampf oder an Krankheit erinnern

Wie die Situation in vielen Familien aussieht, wenn es um die Nutzung digitaler Medien durch Jugendliche geht, veranschaulicht schließlich die Alliteration „Gebettel, Gequengel, Geschrei“ (Z. 7/8), die gleichzeitig eine Klimax ist, eindringlich. Alliteration / Klimax

Dass sich der Autor intensiv mit dem Thema „digitale Medien“ befasst hat, stellt er unter anderem mithilfe mehrerer Fachbegriffe aus diesem Bereich, z. B. „App[s]“ (Untertitel, Z. 139, Z. 181), „Techlash“ (Z. 23, Z. 172), „The Hook Model“ (Z. 106/107) und „Like“ (Z. 120), unter Beweis. Indem er seine Fachkenntnis demonstriert, gewinnen seine Ausführungen für die Leser*innen zudem an Glaubwürdigkeit. Fachbegriffe aus dem Bereich der digitalen Medien

Eine ähnliche Wirkung erzielen auch die vielen Anglizismen sowie Firmen- und Eigennamen (z. B. „Fortnite“, Z. 19, Z. 160; „Facebook“, z. B. Z. 32, Z. 110, Z. 122; „Google-Designer“, Z. 87; „Start-ups“, Z. 138; „Fitbot“, Z. 138; „Kahoot“, Z. 140/141; „Silicon Valley“, Z. 173/174). Diese weisen aber nicht nur auf die Sachkenntnis des Verfassers hin, sondern auch auf die USA als Trendsetter vieler digitaler Entwicklungen. Anglizismen, Firmen- und Eigennamen

Die bildhaften Ausdrücke stellen ein Gegengewicht zur Fachsprache dar (z. B. „dass […] etwas aus dem Ruder läuft“, Z. 35/36; „verteufeln“, Z. 55; „wegzaubern“, Z. 58; „die Schulnoten in den Keller gehen“, Z. 83; „Quengelhölle“, Z. 84; „digital[e] Streicheleinheiten“, Z. 120/121; „predigt seine Methode“, Z. 135/136) und lockern den Text zudem auf. bildhafte Ausdrücke

Darüber hinaus fallen auch Besonderheiten im Satzbau auf. So stellt Andrian Kreye die Wirkungsweise digitaler Medien und die Besorgnis der Eltern darüber knapp und prägnant mithilfe kurzer und teilweise unvollständiger Sätze dar (z. B. Z. 15–18, Z. 55–60, Z. 138–142, Z. 157–160). Mit diesen sprachlichen Verkürzungen nähert er sich auch der mündlichen Sprache an, was eine authentische Wirkung erzeugt.

Satzbau: kurze und teilweise unvollständige Sätze

Außerdem gibt der Autor mehrfach Aussagen von Experten in der direkten bzw. indirekten Rede wieder (z. B. Z. 56–61, Z. 63–67, Z. 153–155, Z. 165–170 bzw. Z. 31–42, Z. 157–160). Diese dienen zum einen der Untermauerung der jeweiligen Inhalte und veranschaulichen zum anderen, wie ernst das Thema ist.

direkte bzw. indirekte Rede

Einige dieser Experten charakterisiert der Verfasser auch durch Appositionen, z. B. „der Mitbegründer von Facebook" (Z. 31/32), „ein grundsympathischer Herr von 46 Jahren" (Z. 45/46), „ein sogenannter Verhaltensformer" (Z. 96/97), und steigert somit die Glaubwürdigkeit ihrer Aussagen.

Appositionen

Insgesamt ist der Text durch einen eher einfachen Satzbau aus Hauptsätzen oder kurzen Satzgefügen mit nur einem Nebensatz gekennzeichnet (z. B. Z. 15–20, Z. 109–116, Z. 171–177), wodurch er trotz der teilweise anspruchsvolleren Wortwahl (Fachbegriffe, Anglizismen) leicht verständlich ist.

einfacher Satzbau

3. Bestimmung der Textsorte

Der vorliegende Text „Macht süchtig" von Andrian Kreye lässt sich aufgrund zahlreicher Merkmale als Reportage bestimmen.

typisches Layout

Erste Hinweise auf diese Textsorte liefert bereits das Layout: Wie es für eine Reportage typisch ist, besitzt der Artikel eine prägnante Überschrift und Unterüberschrift, die die Leser*innen neugierig machen sollen. Danach folgt der Name des Verfassers an hervorgehobener Stelle und in Großbuchstaben. Zudem gliedern Zwischenüberschriften den Text, wodurch sich die Leser*innen leichter orientieren können. Aufgelockert wird der Artikel durch ein Foto, das Interesse am Text erzeugen will, und ebenfalls häufig in Reportagen vorkommt.

aktuelles Thema

Außerdem greift der Artikel ein aktuelles Thema auf, nämlich die Suchtgefahr durch digitale Medien, die vor allem junge Menschen betrifft. Dieses wird dann aus unterschiedlichen Blickwinkeln (Eltern, Suchtberater, Software-Entwickler) betrachtet, was bei Reportagen oft der Fall ist.

Der Artikel beginnt mit einem szenischen Einstieg, der die Leser*innen zum Thema hinführt. Darin schildert der Autor die Ängste der Eltern sowie seine Beobachtungen während eines Workshops.

szenischer Einstieg

Dass der Verfasser zu Recherchezwecken selbst am Mediensucht-Workshop teilgenommen hat („Recherchestil") und seine Erlebnisse und persönlichen Beobachtungen (vgl. Z. 1–5, Z. 44–67) wiedergibt, ist ebenfalls für eine Reportage kennzeichnend.

Recherchestil

Insgesamt basiert die Darstellung des Themas auf Fakten, was beispielsweise an der Beschreibung der Ausmaße der Mediensucht (Z. 68–85) zu erkennen ist. Um seine Ausführungen zu untermauern, gibt Kreye auch Zitate unterschiedlicher Experten (z. B. Z. 92–95, Z. 138–142) und aus anderen Medien (z. B. Z. 72–75) wieder.

Fakten und Expertenaussagen zum Thema

Dieser Wechsel zwischen allgemeinen, sachlich dargestellten Informationen (z. B. über die allgemeine Besorgnis wegen der Macht digitaler Medien, Z. 21–30, und über die Wirkungsweise von Facebook) und subjektiven, z. T. wertenden Abschnitten (z. B. über den Kursleiter Eberle, Z. 44–51, Z. 144/145, Z. 183–189) wird auch als „Zoom-Technik" bezeichnet und ist ebenfalls für eine Reportage typisch.

Zoom-Technik

Schließlich ist auch die Tatsache, dass der Artikel überwiegend im Präsens verfasst wurde, Hinweis auf diese Textsorte.

überwiegend im Präsens

Aufgrund all dieser spezifischen Merkmale lässt sich der Text mit großer Wahrscheinlichkeit der Textsorte „Reportage" zuordnen.

4. Erörterung

Themafrage

Nachfolgend wird erörtert, welche Möglichkeiten Eltern haben, ihre Kinder zu einem vernünftigen Umgang mit digitalen Medien zu erziehen.

Argument 1: Schaffen eines Bewusstseins für die manipulative Wirkung und schädliche Inhalte

Die wichtigste Maßnahme ist, dass Eltern bei ihren Kindern ein Bewusstsein für die manipulative Wirkung digitaler Medien und für schädliche Inhalte schaffen. Dies ist so bedeutsam, da die Kinder und Jugendlichen verstehen sollen, warum ein vernünftiger Umgang mit digitalen Medien notwendig ist, und wie sie selbst möglichen Gefahren entgegenwirken können. Dies können Eltern beispielsweise erreichen, indem sie mit ihren Kindern sachlich über diese Themen reden, gemeinsam Workshops wie den von Jürgen Eberle besuchen oder ihren Kindern helfen, das eigene Nutzungsverhalten sowie einzelne Inhalte und Apps kritisch zu hinterfragen.

Sollte noch kein ausreichendes Bewusstsein vorhanden oder sollten die Kinder noch zu jung für einen eigenverantwortlichen Umgang mit digitalen Medien sein, können auch Zeitbeschränkungen für die Nutzung der unterschiedlichen Medien hilfreich sein. Auf diese Weise wird den Kindern und Jugendlichen der Umgang mit digitalen Medien nicht vollständig verwehrt, aber er wird auf ein gesundes Maß reduziert. Umsetzen können die Eltern diese Zeitbeschränkungen, indem sie beispielsweise Zeitfenster für die Nutzung der einzelnen Medien festlegen, z. B. Nutzung des Smartphones bis maximal 20 Uhr oder Computerspielen erst nach den Hausaufgaben. Zudem können die Eltern entsprechende Programme und Apps zu Hilfe nehmen, die die Nutzung einzelner Anwendungen z. B. auf dem Smartphone, Tablet oder PC zeitlich beschränken.

Argument 2: Zeitbeschränkungen

Abgesehen von diesen beiden Möglichkeiten, wie Eltern ihre Kinder zu einem vernünftigen Umgang mit digitalen Medien erziehen können, gibt es sicherlich noch zahlreiche weitere hilfreiche Maßnahmen. Wichtig ist jedoch bei allen, dass sie auch konsequent durchgesetzt werden, da sie sonst ihre Wirkung verfehlen.

Schlussteil

Die Eltern klopfen an die Zimmertür ihres Sohnes. Als keine Reaktion folgt, öffnen sie die Tür und betreten das Zimmer. Sie sehen ihren jugendlichen Sohn, wie er vor seinem PC sitzt, ein Headset auf dem Kopf hat und in ein Computerspiel vertieft ist. Der Vater tippt seinem Sohn auf die Schulter, um auf sich aufmerksam zu machen. Der Jugendliche zuckt erschrocken zusammen, dreht sich zu seinen Eltern um und zieht eine Seite des Headsets vom Ohr.

5. Dialog

Schilderung der Gesprächssituation

JUGENDLICHER: Ihr habt mich aber erschreckt! Was wollt ihr?

VATER *(ernst)*: Wir müssen mit dir reden.

JUGENDLICHER *(genervt)*: Muss das jetzt sein? Ihr seht doch, dass ich gerade am Zocken bin.

MUTTER: Ja, und genau darum geht es auch.

JUGENDLICHER *(seufzend)*: Nicht das Thema schon wieder! Mensch, Mama, lass mich damit doch endlich in Frieden. Ich will zocken!

Der Junge zieht den Kopfhörer wieder aufs Ohr und will sich zum Bildschirm umdrehen. Der Vater legt ihm eine Hand auf die Schulter und hält ihn davon ab. Der Jugendliche verzieht genervt das Gesicht und nimmt das Headset dieses Mal ganz vom Kopf.

Was soll das? Ich will mit euch nicht schon wieder über das Thema reden.

VATER: Das müssen wir aber, denn mittlerweile leiden deine Noten ganz schön unter deiner Zockerei.

Auswirkungen des übermäßigen Medienkonsums

JUGENDLICHER: Wie kommt ihr auf den Unsinn? Das liegt nicht an dem Spiel!

MUTTER: Da sind wir anderer Meinung. Und Herr Eberle auch.

Bezug zu Eberles Workshop

JUGENDLICHER: Eberle? Wer soll das bitte sein? Ich kenne keinen Eberle.

VATER: Das ist der Mediensuchtberater, der gestern Abend in deiner Schule diesen Workshop veranstaltet hat.

JUGENDLICHER *(wütend)*: Wie kommt ihr dazu, mit ihm über mich zu reden? Ich habe kein Problem! Ich spiele einfach nur gerne, mehr nicht! Das tun die anderen Jungs aus meiner Klasse auch. Das ist ganz normal!

fehlendes Problembewusstsein beim Betroffenen

MUTTER: Es spricht ja auch nichts dagegen, mal etwas am Computer zu spielen, aber nicht fünf bis sechs Stunden pro Tag. Das ist keineswegs normal.

VATER: Du machst im Grunde nichts anderes mehr, als am PC zu sitzen. Du triffst dich ja nicht einmal mehr mit deinen Freunden.

weitere negative Auswirkungen

JUGENDLICHER *(rechtfertigend)*: Das stimmt doch gar nicht! Ich habe mich doch erst letztens mit Leon und Jan getroffen!

MUTTER: Das war in den Osterferien und jetzt steht Pfingsten vor der Tür! Das ist also fast sechs Wochen her.

VATER: Du merkst offenbar nicht einmal mehr, wie viel Zeit vergeht … Das kann so nicht weitergehen. Und deswegen haben wir für kommenden Montag auch einen Termin in Eberles Praxis ausgemacht.

Lösungsversuch: Termin bei der Mediensuchtberatung

JUGENDLICHER: Aber …

VATER *(unterbricht ihn energisch)*: Nichts „aber"! Das muss sein. Und jetzt schalte den PC aus und geh ins Bett. Es ist schon spät.

MUTTER: Schlaf gut.

JUGENDLICHER *(zerknirscht)*: Gute Nacht.

Digitale Medien sind aus unserem Alltag nicht mehr wegzudenken. Sie erleichtern und bereichern unser Leben in vielen Bereichen, z. B. wenn man an die vielen nützlichen Funktionen auf dem Smartphone denkt. Sogar der Mediensuchtberater Jürgen Eberle verteufelt sie nicht grundsätzlich, sondern nutzt sein Smartphone mit Freude. Wichtig dabei ist aber, dass man ein gesundes Maß und die richtige Art und Weise, mit digitalen Medien umzugehen, findet. Es muss ja nicht gleich der vollständige Verzicht auf die Nutzung digitaler Geräte und Medien sein, aber auch eine kurze Zeit des „Digital Detox" kann schon dabei helfen, die Hektik des Alltags hinter sich zu lassen und ein wenig zur Ruhe zu kommen. Mir ging es zumindest so, als ich ein paar Tage auf mein Smartphone verzichtet habe. Anfangs war es zwar ungewohnt, aber dann habe ich die Ruhe genossen. Jetzt bleibt mein Smartphone häufiger mal ausgeschaltet. Denn wie so oft gilt auch hier: Die Dosis macht das Gift.

SCHLUSS
Fazit

eigene Erfahrungen mit „Digital Detox"

Text

Bleiben

Die Menschen sollten alles dafür tun, den eigenen Planeten zu bewahren, und nicht aberwitzige Summen für die Suche nach einem neuen ausgeben.

Von Karl-Markus Gauß

Wer es vorher nicht wusste, musste es spätestens am 21. Juli 1969 erkannt haben, als Neil Armstrong seine ersten vorsichtigen Schritte in die Wüste des Mondes setzte und die Bilder im Fernsehen liefen: dass die Erde kein unwirtlicher Ort ist, steinig, staubig und kahl wie ihr Trabant, sondern die wunderbare gemeinsame Heimat der Menschheit. Gesegnet mit einer schier unglaublichen Vielfalt an pflanzlichem und tierischem Leben und voller Reichtümer, die es allen Erdenbürgern ermöglichen könnten, ein Leben frei von Bedrängnis zu führen, erstrahlte die Erde, vom kalten Weltall aus besehen, für die ergriffenen Astronauten als „blauer Planet".

In den bald fünfzig Jahren seither sind die Ozeane weiter verschmutzt, riesige Flächen des Regenwalds zerstört und unfassbare Mengen an Giften in die Luft geblasen worden oder in die Böden versickert. Und erst all die Kriege, von denen kein Jahr frei war, das angehäufte Arsenal atomarer Waffen, der Klimawandel. Es gibt so vieles zu preisen an unserer Erde und gerade deshalb so vieles zu beklagen.

Stephen Hawkings Utopie kommt aus dem Geist der Apokalypse[1]

[…] Der berühmte Astrophysiker Stephen Hawking[2] ließ verlauten, die Menschheit möge sich darauf einstellen, ihren Heimatplaneten in hundert Jahren zu räumen. Warum? Weil die Umweltverschmutzung bis dahin aus ihm einen unbewohnbaren Ort gemacht haben werde, weil irgendwann irgendwo aus der atomaren Bedrohung ein Ernstfall geworden sein wird, weil die gewohnheitsmäßige Überdosierung mit Antibiotika uns schutzlos Viren und Krankheiten ausliefert, die wir noch gar nicht kennen, weil die Erderwärmung den ganzen Planeten überhitzt. Kurz, weil die Erde ökologisch so gründlich ruiniert sein wird, dass sie nicht mehr dazu taugt, ihren Bewohnern das Überleben zu sichern.

Ich empfehle, die Gedanken eines der bedeutendsten Naturwissenschaftler unserer Zeit nicht aus seinem Geist der Apokalypse, sondern mit abwägender Skepsis zu bedenken: Alle technische Intelligenz, das gesamte unermessliche Vermögen der Welt, jedwede militärische und zivile Forschung, alles, was die Menschen an wissenschaftlicher Leistung und sozialer Anstrengung aufzubieten vermögen, muss laut Hawking dafür eingesetzt werden, den Exodus der Menschheit von dem Planeten zu bewerkstelligen, der ihr zugeteilt wurde oder zugefallen ist. Was für eine unvorstellbare Anstrengung, Milliarden Menschen auf ferne Planeten und dort in künstliche Biotope zu verfrachten, wo sie neue Zivilisationen begründen sollen.

Wäre es nicht wesentlich einfacher und sinnvoller, so viel Hirnschmalz und Herzblut statt für die Abwanderung von unserem Planeten für das Verbleiben auf diesem einzusetzen? Manche Wissenschaftler haben wie Hawking offenbar längst die Hoffnung aufgegeben, dass die Menschen ihren sensationellen Erfindergeist, ihre kühne Fantasie und ihre Vernunft auch dafür nutzen könnten, die Erde nicht weiter wie bisher zu traktieren, sondern dafür zu sorgen, dass sie bewohnbar bleibe, mehr noch, jener Ort werde, der für alle genug zu bieten hätte. Das Allerschwierigste können sie sich vorstellen – neue Lebensräume für die Erdbewohner in den Weiten des Alls zu erschaffen –, das Naheliegende ziehen sie hingegen gar nicht mehr in Betracht – dass nämlich niemand uns zwingt, uns selbst zu vertreiben. […]

Hawkings Obsession[3], die Apokalypse ließe sich einzig technologisch noch abwenden, wird also auch von anderen durchaus geteilt. […] Seitdem auch Jeff Bezos[4] in die Eroberung des Alls eingestiegen ist, kann man ermessen, dass es dabei nicht nur um die Rettung der Menschheit geht, sondern auch darum, mit dieser einen Haufen Geld zu verdienen. Bezos, der sein immenses Vermögen durchaus nicht der Humanisierung der Welt verdankt, hat bei seinen Unternehmungen rein kommerzielle Ziele im Auge. Was er […] anstrebt, ist eine Art von Tourismus für die Allerreichsten, die sich nicht mehr nach den unberührten exotischen Regionen auf Erden sehnen, sondern zum Mond, um diesen herum und wieder zurückgebracht werden wollen […], und deswegen steckt Bezos gewaltige Summen in die für nachhaltig erklärte Technologie eines wiederverwertbaren Raketensystems.

Mit ungleich höheren Ansprüchen als er geht es Elon Musk an, der charismatische Gründer zahlloser Firmen im Silicon Valley, der mit seinem Weltraumprogramm Space-X bereits in naher Zukunft ein paar Leute, denen der Kitzel nach solchen Reisen steht, zum Mond und wieder zurück befördern möchte. Längst aber plant er, den Mars als Destination in sein Programm aufzunehmen, zu dem die Reise freilich viele Monate dauert. Aber auch der Mars ist ihm nur eine Zwischenstation – und der Tourismus nur das Einstiegsgeschäft. Was er, die triste ökologische Situation auf Erden vor Augen, anstrebt, ist nichts anderes, als unser ganzes Sonnensystem auszukundschaften nach Planeten und deren Monden, auf denen sich die aus ihrem Heimatplaneten exilierte Menschheit dereinst wird niederlassen können. Da drängt sich dem Liebhaber der alten Mutter Erde die Frage auf: Wie lange werden die Exilierten brauchen, um ihre neuen Planeten zu zerstören? Denn der Geist, der zu deren Kolonisierung ruft, ist ja derselbe, der zum Untergang des unseren führt.

Quelle: Karl-Markus Gauß: Bleiben, Süddeutsche Zeitung vom 02. 06. 2017, www.sueddeutsche.de/politik/kolumne-bleiben-1.3532234 (Text zu Prüfungszwecken gekürzt)

Anmerkungen

1 Weltuntergang
2 Stephen Hawking verstarb am 14. 3. 2018.
3 zwanghafte Vorstellung
4 Chef des größten Online-Versandunternehmens

Aufgabenstellung

Lesen Sie den Text „Bleiben“ sorgfältig durch und bearbeiten Sie dann die folgenden Aufgaben.

1. Fassen Sie den Inhalt des Textes so zusammen, dass der Aufbau erkennbar wird.
2. Belegen Sie anhand von typischen Merkmalen, um welche Textsorte es sich handelt. Berücksichtigen Sie dabei insbesondere die Absichten des Autors.
3. Untersuchen Sie die sprachliche Gestaltung des Textes und gehen Sie auch auf die Wirkung der sprachlichen Besonderheiten ein.
4. Verfassen Sie für die Schülerzeitung einen Appell, der Ihre Mitschülerinnen und Mitschüler zu einer ökologisch verantwortungsbewussten Lebensweise auffordert.
5. Angenommen, Hawkings Prognose würde sich als richtig herausstellen: Schreiben Sie die Gedanken nieder, die Ihnen kurz vor dem Abflug zu Ihrem neuen Heimatplaneten durch den Kopf gehen.

Die Aufgaben stammen aus der Original-Abschlussprüfung 2019.

Lösungsvorschlag

TIPP **Bearbeitungshinweise**

EINLEITUNG

Neben der Darstellung der **Thematik des Textes** bietet sich auch ein **eigenständiger Einleitungsgedanke** an. In jedem Fall musst du in einem **Basissatz** die grundlegenden Textinformationen nennen (Titel, Autor, Textsorte, Quelle, Thema), bei einer eigenständigen Hinführung kommt noch die Überleitung zur Thematik des Textes hinzu. Möglichkeiten für einen eigenen Einleitungsgedanken sind:

- aktuelle Ereignisse, z. B. Klimaschutzbewegung „Fridays for Future"
- historisches Ereignis, z. B. Mondlandung vor 50 Jahren
- kurze Aufzählung der ernstesten Probleme der Umweltverschmutzung
- kurze Auseinandersetzung mit den gefährlichsten Bedrohungen unseres Planeten durch uns Menschen

HAUPTTEIL

1. Inhaltszusammenfassung und Textaufbau

Eine Festlegung der **Sinnabschnitte** mit Überschriften, die den jeweiligen Inhalt knapp zusammenfassen, erleichtert deine Arbeit und die Umsetzung im Aufsatz. Es darf auch nicht vergessen werden, die **Funktion** der einzelnen Sinnabschnitte im Textaufbau zu ermitteln.

2. Nachweis der Textsorte Kommentar

Beim Nachweis der Textsorte konzentrierst du dich auf **wesentliche Merkmale** eines Kommentars und bringst sie mit **Textbelegen** in Zusammenhang, um sie zu veranschaulichen. Verlangt ist dabei auch, auf die **Absichten des Autors** einzugehen, etwa seine Kritik an Wissenschaft und Wirtschaftsmilliardären, seinen Appell zur radikalen Änderung des Verhaltens der Menschheit und den Anstoß zur Meinungsbildung.

3. Sprachliche Mittel und deren Wirkung

Ein wichtiger Bereich der Untersuchung ist hier zunächst die **Wortwahl**. Das betrifft Auffälligkeiten bei bestimmten Wortarten (Adjektive, Verben, Nomen). Zudem sind Wörter zu berücksichtigen, die auf die verwendete Sprachebene hinweisen, z. B. Fremdwörter, Fachbegriffe oder umgangssprachliche Ausdrücke. Schließlich ist auch auf rhetorische Mittel einzugehen, die der Autor verwendet.
Beim **Satzbau** kannst du zunächst nach verschiedenen Satzarten und Satzstrukturen suchen (z. B. Satzgefüge) und deren Eigenschaften beschreiben. Beachte auch Stilmittel des Satzbaus, wie z. B. Aufzählungen, Einschübe, rhetorische Fragen oder Ellipsen, die oft dem Zweck der Betonung oder Hervorhebung dienen.
Aussagen zum **Sprachstil** stellen eine zusammenfassende Wertung des Satzbaus und der Wortwahl dar bzw. sollen Eigenheiten des Stils benennen. Dabei musst du besonders auf die **Wirkung** achten und **Belegstellen aus dem Text** nennen.

4. Appell in der Schülerzeitung

Zunächst geht es, wie bei einer Erörterung, um eine genaue **Analyse der Aufgabenstellung**. Du sollst hier einen Appell schreiben, das heißt eine Aufforderung bzw. einen Aufruf, um deine Mitschüler*innen zu einer ökologisch verantwortungsbewussten Lebensweise aufzufordern. Dein Appell soll dabei möglichst überzeugend sein. Das bedeutet, dass du deine Handlungsaufforderung gut **begründen** und mit überzeugenden **Beispielen** versehen musst. Dazu ist eine gründliche **Ideen- und Stoffsammlung** erforderlich. Auch kannst du den vorliegenden Kommentar als Anregung für geeignete Inhalte verwenden.
Erscheinen soll der Appell in der Schülerzeitung. Das bedeutet, dass die Leser*innen in erster Linie Schüler*innen sind. Dieser **Adressatenbezug** ist wichtig für die **sprachliche Gestaltung**, bei der du auf eine altersgerechte Sprache achten solltest. Ein weiteres sprachliches Merkmal eines Appells ist außerdem die direkte Ansprache der Leser*innen. Darüber hinaus bist du in der sprachlichen Gestaltung recht frei.

5. Innerer Monolog

Bei dieser Aufgabe musst du darauf achten, dass du die **Merkmale eines inneren Monologs** berücksichtigst. Der innere Monolog ist eine Art Selbstgespräch, das eine Person in ihrem Inneren bzw. in Gedanken mit sich führt. Es geht dabei um die anschauliche Darstellung der **Gedanken, Stimmungen und Empfindungen** einer Person, in diesem Fall von dir selbst. Am besten orientierst du dich bei der **sprachlichen Gestaltung** an einem mündlichen Stil, z. B. mit unvollständigen Sätzen, kurzen Hauptsätzen, Ausrufen, Gedankensprüngen. Weitere allgemeine Hinweise zu dieser Textart findest du im vorderen Teil dieses Buchs.
Lege dich am besten vor dem Schreiben darauf fest, in welcher **Grundstimmung** du in der vorgegebenen Situation, d. h. vor dem Verlassen deines Heimatplaneten, bist. Diese kann positiv, zuversichtlich, sogar euphorisch sein, aber auch negativ, enttäuscht, traurig usw. Du findest inhaltliche Anregungen dazu im vorliegenden Kommentar.

SCHLUSS

Als Schlussgedanke bietet sich insbesondere eine abschließende **kritische Beurteilung der Thematik** an. Neben der im Aufsatzbeispiel ausgeführten Kritik an der Überbeanspruchung unseres Planeten gibt es dafür weitere Möglichkeiten:

- Undurchführbarkeit eines „Umzugs“ von Milliarden Menschen
- Fehlen geeigneter „Ersatzplaneten“
- Dauer und Länge der unkalkulierbaren Reise ins All
- näherliegender Ansatz, auf der Erde für gute Lebensbedingungen zu sorgen
- Zögerlichkeit und Versagen der Politik (Beispiel: Klimawandel)

Aufsatzbeispiel

TIPP **Hinweis zum Aufsatzbeispiel**

Die Angaben am Rand sind nicht Bestandteil des Aufsatzes, sondern dienen nur deiner Orientierung hinsichtlich Inhalt und Aufbau.
Es kann sein, dass sich die **Sprachanalyse** in der Prüfung auf einen bestimmten Textabschnitt bezieht. Das Aufsatzbeispiel stellt daher insbesondere bei der Sprachanalyse, aber auch bei anderen Teilaufgaben, sehr viele infrage kommende inhaltliche Aspekte dar. Für einen sehr guten Lösungsaufsatz reichen auch weniger Aspekte aus.

EINLEITUNG
Thematik des Textes, Basisinformationen zum Text

Der Kommentar „Bleiben“ von Karl-Markus Gauß, der am 2. Juni 2017 in der Süddeutschen Zeitung erschienen ist, kritisiert das Streben vieler Wissenschaftler*innen und auch Unternehmer*innen, andere Planeten zu finden und zu erschließen, um für die Menschheit eine „Ersatzerde“ zu schaffen. Vielmehr sollten nach Ansicht des Verfassers die immensen finanziellen Mittel, die dafür nötig wären, sowie die gesamte menschliche Intelligenz in das Bemühen investiert werden, die Erde als Lebensraum zu schützen und zu bewahren.

HAUPTTEIL
1. Inhaltszusammenfassung und Textaufbau
Sinnabschnitt 1 (Z. 1–17)

Im ersten Sinnabschnitt (bis Zeile 17) erinnert der Autor als Hinführung zum eigentlichen Thema an die erste Mondlandung vor 50 Jahren, die der ganzen Menschheit durch den Blick vom Mond die Schönheit und Einzigartigkeit der Erde vermittelt hatte.

Sinnabschnitt 2 (Z. 18–28)

Dennoch sei festzustellen, dass die umweltschädlichen und umweltzerstörenden Aktivitäten der Menschen in den letzten Jahrzehnten ungebremst fortgesetzt worden sind. Dies beschreibt der Verfasser anhand einer Reihe von Beispielen im zweiten Abschnitt (Z. 18–28), der als Überleitung dient.

Sinnabschnitt 3 (Z. 29–48)

Die nun folgenden Sinnabschnitte bilden den Hauptteil des Textes. In ihnen erfolgt die kritische Auseinandersetzung mit dem Thema. Zunächst stellt Gauß dazu im dritten Abschnitt (Z. 29–48) die Sichtweise des 2018 verstorbenen Astrophysikers Stephen Hawking dar. Dieser war der Meinung, dass ein Umzug der Menschheit ins All langfristig unvermeidbar sei, da Umweltverschmutzung, Kriege, Krankheiten und der Klimawandel die Erde in spätestens 100 Jahren unbewohnbar gemacht haben würden.

Sinnabschnitt 4 (Z. 49–67)

Im vierten Sinnabschnitt (Z. 49–67) äußert der Verfasser Kritik an dieser Ansicht und Zweifel an der Realisierbarkeit von Plänen,

Ersatzplaneten zu erschließen und Milliarden Menschen dorthin umzusiedeln.

Der Kommentar hebt im fünften Sinnabschnitt (Z. 68–88) zudem auf die Unsinnigkeit eines solchen Unterfangens ab und fordert stattdessen zum Naheliegenden auf, nämlich dazu, alles Menschenmögliche zu unternehmen, um den Lebensraum Erde zu bewahren.

Sinnabschnitt 5 (Z. 68–88)

In den Abschnitten sechs (Z. 89–112) und sieben (Z. 113–140) erweitert der Verfasser schließlich seinen Blick auf das Thema und kritisiert die Pläne sehr reicher Firmenchefs, zahlenden Kunden zu Unterhaltungszwecken Flüge ins All anzubieten und das Auskundschaften von Planeten mit dem Ziel des Weltraumtourismus zu betreiben. Der Kommentar endet mit einer Schlusspointe und Zuspitzung in Form der rhetorischen Frage, ob es der Menschheit wohl gelingen werde, auch diese neuen Lebensräume zu zerstören.

Sinnabschnitt 6 (Z. 89–112)

Sinnabschnitt 7 (Z. 113–140)

2. Nachweis der Textsorte Kommentar

Ein Kommentar ist eine Art Stellungnahme zu einem aktuellen Thema, bei der die persönliche Meinung der Verfasserin oder des Verfassers deutlich zum Ausdruck kommt. Dies ist im vorliegenden Text der Fall. Zum einen ist die Aktualität des Themas gegeben: Es geht um die Umweltzerstörung auf der Erde (vgl. Z. 18–28) und mögliche Gegenmaßnahmen, konkret eine „Auswanderung" ins All. Dabei thematisiert der Autor aktuelle Vorschläge und Pläne vonseiten der Wissenschaft und der Wirtschaft (vgl. Z. 31–35, Z. 92–94, Z. 113–120). Seine persönliche Haltung dazu tritt klar hervor. Er kritisiert deutlich die Ansichten des Wissenschaftlers Hawking (vgl. z.B. Z. 63–67) und auch die kommerziellen Pläne der Wirtschaftsmilliardäre (vgl. Z. 94–98).

Aktualität des Themas

persönliche Meinung des Autors

Dass der Text eine Meinung wiedergibt, ist auch daran zu erkennen, dass der Name des Verfassers am Beginn erscheint. Ein weiteres typisches Merkmal des Kommentars ist die Anregung zur Meinungsbildung und gegebenenfalls auch zur Verhaltensänderung. Dies passt zur Absicht des Verfassers, der beispielsweise dafür wirbt, die Aussagen eines weltberühmten Naturwissenschaftlers anzuzweifeln („Ich empfehle, […] mit abwägender Skepsis zu bedenken […]", Z. 49–63), und ausdrücklich zu alternativen Vorgehensweisen aufruft („Wäre es nicht wesentlich einfacher und sinnvoller […] einzusetzen?", Z. 68–72; „die Erde nicht weiter wie bisher zu traktieren, sondern dafür zu sorgen, dass sie bewohnbar bleibe […] zu bieten hätte", Z. 77–81).

namentliche Nennung

informierender und appellativer Charakter

3. Sprachliche Mittel und deren Wirkung

Wortwahl und Stilmittel:

Fremdwörter

Bei der Beschäftigung mit den sprachlichen Mitteln des Textes und deren Wirkung sind zunächst Auffälligkeiten in der Wortwahl zu beachten. Dabei sticht eine große Anzahl Fremdwörter heraus, z. B. „Trabant“ (Z. 8), „Utopie“ (Z. 29), „Apokalypse“ (Z. 30), „Exodus“ (Z. 60), „traktieren“ (Z. 78/79), „Obsession“ (Z. 89), „exilierte“ (Z. 132). Damit passt sich der Kommentar sprachlich an das Gewicht und die Ernsthaftigkeit des Themas an.

gehobene Wortwahl und Wendungen

Auch darüber hinaus fallen ein anspruchsvolles Vokabular und gehobene Wendungen auf, wie etwa „Gesegnet mit einer schier unglaublichen Vielfalt“ (Z. 10/11), „Erdenbürgern“ (Z. 13), „frei von Bedrängnis“ (Z. 14), „ließ verlauten“ (Z. 32), „jedwede“ (Z. 55), „aufzubieten vermögen“ (Z. 58/59), „denen der Kitzel nach solchen Reisen steht“ (Z. 118/119). Der Autor möchte durch diese Wortwahl nicht nur seine sprachliche Bildung, sondern auch seine Fachkompetenz zeigen, um von den Leserinnen und Lesern ernst genommen zu werden.

treffende Adjektive

Zahlreiche treffende Adjektive, die nicht alltäglich sind, steigern zusätzlich die Anschaulichkeit seiner Aussagen und stärken die Überzeugungskraft für die Leser*innen: „aberwitzige“ (Untertitel), „unwirtlicher“ (Z. 6/7), „gewohnheitsmäßige“ (Z. 40/41), „unermessliche“ (Z. 54), „triste“ (Z. 127) usw.

Alliteration

Dies gilt auch für einige Stilmittel, die der Autor verwendet, etwa die Alliteration „Hirnschmalz und Herzblut“ (Z. 69/70), die die Dringlichkeit unterstreicht, alle Möglichkeiten und Fähigkeiten des Menschen für die Rettung des Planeten einzusetzen,

Personifikation

oder die Personifikation „Mutter Erde“ (Z. 135), die auf die starke Bindung an unseren Heimatplaneten hinweist.

umgangssprachliche Wendungen

Im Gegensatz zu diesem hohen Sprachniveau stehen einige umgangssprachliche Formulierungen, die der Autor einbaut, z. B. „in die Luft geblasen“ (Z. 21/22), „nicht mehr dazu taugt“ (Z. 47), „einen Haufen Geld“ (Z. 97). Auf diese Weise soll wohl der Gegensatz zwischen der hohen Wertigkeit und Bedeutung der Erde für die Menschheit einerseits und dem unvernünftigen und egoistischen Handeln der Menschen andererseits hervorgehoben werden.

Satzbau:

Beim Satzbau bestätigt sich die hohe sprachliche Qualität des Kommentars, die den anspruchsvollen Sachverhalt widerspiegelt.

komplexe Satzgefüge

Es herrschen lange und komplexe Satzgefüge vor (z. B. Z. 1–9, Z. 72–81, Z. 82–88).

Aufzählungen

Vermehrt kommen Aufzählungen zum Einsatz, die das Beschriebene veranschaulichen und die Aussage besonders eindringlich wirken lassen (z. B. Z. 7, Z. 19–23,

Z. 23–26, Z. 38–45, Z. 53–59). Das anspruchsvolle Sprachniveau zeigt sich auch in rhetorischen Mitteln, die Gauß nutzt, um bestimmte Inhalte und Aussagen besonders hervorzuheben. Zu nennen sind z. B. Inversionen (vgl. Z. 53–63, Z. 82–89), Parenthesen (vgl. Z. 15/16, Z. 83–85) und Ellipsen („Und erst all die Kriege [...] Klimawandel.“, Z. 23–26; „Was für eine unvorstellbare Anstrengung [...] begründen sollen.“, Z. 63–67). An zwei entscheidenden Stellen kommen außerdem Antithesen vor, die durch die jeweils parallel aufgebaute Gegenüberstellung die thematisierten Widersprüchlichkeiten betonen („Es gibt so vieles zu preisen [...] und [...] so vieles zu beklagen.“, Z. 26–28; „Das Allerschwierigste [...], das Naheliegende [...]“, Z. 82–88). Schließlich fallen rhetorische Fragen auf, die der Verfasser nutzt, um sich den Leserinnen und Lesern direkt zuzuwenden, und so versucht, sie zu überzeugen (Z. 68–72, Z. 135–137).

Inversionen, Parenthesen, Ellipsen

Antithesen (mit Parallelismus)

rhetorische Fragen

Bei der zusammenfassenden Beurteilung des Sprachstils des Kommentars ist, wie durch die Untersuchung von Wortwahl und Satzbau nachgewiesen, ein sehr hoher Anspruch zu erkennen. Dies hängt zunächst damit zusammen, dass das behandelte Thema gewichtig und kompliziert ist. Der Autor wählt diesen Stil aber nicht nur, um die Ernsthaftigkeit des Themas zu verdeutlichen, sondern auch, um für die Leser*innen möglichst seriös, kompetent und damit überzeugend zu wirken. Um die Leser*innen nicht zu überfordern und den Artikel aufzulockern, streut der Autor zum einen vereinzelt umgangssprachliche Elemente ein. Zum anderen versucht er auch, seine Kritik durch einen stellenweise ironischen Ton unterhaltsam zu gestalten (z. B. Z. 98–102, Z. 134/135).

Sprachstil:

anspruchsvoll → Kompetenz, Überzeugungskraft

Umgangssprache, Ironie → Auflockerung, Unterhaltung

4. Appell in der Schülerzeitung

SAVE THE PLANET NOW!

Liebe Mitschüler*innen,
unsere Ozeane „ertrinken“ im Plastikmüll, der Regenwald schwindet besorgniserregend, Gifte verseuchen unsere Luft, unseren Boden, unser Essen. Die Erde „schwitzt“, die Gletscher schmelzen. Betrachtet man unsere Umwelt, ist es längst nicht mehr „nur“ fünf vor zwölf. Es ist bereits zwölf Uhr! Oder anders gesagt: Wir müssen handeln – nicht irgendwann, nicht in Zukunft, sondern jetzt!

Situationsbeschreibung

Schreibanlass: Aufruf

Warum aber richte ich meinen Appell an euch? Warum nicht an die Erwachsenen, an Politiker*innen, Wissenschaftler*innen,

Überleitung

Firmenbosse? Sie sind doch schuld, dass unser Planet ruiniert wird, weil sie sich nicht oder zu wenig darum kümmern. Wir können nichts tun, denn die Erwachsenen spielen mit unserer Zukunft.

Das stimmt und es stimmt wiederum eben nicht. Ich sage euch: Wir können mehr, als für den Klimaschutz zu demonstrieren. Wir können zum Beispiel Ressourcen sparen, wenn wir ein wenig bewusster mit ihnen umgehen. Wir können bei Wasser, Strom und Heizung sparen, in der Schule und zu Hause. Wir können das Licht aus- und das Fenster zumachen, wenn wir einen Raum verlassen. Wir können den Computer ausschalten, wenn wir ihn nicht benutzen, und ebenso den Fernseher. Wir können anfangen, auf das viele Plastik in unserem Alltag zu verzichten, auf die Plastiktüte beim Shopping und auf den „To go"-Becher als Wegwerfmüll. Wir können mit dem Fahrrad zum Tanzkurs fahren, anstatt uns mit dem Auto bringen zu lassen. Und wir können auch fair produzierte und gehandelte Mode kaufen. Wir können auch darauf verzichten, dass unsere Eltern mit uns ein, zwei Mal im Jahr mit dem Flugzeug in den Urlaub reisen. Wir können vorschlagen, für Ausflüge oder Kurztrips die Bahn zu nehmen, und nicht das Auto. Und wir können unseren Fleischkonsum einschränken, denn wir wissen, dass die Fleischerzeugung viele Ressourcen verbraucht und CO_2 verursacht.

Maßnahmen für eine ökologisch verantwortungsbewusste Lebensweise

Zugegeben, das sind alles klitzekleine Schritte angesichts der bereits erheblichen Umweltzerstörung. Aber wenn viele, wenn wir alle diese kleinen Schritte gehen, wird ein großer daraus. Lasst uns nicht nur demonstrieren, sondern mit gutem Beispiel voranschreiten. Wir haben keine zweite Erde als Reserve. Übernehmen wir Verantwortung! Jetzt!

auffordernder Schluss

5. Innerer Monolog

Nun ist es so weit, ein paar Minuten nur noch. Ich gehöre zu den Glücklichen, die ausgeflogen werden. Glücklich? Na ja, wenn Glück eine Reise ins Ungewisse ist. Klar, hier auf der Erde geht es nicht mehr lange weiter. Die haben wir alle zusammen gründlich ruiniert: ausgeplündert, Meere verdreckt, Wälder gerodet, Tiere verdrängt und aussterben lassen. Tolle Leistung, einen ganzen Planeten zu verwüsten.

Wer hatte eigentlich den bescheuerten Plan mit dem neuen Heimatplaneten? Warum hat man vor 100 Jahren nicht an die viel näherliegende Lösung gedacht, an etwas Verzicht und etwas weniger Bequemlichkeit der Menschheit zugunsten unserer Erde?

Gedanken vor dem Abflug zum neuen Heimatplaneten

Nein, man hat einfach so weitergemacht und stattdessen Ersatzlebensräume gesucht. Ob die so reich, farbenfroh und lebenswert sein werden, wie die Erde es einst war? Da bin ich gespannt … Vielleicht ist ja mein Zielplanet E 13X nur eine öde Fläche und mein Leben findet hinter Glas statt?
Er macht mich sehr traurig, dieser Abschied für immer, ich wäre gerne hier geblieben. Ja, ich bin traurig und wütend über die verpassten Chancen, über das Versagen der Politiker*innen und der Wissenschaftler*innen, der ganzen Menschheit. Und ich habe Angst. Angst vor der Zukunft. Angst vor der langen Reise. Angst vor dem Neuen. Wenigstens eins ist mir geblieben. Immerhin reise ich mit Menschen, die mir vertraut sind. Wenigstens meine Liebsten sind mir geblieben. Und jetzt geht's gemeinsam los ins neue Leben. Tschüss, Erde!

SCHLUSS
Kritik an der Überbeanspruchung der Erde

Der Kommentar von Karl-Markus Gauß hat mir wieder deutlich gemacht, dass wir Menschen immer noch mit der Erde umgehen, als hätten wir eine zweite in Reserve. Auch wenn vielen von uns bewusst ist, dass wir die Natur und ihre Ressourcen mehr als überbeanspruchen und sich damit die Lebensbedingungen auf dem Planeten schon jetzt verschlechtern, sind alle Maßnahmen bisher trotzdem von einem grundsätzlichen Umdenken weit entfernt. Umso bedenklicher finde ich es, wenn Fähigkeiten und Finanzmittel nicht für den Erhalt unseres Planeten eingesetzt werden, sondern sich Verantwortliche den Kopf darüber zerbrechen, wo und wie die Menschheit auf einem anderen Planeten weiterleben könnte. Die Erde ist viel zu schön und wertvoll, als dass man überhaupt daran denken mag, sie zu verlassen, anstatt sie zu retten.

Erschließen eines literarischen Textes

Übungsaufgabe 1

Text **Jonas Jonasson: „Der Hundertjährige, der aus dem Fenster stieg und verschwand“ (Romanauszug)**

Montag, 2. Mai 2005

Allan Karlsson stand zögernd in dem Stiefmütterchenbeet, das an der Längsseite des Altersheims verlief. Zu einer braunen Hose trug er ein braunes Jackett und ein Paar braune Pantoffeln. Mit der Mode hatte er es nicht so, aber das ist ja auch eher selten in diesem Alter. Er war vor seiner eigenen Geburtstagsfeier ausgebüxt, was ja auch eher selten ist in diesem Alter – nicht zuletzt deswegen, weil der Mensch generell selten in dieses Alter kommt. Allan überlegte, ob er sich die Mühe machen sollte, noch einmal durchs Fenster in sein Zimmer zurückzuklettern, um Hut und Schuhe zu holen, aber als er feststellte, dass immerhin die Brieftasche in der Innentasche seines Jacketts steckte, ließ er es dabei bewenden. Außerdem hatte Schwester Alice schon mehrfach bewiesen, dass sie einen siebten Sinn besaß (egal, wo er seinen Schnaps versteckte, sie fand ihn grundsätzlich), und vielleicht lief sie ja gerade durch den Flur und witterte, dass hier etwas faul war. Lieber abhauen, solange noch Zeit ist, dachte Allan und kletterte mit knacksenden Kniegelenken aus der Rabatte. Soweit er sich erinnern konnte, steckten in seiner Brieftasche ein paar Hunderter, die er sich zusammengespart hatte, und das war auch ganz gut so, denn kostenlos würde er sich sicher nicht verstecken können. Also wandte er noch einmal den Kopf und warf einen Blick auf das Altersheim, von dem er bis vor Kurzem noch geglaubt hatte, dass er bis zu seinem Lebensende darin wohnen würde. Und dann sagte er sich, dass er ja auch ein andermal und anderswo sterben konnte.

Der Hundertjährige schlich sich also davon mit seinen Pantoffeln. Nach ein paar hundert Metern bog Allan hinter der stolz aufragenden mittelalterlichen Kirche ab und setzte sich auf eine Bank neben den Grabsteinen, um seinen Knien eine kleine Pause zu gönnen. Mit der Gottesfurcht war es in der Gemeinde nicht so weit her, dass Allan befürchten musste, von seinem Sitzplatz aufgescheucht zu werden. Stattdessen dachte er sich, dass er sich wohl ganz schön verschätzt hatte, als er da so im Heim herumgehockt und zu dem Schluss gekommen war, im Grunde könnte er einfach wegsterben und alles hinter sich lassen. Denn so sehr es einen auch überall zwickte und zwackte – es war doch viel interessanter und lehrreicher, auf der Flucht vor Schwester Alice zu sein, als reglos zwei Meter unter der Erde zu liegen.

Daraufhin stand das Geburtstagskind auf, trotzte seinen schmerzenden Knien und setzte seine schlecht geplante Flucht fort. Allan überquerte den Friedhof in südlicher Richtung, bis ihm eine Steinmauer den Weg versperrte. Diese war kaum über einen Meter hoch, aber Allan war ein Hundertjähriger, kein Hochspringer. Auf der anderen Seite wartete jedoch das Reisezentrum von Malmköping, und der Alte begriff soeben, dass seine wackligen Beine ihn genau dorthin tragen wollten. Vor vielen, vielen Jahren hatte Allan einmal den Himalaya überquert. Das war wirklich mühsam gewesen. Daran musste er jetzt denken, als er vor dem letzten Hindernis zwischen sich und dem Reisezentrum stand. Er dachte so intensiv daran, dass das Mäuerchen vor seinen Augen fast zu einem Nichts zusammenschrumpfte. Und als es kaum mehr kleiner hätte werden können, kroch Allan hinüber, seinem Alter und seinen Knien zum Trotz.

In Malmköping herrschte selten Gedränge, und dieser sonnige Frühlingstag machte keine Ausnahme. Allan war noch keiner Menschenseele begegnet, seit er mir nichts, dir nichts beschlossen hatte, seine eigene Geburtstagsfeier zu schwänzen. Der Wartesaal des Reisezentrums war ebenfalls fast leer, als Allan in seinen Pantoffeln hereingeschlurft kam. Aber nur fast. Mitten im Saal standen zwei Bankreihen mit den Rücken zueinander. Alle Plätze frei. Rechts befanden sich zwei Schalter, von denen der eine geschlossen war, während hinter dem anderen ein mageres Männchen mit einer kleinen, runden Brille saß, mit seitlich gescheiteltem, schütterem Haar und einer Uniformweste. Es blickte gequält von seinem Computerbildschirm auf, als Allan die Halle betrat. Vielleicht fand es ja, dass heute Nachmittag einfach viel zu viel los war – wie Allan gerade bemerkt hatte, war er nämlich doch nicht der einzige Reisende im Saal. Tatsächlich stand in einer Ecke ein schmächtiger junger Mann mit langen, fettigen blonden Haaren, struppigem Bart und einer Jeansjacke mit der Aufschrift *Never Again* auf dem Rücken. Offensichtlich war der junge Mann des Lesens unkundig, denn er stand vor der Behindertentoilette und zerrte an der Klinke, als würde ihm das knallgelbe Schild mit der schwarzen Aufschrift „Gesperrt“ nichts sagen. Wenig später wechselte er jedenfalls zur Toilettentür nebenan, aber dort stand er vor dem nächsten Problem. Anscheinend wollte sich der junge Mann nicht von seinem großen grauen Koffer auf Rollen trennen, doch für beide auf einmal war die Toilette zu klein. Doch Allan konnte keine größere Anteilnahme an den Sorgen des jungen Mannes aufbringen. Stattdessen bemühte er sich, die Füße zu heben, so gut es ging, während er an den geöffneten Schalter trippelte und sich bei dem kleinen Beamten erkundigte, ob es wohl irgendein Verkehrsmittel gäbe, das in den nächsten Minuten in irgendeine beliebige Richtung abfuhr, und was es in dem Fall wohl kosten mochte. Der Schalterbeamte sah müde aus. Und er musste irgendwann mitten in Allans Ausführungen den Faden verloren haben, denn nach kurzer Bedenkzeit erkundigte er sich: „Und welches Reiseziel hatten Sie dabei im Sinn?“

Allan setzte neu an und erinnerte das Männchen daran, dass er das Reiseziel und somit auch die Streckenführung als untergeordnet betrachtete und größeren Wert auf a) Abfahrtszeit und b) Kostenpunkt legte. Der kleine Mann schwieg wieder ein paar Sekunden, während er in seine Tabellen glotzte und Allans Worte verdaute. „Bus 202 fährt in drei Minuten nach Strängnäs. Passt Ihnen das?“ Ja, befand Allan, das sei durchaus passend, woraufhin man ihn informierte, dass besagter Bus von der Haltestelle gleich vor der Eingangstür abfuhr und dass es wohl am geschicktesten wäre, die Fahrkarte direkt beim Busfahrer zu lösen. Allan fragte sich im Stillen, was der kleine Mann wohl hinter diesem Schalter zu suchen hatte, wenn er keine Fahrkarten verkaufte, sprach die Frage aber nicht aus. Vielleicht fragte sich der kleine Mann hinter seinem Schalter ja genau dasselbe. Also bedankte Allan sich einfach für die Hilfe und versuchte, zum Gruß noch den Hut zu lüften, den er in der Eile des Aufbruchs nicht mitgenommen hatte. Der Hundertjährige setzte sich auf eine der zwei leeren Bankreihen, mit seinen Gedanken allein. Die verdammte Jubiläumsfeier im Heim sollte um drei Uhr beginnen, bis dahin waren es noch zwölf Minuten. Demnächst würden sie also an Allans Zimmertür klopfen, und dann war die Hölle los, so viel stand fest.

Quelle: Jonas Jonasson: Der Hundertjährige, der aus dem Fenster stieg und verschwand. Übers. Wibke Kuhn, Random House, München 2011 (deutschsprachige Erstveröffentlichung), Auszug aus Kapitel 1 (Text zu Prüfungszwecken gekürzt)

Informationen zum Autor

Jonas Jonasson wurde 1961 in Schweden geboren. Sein erster Roman „Der Hundertjährige, der aus dem Fenster stieg und verschwand“, ein weltweiter Bestseller, wurde mittlerweile verfilmt.

Aufgabenstellung

Lesen Sie den Auszug aus dem Roman „Der Hundertjährige, der aus dem Fenster stieg und verschwand“ sorgfältig durch und bearbeiten Sie dann die folgenden Aufgaben.

1. Fassen Sie den Inhalt des Textes zusammen.
2. Untersuchen Sie auffällige sprachliche Mittel und beschreiben Sie deren Wirkung.
3. Charakterisieren Sie Allan Karlsson.
4. Erörtern Sie, was getan werden kann, um Senioren in einem Altenheim ein respektables, würdevolles Dasein zu ermöglichen.
5. Erzählen Sie, was geschehen könnte, als im Altenheim Allans Verschwinden entdeckt wird.

Die Aufgaben stammen aus der Original-Abschlussprüfung 2020.

Lösungsvorschlag

TIPP **Bearbeitungshinweise**

EINLEITUNG

Neben der Darstellung der Thematik des Textes und der Nennung der Angaben zum Autor bietet sich hier auch ein **eigenständiger Einleitungsgedanke** an. In jedem Fall musst du die **Basisinformationen** zum Text nennen (Titel, Autor und Quelle). Möglichkeiten für einen eigenen Einleitungsgedanken sind z. B.:

- kurzer Bericht, wie der Geburtstag der eigenen Großeltern in der Familie gefeiert wird
- knappe Schilderung der Lebenssituation vieler Menschen in den Altenheimen
- Darstellung möglicher Ursachen, warum viele alte Menschen in einem Heim leben müssen
- aktueller Bezug zur COVID-19-Pandemie: erhebliche Zunahme der Einsamkeit alter Menschen im Heim

HAUPTTEIL

1. Zusammenfassung des Inhalts

Eine Darstellung des Textaufbaus wird nicht verlangt. Für die Zusammenfassung des Inhalts ist dennoch eine Gliederung des Textes in Sinnabschnitte hilfreich. Es ist sinnvoll, für diese jeweils eine **Überschrift zu formulieren**, die erfasst, was in dem jeweiligen Absatz geschieht. Die Zusammenfassung sollte dann in eigenen Worten in zwei bis drei Sätzen pro Abschnitt geschehen.

2. Sprachliche Mittel und deren Wirkung

Ein wichtiger Bereich der Untersuchung ist hier zunächst die **Wortwahl**, also z. B. Auffälligkeiten bei bestimmten Wortarten (Adjektiven, Verben, Nomen) oder die Verwendung von Wörtern, die auf die **Sprachebene** hinweisen (Fremdwörter, umgangssprachliche oder veraltete Ausdrücke). Schließlich ist auch auf die **rhetorischen Mittel** einzugehen, die der Autor verwendet hat.
Beim **Satzbau** kannst du nach verschiedenen **Satzarten** oder **Satzstrukturen** suchen (z. B. Satzgefüge) und deren Eigenschaften beschreiben. Beachte auch die **Stilmittel des Satzbaus** wie die Auslassung von Satzteilen (= Ellipse).
Aussagen zum **Sprachstil** stellen immer eine zusammenfassende Wertung des Satzbaus und der Wortwahl dar bzw. sollen Eigenheiten des Stils benennen. Dabei musst du besonders auf die **Wirkung** achten und **Textbelege** nennen.

3. Charakterisierung Allan Karlssons

Für die Charakterisierung von Allan Karlsson suchst du zunächst im Romanauszug nach Hinweisen, die z. B. Rückschlüsse auf sein Alter, seine Wohnverhältnisse, seine geistige und körperliche Fitness, seine Persönlichkeit und seine Vergangenheit zulassen. Auch hier müssen wieder entsprechende **Textbelege** angeführt werden.

4. Erörterung
Zunächst bestimmst du den **Themabegriff** (Senioren), dann mögliche **Einschränkungen** (im Altenheim, respektables, würdevolles Dasein) und schließlich achtest du auf die **Präzisierung des Erörterungsauftrags**. Gefragt wird nach Möglichkeiten, mit denen Seniorinnen und Senioren im Altenheim ein würdevolles Leben geboten werden kann. Deine Stoffsammlung sollte von der Frage, was ein respektables und würdevolles Leben ist, ausgehen. Darunter versteht man, dass man die Menschen, ihre Bedürfnisse sowie ihre Menschenwürde achtet, sodass sie ein selbstbestimmtes Leben führen können. Dazu gehören Aspekte wie soziale Kontakte (z. B. Besuche), verantwortungsvolle Pflege, ausgewogene Ernährung, Wahrung der Privatsphäre, Kultur- und Freizeitangebote sowie geistige Anregungen. Es sollten zwei bis drei aussagekräftige und vollständig ausformulierte Argumente mit Begründung, Beispiel(en) und eventuell Folge / Wirkung genügen. Die Sprache ist sachlich zu halten. Verknüpfe deine Argumente auch sprachlich miteinander.

5. Erzählung
Bevor du mit deiner Erzählung beginnen kannst, musst du zunächst im Romanauszug nach **Anknüpfungspunkten** suchen. Man weiß nur, dass Schwester Alice wohl für Herrn Karlsson zuständig ist und dass dessen Geburtstagsfeier in Kürze beginnen soll und dann im Altenheim „die Hölle" los sein wird. Es wird dann wahrscheinlich zu umfangreichen Suchaktionen kommen.
Erzählungen bestehen in der Regel aus Einleitung, Hauptteil und Schluss. In der **Einleitung** bestimmst du die Erzählperspektive (Wer erzählt?). Hier bietet sich Schwester Alice an. Da sie und Allan offenbar eine nicht ganz spannungsfreie Beziehung (versteckter Schnaps) verbindet, ergibt sich daraus ein gewisser Grundton in der Erzählung. Zu Beginn der Erzählung solltest du zunächst die notwendigen Angaben zur Ausgangssituation nennen (Wer? Wo? Wann?). Im **Hauptteil** wird dann das Geschehen in Handlungsschritten wiedergegeben. Einige Erzählungen haben ein offenes Ende. Du kannst aber auch deiner Kreativität freien Lauf lassen und dir selbst ein Ende überlegen.
Die **Sprache** ist durch ausdrucksstarke Adjektive und Verben sowie die Verwendung der direkten Rede gekennzeichnet. Die Zeitform ist in der Regel das Präteritum und in der direkten Rede das Präsens.

SCHLUSS
Eine naheliegende Möglichkeit, deinen Aufsatz sinnvoll abzuschließen, besteht darin, dich mit der **Absicht des Autors** auseinanderzusetzen. Außerdem kannst du die Idee, vor der Geburtstagsfeier zu fliehen, aus deiner Sicht **bewerten**. Es ist auch denkbar, zu beschreiben, wie deine Großeltern leben oder wie sie sich das Leben im Alter vorstellen. Eine mögliche **Ausweitung des Themas** wäre, darauf hinzuweisen, welche wichtige Bedeutung die Großeltern für Kinder und Jugendliche besitzen.

Aufsatzbeispiel

TIPP **Hinweis zum Aufsatzbeispiel**

Die **Angaben am Rand** sind nicht Bestandteil des Aufsatzes, sondern dienen nur deiner Orientierung hinsichtlich Inhalt und Aufbau.
Es kann sein, dass sich die **Sprachanalyse** in der Prüfung auf einen bestimmten Textabschnitt bezieht. Das Aufsatzbeispiel stellt daher insbesondere bei der Sprachanalyse, aber auch bei anderen Teilaufgaben, sehr viele infrage kommende inhaltliche Aspekte dar. Für einen sehr guten Lösungsaufsatz reichen auch weniger Aspekte aus.

EINLEITUNG
Thematik des Textes, Basisinformationen zum Text

Der vorliegende Text ist ein Auszug aus dem ersten Kapitel des Romans „Der Hundertjährige, der aus dem Fenster stieg und verschwand“. Darin schleicht sich ein alter Mann an seinem 100. Geburtstag heimlich aus seinem Zimmer in einem schwedischen Seniorenheim. Er flieht spontan und zunächst ohne konkretes Ziel. Der Roman ist das Erstlingswerk des schwedischen Autors Jonas Jonasson, der 1961 geboren wurde. Das Buch wurde zum internationalen Beststeller, der mittlerweile auch verfilmt wurde. Die deutschsprachige Erstveröffentlichung erschien 2011 in München.

HAUPTTEIL
1. Zusammenfassung des Inhalts
(Z. 1–20)

Am Montag, den 2. Mai 2005, steigt Allan Karlsson aus dem Fenster seines Zimmers im Altenheim. Er will der Feier zu seinem 100. Geburtstag entgehen. Aus Angst, dass seine Flucht von Schwester Alice entdeckt wird, verzichtet er darauf, Hut und Schuhe zu holen, die er bei seinem spontanen Aufbruch vergessen hat. Erleichtert, dass er zumindest die Brieftasche dabeihat, beginnt er seine Flucht nur in Pantoffeln.

(Z. 21–31)

Seine Flucht führt ihn zunächst zum Friedhof, wo er sich auf einer Bank ausruht und darüber nachdenkt, dass die Flucht vor Schwester Alice viel interessanter ist, als hier auf dem Friedhof begraben zu sein.

(Z. 32–43)

Nach kurzer Zeit setzt er seine Flucht fort und durchquert den Friedhof. Nur eine niedrige Mauer trennt ihn vom Reisezentrum der kleinen Stadt Malmköping, das ihm auf einmal als ideales Ziel erscheint. Mit Mühe schafft es Allan, das Mäuerchen zu überwinden.

(Z. 44–71)

Im Wartesaal des fast leeren Reisezentrums befindet sich nur ein weiterer Reisender, ein junger Mann, der etwas ungepflegt wirkt und sich merkwürdig verhält. Allan kümmert sich aber nicht weiter um diesen, sondern erkundigt sich am einzigen besetzten

Schalter nach einem Verkehrsmittel, das den Ort in den nächsten Minuten mit einem beliebigen Ziel verlassen wird.

Allan erfährt, dass in drei Minuten ein Bus nach Strängnäs abfahren wird, und setzt sich auf eine Wartebank vor dem Reisezentrum. Er denkt wieder an das Altenheim und daran, dass seine Geburtstagsfeier in zwölf Minuten beginnen soll und es im Heim chaotisch zugehen wird, sobald seine Flucht entdeckt wird.

(Z. 72–88)

2. Sprachliche Mittel und deren Wirkung

Wortwahl: Anhäufung von Adjektiven

Bei der Beschäftigung mit den sprachlichen Mitteln und deren Wirkung sind zunächst Besonderheiten in der Wortwahl zu beachten. So fällt bei der Beschreibung der Personen, denen Allan Karlsson begegnet, eine Anhäufung von Adjektiven auf (beim Mann hinter dem Schalter: z. B. „mageres", Z. 51; „kleinen, runden", Z. 51; „schütterem", Z. 52; beim jungen Mann in der Wartehalle: z. B. „schmächtiger", Z. 56; „langen, fettigen", Z. 56; „struppigem", Z. 56), die von den beiden Personen einen negativen Eindruck erzeugen. Eher veraltet klingende Wörter und Wendungen, die über den ganzen Text verteilt sind, veranschaulichen, dass die Welt aus der Perspektive eines alten Menschen wiedergegeben wird („Pantoffeln", Z. 4; „Rabatte", Z. 15; „zum Gruß noch den Hut […] lüften", Z. 83). Darüber hinaus lassen sich noch einige Auffälligkeiten entdecken, die nur ein oder zwei Mal vorkommen, aber herausstechen. So erzeugen die beiden umgangssprachlichen Verben „ausgebüxt" (Z. 5) und „abhauen" (Z. 13) Alltagsnähe und lassen den Text dadurch noch glaubwürdiger erscheinen. Die Verkleinerungsform „Männchen" (Z. 51) zeigt, wie mager und klein der Mann hinter dem Schalter wirkt, und reduziert ihn zudem auf seine unbedeutende Funktion. „Mäuerchen" (Z. 41) veranschaulicht hingegen die Energie, die Allan Karlsson aus seinen Erinnerungen an den Himalaya zieht und zur Überwindung des Hindernisses benötigt.

eher veraltete Wörter

weitere Auffälligkeiten

Stilmittel: Wiederholungen

Die Wiederholung der Formulierung „selten in diesem Alter" (Z. 5, 6, 7) betont das ungewöhnlich hohe Alter des Flüchtenden. Mit der dreimaligen Verwendung des Adjektivs „braun" in den Zeilen 2/3 veranschaulicht der Autor das typisch eintönige Erscheinungsbild vieler älterer Menschen, die keinen Wert auf modische Kleidung legen.

Alliterationen

Die drei Alliterationen „knacksend[e] Kniegelenk[e]" (Z. 14), „zwickte und zwackte" (Z. 29) und „ein Hundertjähriger, kein Hochspringer" (Z. 35) verdeutlichen die Einschränkungen in der Beweglichkeit, unter denen Karlsson leidet und die seine Flucht beschwerlich erscheinen lassen. Durch zwei Personifikationen

Personifikationen

(„wartete jedoch das Reisezentrum“, Z. 36; „seine […] Beine […] tragen wollten“, Z. 37) verstärkt sich der Eindruck, dass der Hundertjährige seine Flucht ungeplant antritt und sich seines Ziels nicht bewusst ist, sondern zunächst einfach nur weg will.

Aufzählungen

Aufzählungen beherrschen die Stellen, an denen die beiden Nebenfiguren knapp, aber präzise beschrieben werden (vgl. Z. 51/52, Z. 56/57).

Satzbau: Parenthese

Auch beim Satzbau zeigen sich einige Besonderheiten, die zwar nur vereinzelt vorkommen, jedoch besonders auffällig sind. Die Parenthese, also der Einschub, „(egal, wo er seinen Schnaps versteckte, sie fand ihn grundsätzlich)“ in den Zeilen 11/12 verdeutlicht Karlssons Vorliebe für Schnaps und das daraus resultierende angespannte Verhältnis zu Schwester Alice.

Ellipsen

Die zwei Ellipsen „Aber nur fast.“ (Z. 48) und „Alle Plätze frei.“ (Z. 49) verweisen darauf, dass Allan seine Umgebung genau beobachtet und über die Menschenleere erleichtert ist.

indirekte vs. direkte Rede

Allans ausführliche und höfliche indirekt wiedergegebene Worte (vgl. Z. 66–68, Z. 72–74) stehen in einem Gegensatz zur knappen, amtlich klingenden direkten Rede des Mannes hinter dem Schalter (vgl. Z. 71, Z. 76). Hierdurch wirkt der zwar körperlich eingeschränkte Allan Karlsson dem Mann hinter dem Schalter beinahe geistig überlegen.

Sprachstil: anspruchsvoll

Satzgefüge

Insgesamt ist ein gehobener sprachlicher Anspruch festzustellen, wie Wortwahl, Stilmittel und Satzbau zeigen. Der Romanauszug wird überwiegend von längeren Satzgefügen bestimmt, die recht abwechslungsreich sind und auch als Merkmal des anspruchsvollen Stils gewertet werden können (vgl. z. B. Z. 7–10, Z. 15–17, Z. 65–68).

ironischer Unterton

Der Text weist an vielen Stellen einen ironischen Unterton auf, der ihn amüsant und humorvoll macht. Erkennbar ist dies zum Beispiel im Abschnitt von Zeile 4 bis 7 („Mit der Mode […] selten in dieses Alter kommt“) oder auch an Ausdrücken wie „Geburtstagskind“ (Z. 32) als Bezeichnung für einen Hundertjährigen oder „einfach viel zu viel los“ (Z. 54) bei nur einem weiteren Reisenden.

bildhafte Ausdrücke

Nicht zuletzt weisen auch bildhafte Ausdrücke auf einen gehoben Sprachstil und einen heiteren und humorvollen Ton hin, z. B. „siebten Sinn“ (Z. 11), „zu einem Nichts zusammenschrumpfte“ (Z. 41), „keiner Menschenseele begegnet“ (Z. 45), „den Faden verloren haben“ (Z. 70) und „war die Hölle los“ (Z. 88).

Aus dem Romanauszug lassen sich einige Merkmale zur Charakterisierung Allan Karlssons herauslesen oder ableiten. Er wird am 2. Mai 2005 hundert Jahre alt (vgl. Überschrift und Z. 1), wohnt in einem Altenheim der schwedischen Kleinstadt Malmköping (vgl. Z. 3, Z. 18, Z. 36, Z. 44) und legt wenig Wert auf eine modische äußere Erscheinung (vgl. Z. 3–5). Außerdem trinkt er offenbar gerne Schnaps (vgl. Z. 10–12), da er sich immer wieder neuen besorgt, den Schwester Alice dann ebenfalls findet. Deswegen scheint sein Verhältnis zu ihr auch angespannt zu sein, was vielleicht auch der Grund dafür sein könnte, dass er vor ihr flieht (vgl. Z. 29/30). Allan Karlsson ist in einem für sein Alter guten Gesundheitszustand (vgl. z. B. Z. 6–8, Z. 41–43), auch wenn er Probleme mit seinen Knien hat (vgl. z. B. Z. 14, Z. 32, Z. 43). Geistig ist er ebenfalls fit, was am Gespräch mit dem Mann hinter dem Schalter zu erkennen ist (vgl. Z. 65–68, Z. 72–74). Die Überquerung des Himalayas in jungen Jahren (vgl. Z. 37/38) und seine Flucht vor dem Geburtstag und vor Schwester Alice zeichnen ihn als abenteuerlustigen und ungewöhnlichen Menschen aus. Der Hundertjährige besitzt außerdem eine gelassen-ironische Grundhaltung zum Leben und zum Tod, denn er sagt sich, dass er auch „ein andermal" (Z. 20) sterben könne und die Flucht interessanter und lehrreicher sei, „als reglos zwei Meter unter der Erde zu liegen" (Z. 30/31).

3. Charakterisierung Allan Karlssons

Eckdaten

Verhältnis zu Schwester Alice

Gesundheits- und Geisteszustand

abenteuerlustig

gelassen-ironische Grundhaltung zum Tod

Im Folgenden werden einige Möglichkeiten erörtert, wie man Seniorinnen und Senioren im Altenheim ein respektables und würdevolles Dasein bieten kann.

4. Erörterung

Überleitung

Dabei spielen zunächst die Aufrechterhaltung und Förderung sozialer Kontakte eine große Rolle. Soziale Kontakte sorgen dafür, dass sich die Menschen nicht einsam fühlen und dass sie am gesellschaftlichen Leben teilhaben und geistig angeregt werden. Somit sind soziale Kontakte für die Lebensqualität von alten Menschen von entscheidender Bedeutung. Zur Aufrechterhaltung und Förderung sozialer Kontakte im Altenheim gehört neben einer offenen und flexiblen Regelung der Besuchszeiten auch, dass die Angehörigen und Freunde diese nutzen und möglichst häufig und regelmäßig zu Besuch kommen. Zudem sind auch angenehm gestaltete Orte, wo sich die Heimbewohner*innen untereinander treffen können, von Bedeutung.

Argument 1: Aufrechterhaltung und Förderung sozialer Kontakte

Nicht nur die Förderung sozialer Kontakte ist für die Heimbewohner*innen wichtig, sondern auch ein umfangreiches Angebot an Freizeitmöglichkeiten. Denn wenn sie diese wahrnehmen, haben sie Kontakt zu anderen Menschen, können sich sinnvoll beschäftigen und bleiben dadurch im besten Fall länger geistig und körperlich fit. Daher ist es unabdingbar, dass es in Seniorenheimen Aktivitäten wie Leseclubs, Spielegruppen, kreative und sportliche Angebote, ein Café und Kulturangebote gibt.

Verknüpfung

Argument 2: Angebot an Freizeitmöglichkeiten

Gerade wenn es um ein Leben im Altenheim geht, ist die Möglichkeit, weiterhin ein selbstbestimmtes Leben führen zu können, von großer Bedeutung. Denn es gibt Heime, in denen die Selbstbestimmung der Bewohner*innen eingeschränkt wird, sodass ein Leben in Würde verhindert wird. Keine erwachsene Person möchte vorgeschrieben bekommen, wann sie zu essen oder ins Bett zu gehen hat. Selbstbestimmung beginnt schon damit, dass man das Zimmer mit den eigenen Möbeln und liebgewonnenen Dingen einrichten und dekorieren kann. Auch sollte man den Tagesablauf an den eigenen Bedürfnissen ausrichten können und nicht nur am Zeitplan des Altenheims. Nicht zuletzt gehört auch zu einem selbstbestimmten Leben, dass die Privatsphäre der Heimbewohner*innen respektiert wird.

Argument 3: Ermöglichen eines selbstbestimmten Lebens

5. Erzählung

Anknüpfung an den Romanauszug

An jenem Montag, einem unschuldigen und sonnigen Frühlingstag, machte ich mich kurz vor drei Uhr auf den Weg zu Zimmer 105. Herr Karlsson sollte heute besonders gefeiert werden. Schließlich wird man nicht alle Tage 100.

Entdeckung, dass Herr Karlsson fehlt

Auf mein energisches Klopfen hin rührte sich nichts. Es blieb mucksmäuschenstill im Zimmer. Schlief er etwa oder war er im Bad? Oder hatte sich die alte Schnapsdrossel zu viel Geburtstagsschnaps gegönnt? Mit diesen Gedanken im Kopf öffnete ich lautlos die Tür. Das Bett war leer, das Zimmer auch. Blieb noch das Bad. Ich stürzte auf die Tür zu, rief laut nach ihm und klopfte. Wieder nichts. Er wird doch wohl nicht an seinem Geburtstag …, dachte ich mir. Vorsichtig und auf alles gefasst, öffnete ich die Badezimmertür. Leer.

Beginn der Suche nach Herrn Karlsson

Vielleicht war er schon vor mir losgezogen, um in den Aufenthaltsraum zu seinen paar Besuchern zu schlurfen? Aber dort saßen nur zwei Heimbewohner beim Kartenspiel und an einem anderen Tisch Karlssons Sohn und Schwiegertochter, die mich erwartungsvoll anschauten. Mist! Vielleicht war er im Garten, überlegte ich, als ich durch die Gänge hetzte. Draußen auf den Bänken saß niemand, schon gar nicht Herr Karlsson. Jetzt musste ich wohl die Heimleitung informieren und mir mehr Leute für die Suche organisieren. „Der wird sich doch wohl keinen Scherz erlaubt haben und an seinem Hundertsten ausgebüxt sein? Zuzutrauen wäre es ihm ja, bei seinem schrägen Humor", murmelte ich auf dem Weg zur Heimleitung vor mich hin. Plötzlich stellte sich mir sein Sohn in den Weg. „Ich möchte jetzt meinen Vater sehen und ihm gratulieren." „Den haben wir verloren", rutschte es mir atemlos heraus, „helfen Sie uns lieber suchen!" Ich ließ den zunächst verwirrten und dann aufgebrachten Mann einfach stehen und stürzte, ohne anzuklopfen, ins Büro der Heimleiterin: „Der alte Karlsson ist verschwunden! Ich brauche einen Suchtrupp! Und lassen Sie ihn bitte über die Lautsprecheranlage ausrufen. Machen Sie schnell, sein Sohn ist schon stinksauer!"

Ausweitung der Suche nach Herrn Karlsson

Die mehrfach wiederholten Lautsprecherdurchsagen machten den peinlichen Vorfall im ganzen Heim publik. Bald hatten wir alle Zimmer durchsucht, vom Geburtstagskind fehlte aber jede Spur. Gerade, als ich noch einmal draußen weitersuchen wollte, trat der alte Jonasson durch die Eingangstür. „Wo kommen Sie denn her?", schnauzte ich ihn an.

offener Schluss

Er grinste zurück: „Ich war in der Stadt, Allan ist vor einer halben Stunde mit dem Bus 202 an mir vorbeigefahren und hat mir freundlich zugewinkt."

SCHLUSS

Ausweitung des Themas

Alte Menschen sind ein wichtiger Bestandteil unserer Gesellschaft und nehmen auch in den Familien eine bedeutende Rolle ein. Großeltern übernehmen zum Beispiel in vielen jungen Familien unersetzliche Betreuungsaufgaben. Dies ist aber nicht ihre einzige bedeutsame Aufgabe, denn die Großeltern sind neben den Eltern zusätzliche stabile Bezugspersonen für die Kinder. So können sie eine wichtige Stütze sein, wenn es in der Familic cinc Krisc gibt. Außcrdcm könncn sic bci Thcmcn, übcr die sich Eltern und Kinder immer wieder streiten, vermitteln und den notwendigen Ausgleich zur elterlichen Haltung darstellen. Nicht nur weil Großeltern eine bedeutsame Rolle in den Familien spielen, sondern auch weil jeder Mensch ein Recht auf ein respektables und würdevolles Leben hat, ist es wichtig, dass alten Menschen ein solches Leben ermöglicht wird – unabhängig davon, ob sie nun im häuslichen Umfeld oder wie Allan Karlsson in einem Altenheim betreut werden.

Erschließen eines literarischen Textes
Übungsaufgabe 2

Text **Joachim Meyerhoff: „Ach, diese Lücke, diese entsetzliche Lücke“ (Romanauszug)**

*Joachim Meyerhoff (*1967) ist Schauspieler, Regisseur und Autor. In seinem dritten autobiografischen Roman geht es um den 20-jährigen Joachim, der in einer Schauspielschule aufgenommen wird, darum zu seinen Großeltern nach München zieht und dort zwischen Studentenleben, Schauspielausbildung sowie der Welt der Großeltern „hin- und herpendelt“.*

Dass ich im Anschluss an die erste Stunde Sprecherziehung Gesangsunterricht hatte, fand ich da fast schon lustig, denn schlimmer konnte es nun nicht mehr kommen. Ich stieg die Treppe hinauf zu meiner Gesangslehrerin. Die würde mir jetzt den Rest geben, war ich mir sicher. Vor dem Gesangsunterricht hatte ich mich weit mehr gefürchtet als vor der Sprecherziehung. Sprechen, so hatte ich mir Mut gemacht, kann ich ja, das tu ich ja seit Jahren, aber singen kann ich kein bisschen. Tatsächlich waren meine Gesangsfähigkeiten eine Zumutung. Ich wusste ganz einfach nicht, was eine Melodie ist. Zu singen kam mir absurd vor. Es war aber nicht genug damit, dass ich keinen Ton traf. Sobald ich zu singen begann, büßten auch alle anderen um mich herum ihre Gesangsfähigkeiten ein. Meine Unmusikalität hatte etwas Zersetzendes, und es war schon in der Grundschule vorgekommen, dass die ganze Klasse plötzlich nicht mehr wusste, wie die Melodie von „O Tannenbaum“ ging, nur weil ich mitgesungen hatte. „Bitte, bitte, sing nicht mehr mit. Also, noch mal: O Tannenbaum, o … äh … wie ging das noch mal?“

Je höher ich in der Schauspielschule das Treppenhaus hinaufstieg, desto kleiner wurden die Räumlichkeiten. Im Erdgeschoss: Büros, Direktion, Aufenthaltsraum. Erster Stock: die sogenannte große Bühne, die allerdings winzig war. Zweiter Stock: Ballettsaal. Ewiger Streitpunkt: das Getrampel im Ballettsaal, während unten geprobt wurde. Dritter Stock: sogenannte Studios für Sprecherziehung, Rollenstudium und Improvisation. Vierter Stock: Einzelunterrichte wie Gesang oder Monologe. […]

Meine Gesangslehrerin hieß Irmgard Köster. Ich klopfte an und von drinnen trällerte eine Stimme so gut gelaunt wie in einer Fünfzigerjahre-Komödie mit Lilo Pulver: „Herahah-hein!“ Ich betrat das sehr helle Zimmer. Irmgard Köster saß an einem frei im Zimmer stehenden Klavier. „Du bist Joachim, stimmt's?“ „Stimmt.“ „Und, lieber Joachim, wie war dein Tag bis jetzt?“ „Na ja, gemischt, würde ich mal sagen. Aikido[1] war toll. Sprecherziehung war jetzt gerade nicht so gut, glaub ich." „Ach wirklich? Du hast doch so eine schöne Stimme!" Sie schien das tatsächlich ernst zu meinen. Sie war grell geschminkt. Um die Augen herum lila und blau. Jede Menge Rouge, pfirsichfarbene Lippen. Ihre Haare waren eindeutig blondiert und zu einer voluminösen Wolke aufonduliert[2]. Um den Hals ein bauschiges Tuch in knalligen Farben. „Komm mal hierher. Zu mir hier. Ich beiße nicht. Obwohl? Hahahahaha! Was für ein schöner großer Mann. Holla, die Waldfee!" So eine schräge, aber herzliche Person war mir bis jetzt in dieser Schule noch nicht begegnet. „Wo kommst du denn her?" „Aus Norddeutschland. Schleswig." „Ach, du lieber Himmel. Singst du gerne?" „Geht so." Sie schlug einen einzelnen Ton auf dem Klavier an. Einmal, zweimal. Dann weiteten sich ihre Nasenlöcher, wurden größer und größer, ihre Stirn spannte sich, ihre Augen wurden kugelrund, ihr ganzes Gesicht ging auf wie ein Fallschirm, blähte sich und sie sang einen glockenreinen Ton, gar nicht besonders laut, der aber sofort den gesamten Raum erfüllte. Es klang fantastisch.

„Und jetzt duhu!" Ich versuchte Luft zu holen, doch meine Lunge hatte sich trotz Zigarette von der Sprecherziehung eingeschüchtert klein und verklebt in die hinterste Ecke meines Brustkorbs verkrümelt. Abermals drückte sie die Klaviertaste. Ich wusste nicht, was ich tun sollte, hatte auf keinerlei Register Zugriff, um in mir einen bestimmten Ton zum Klingen zu bringen. Sie strahlte mich an und sang erneut den Ton. Ihr ganzes Gesicht war eine farbenprächtige, Mut machende Gesangsaufforderung. Ich fing zu brummen an, sehr tief, als würde ich eine Hummel in meinem Mund verstecken. Und dann geschah etwas Eigenartiges. Der von ihr gesungene Ton drang mir durch die Poren, kroch mir durch die Nasenlöcher, kitzelte in der Lunge, weitete sie und breitete sich aus. Alles in mir fing zu sirren an, plötzlich klebte mir der Ton unter der Schädeldecke, mein Magen zitterte, musizierende Eingeweide, tolles Quintett: Die Zwerchfell-Leber-Nieren-Magen-Darm-Combo, alles vibrierte. Der Klang legte sich warm um meine Stimmbänder. Ich brummte etwas lauter. Eindeutige Angelegenheit: Hier schleicht sich der Brummbär an die Nachtigall an. Sie hielt ihren Ton, sah aus, als müsse sie nie wieder Luft holen. Immer näher kam ich der Frequenz, die selbst unter meiner aufgestützten Hand den Klavierdeckel erzittern ließ. Und dann plötzlich hatte ich ihn. Aus meinem Gebrumm war ein Ton geworden, ein Ton, der mit dem Klang um mich herum harmonisch verschmolz. Sie nickte begeistert und sang weiter.

Ich holte Luft, brauchte einige Zeit, bis ich mich erneut zurechtgepegelt hatte und den Ton wiederfand. Sie hob die Arme, hielt ihre Hände so, als würde sie zwei goldene Kugeln in die Höhe stemmen, und wurde lauter. Wieder nickte sie mir freudig zu, was eindeutig hieß, auch ich solle lauter werden. Ich versuchte es und tatsächlich: Etwas schwoll und expandierte in meiner Lunge, kletterte mutig an meinen Stimmbändern hoch. Wie eine Klanghebamme zog sie mir mit ihrer prachtvollen Stimme einen mich selbst überraschenden glasklaren Ton aus der Kehle heraus. Dieser Ton war groß und kräftig, und ich musste den Mund gewaltig aufsperren, um ihn ganz herauszulassen. Niemals zuvor hatte ich meine Kiefer so weit aufgerissen. Sie selbst sah mittlerweile so aus, als würde sie mit ihrem Ton jeden Augenblick die Wände verschieben, die Decke von dieser kleinen Bude absprengen und sich wie eine singende Rakete selbst ins All schießen. Ihre schmal gezupften Augenbrauen hatten Spitzen bekommen und zeigten wie Pfeile steil nach oben. Ihr Gesicht hatte etwas Maskenhaftes. Sie war jetzt ganz Klangkörper. Wir wurden noch lauter. Durch Blicke animierte sie mich, es ihr gleichzutun und ebenfalls meine Hände zu heben. Wie ein waschechter Tenor beim großen Finale stand ich da und schmetterte den ersten richtig gesungenen Ton meines Lebens aus mir heraus. Da schnappte sie ihre Hände zusammen, so als würde sie gleichzeitig zwei Insekten aus der Luft fangen, schloss abrupt ihren Mund, in den ich eben noch weit hineingesehen hatte, und beendete wie ein Dirigent die Übung. Ich machte es ihr nach und zerschnitt meinen Ton, biss in den Luftstrom hinein und verstummte.

Einen Augenblick standen wir bewegungslos da, sahen uns an. Der Ton war noch immer im Raum, Tausende Klangpartikel schwebten um uns herum, zitterten und kamen erst eigenartig verzögert zur Ruhe. Sie rief: „Wow! Das war ein lupenreines G. Du hast ja eine tolle Stimme. Mein Gott, Joachim, du haust einen ja um. Das war ein gigantisches G! Wow!“ Ich stand da und konnte jetzt schon nicht mehr glauben, was gerade eben geschehen war. „Nein, also da freu ich mich aber von Herzen, dass ich dich unterrichten darf. Das wird mir eine große Ehre sein!“ Mir war plötzlich zum Heulen zumute und ich sah auf den Boden.

„Danke, das ist lieb.“ „Na, wollen wir noch mal. Also ich hab schon wieder Lust!“ „Na klar.“ Als ich nach einer Stunde Irmgard Köster verließ, war alles quicklebendig in mir. Ich war voll kribbelnder übermütiger Schallwellen, so als wäre ich eine nach Jahrzehnten endlich wieder geläutete glückliche Glocke aus Fleisch und Blut.

Quelle: Joachim Meyerhoff: Ach, diese Lücke, diese entsetzliche Lücke, Köln 2015, S. 114–118.

Anmerkungen

1 japanische Form der Selbstverteidigung
2 ondulieren: Locken oder Wellen ins Haar einbringen

Aufgabenstellung

Lesen Sie den Auszug aus dem Roman „Ach, diese Lücke, diese entsetzliche Lücke“ sorgfältig durch und bearbeiten Sie dann die folgenden Aufgaben.

1. Fassen Sie den Inhalt des Textes zusammen.
2. Untersuchen Sie auffällige sprachliche Mittel und beschreiben Sie deren Wirkung.
3. Der Autor erhielt für seine Romanreihe verschiedene Preise, unter anderem einen Schülerliteraturpreis. Erläutern Sie anhand dieses Auszugs, weshalb Meyerhoffs Romane so beliebt sind.
4. Warum sind musische Schulfächer wie zum Beispiel Kunsterziehung und Musik wichtig?
5. Der Text ist aus Sicht des jungen Studenten geschrieben. Erzählen Sie von der ersten Gesangsstunde (ab Zeile 24) aus der Perspektive der Lehrerin.

Die Aufgaben stammen aus der Original-Abschlussprüfung 2018.

Lösungsvorschlag

TIPP **Bearbeitungshinweise**

EINLEITUNG

Hier bietet sich neben der Darstellung der **Thematik des Textes** auch eine **eigenständige Hinführung** zum Thema an, z. B. mit der persönlichen Einstellung zum Gesang bzw. anderen musischen Talenten oder der Beschreibung ähnlicher Erlebnisse. In beiden Fällen musst du die **Basisinformationen** zum Text nennen (Textsorte, Titel, Autor, Quelle, Thema), bei der eigenständigen Hinführung kommt außerdem noch eine **Überleitung** zur Thematik des Textes hinzu. Auch die **Hintergrundinformationen zum Autor**, die im Kasten am Anfang des Textes zu finden sind, eignen sich gut für eine Einleitung.

HAUPTTEIL

1. Zusammenfassung des Inhalts

Eine Darstellung des Textaufbaus wird zwar nicht verlangt, aber eine Festlegung der Sinnabschnitte mit kurzen Überschriften ist für deine eigene Inhaltszusammenfassung sinnvoll. Achte darauf, die Ereignisse in der richtigen Reihenfolge wiederzugeben und nur **wichtige Informationen** zu nennen.

2. Sprachliche Mittel und deren Wirkung

Ein wichtiger Bereich bei der Untersuchung der Sprache ist die **Wortwahl**. Hier solltest du zunächst auf Auffälligkeiten bei bestimmten Wortarten wie Adjektiven, Verben oder Nomen achten. Darüber hinaus ist es sinnvoll, auch auf Wörter einzugehen, die auf die Sprachebene hinweisen, z. B. Fremdwörter, Fachbegriffe oder umgangssprachliche Formulierungen.
Beim **Satzbau** kannst du zunächst die Satzarten und die Satzstruktur analysieren (z. B. Hauptsätze, Satzgefüge, wörtliche Reden) und deren Eigenschaften beschreiben. Beachte dabei auch alle dir bekannten Stilmittel des Satzbaus (z. B. Ellipse, Inversion).
Schließlich solltest du auch auf weitere **Stilmittel** und sprachliche Bilder eingehen (z. B. Vergleiche oder Personifikationen).
Vergiss nicht, deine Beobachtungen **mit Zitaten oder Textverweisen zu belegen** und auf die **Wirkung** der einzelnen sprachlichen Mittel einzugehen.

3. Gründe für die Beliebtheit von Meyerhoffs Romanen

Aus dem zweiseitigen Textauszug lassen sich einige Gründe für die Beliebtheit seiner Romane ableiten. Dazu solltest du nicht nur den **Inhalt** (menschliche Schwächen, detaillierte Beobachtung einer Situation, genaue Personenbeschreibung und liebenswerte Charaktere), sondern auch die **sprachliche Gestaltung** (Bildhaftigkeit und Anschaulichkeit bzw. Ironie und Sprachwitz) beachten.

4. Erörterung
Gehe hier genauso vor wie bei den Vorarbeiten zu einer Erörterung. Zunächst bestimmst du den **Themabegriff** (Schulfächer) und seine **Einschränkung** (musische) und schließlich achtest du auf die **Präzisierung des Erörterungsauftrags**. Gefragt wird nach Gründen, die aufzeigen, warum musische Schulfächer wichtig sind. In der Regel genügen zwei bis drei aussagekräftige, vollständig und anschaulich dargestellte **Argumente** (mit Begründung, Beispiel(en) und Abrundung). Schreibe sachlich und verknüpfe deine Argumente sprachlich miteinander.

5. Erzählung
Inhaltlich sollte deine Erzählung auf die Hinweise, wie die Gesangslehrerin Joachim wahrnehmen könnte, Bezug nehmen, zum Beispiel seine Unsicherheit oder Angst vor der Unterrichtsstunde (vgl. Z. 3–14). Ihr Verhalten ist eine Reaktion auf seine Aussagen, weshalb diese in ihrer Erzählung vorkommen müssen. Ebenso sollte thematisiert werden, dass sie ihm die „Singblockade" nimmt (vgl. Z. 49–60) und wie sie dies schafft. Anschließend folgen Eindrücke seiner raschen Fortschritte (vgl. Z. 61–81). Das Ende der Geschichte könnte sich mit Irmgard Kösters Begeisterung über Joachims Stimme befassen. Deine Erzählung sollte sich hauptsächlich auf Gedanken, Eindrücke und Empfindungen der Gesangslehrerin beziehen.
Im Stil und der **Sprache** bist du relativ frei, sie sollten aber zu einer (gebildeten) erwachsenen Frau passen, die zwar etwas „überdreht", aber dennoch sehr herzlich und sympathisch ist. Vielleicht kannst du dich auch von Meyerhoffs Sprache oder Stil anregen lassen oder einzelne Formulierungen an passender Stelle in den neuen Text einbauen. Verwende als Tempus für deine Erzählung das Präteritum.

SCHLUSS
Für einen passenden Abschluss deines Aufsatzes kannst du die **Thematik des Textes** aufgreifen (Singen oder den Einfluss guter Lehrkräfte beim Aufspüren verborgener Talente). Einen weiteren Anknüpfungspunkt bietet die Erzählung aus Teilaufgabe 5. Natürlich kannst du auch einen **Ausblick** wagen, wie die Gesangsstunden in Zukunft verlaufen könnten.

Aufsatzbeispiel

TIPP **Hinweis zum Aufsatzbeispiel**

Die **Angaben am Rand** sind nicht Bestandteil des Aufsatzes, sondern dienen nur deiner Orientierung hinsichtlich Inhalt und Aufbau.
Es kann sein, dass sich die **Sprachanalyse** in der Prüfung auf einen bestimmten Textabschnitt bezieht. Das Aufsatzbeispiel stellt daher insbesondere bei der Sprachanalyse, aber auch bei anderen Teilaufgaben, sehr viele infrage kommende inhaltliche Aspekte dar. Für einen sehr guten Lösungsaufsatz reichen auch weniger Aspekte aus.

EINLEITUNG
Thematik des Textes, Basisinformationen zum Text

Der Auszug aus dem Roman „Ach, diese Lücke, diese entsetzliche Lücke“ von Joachim Meyerhoff schildert die erste Gesangsstunde des Ich-Erzählers im Rahmen seiner Schauspielausbildung. Seine Ängste und gemischten Gefühle, mit denen er aufgrund seiner Zweifel an seinen Gesangsfähigkeiten in den Unterricht geht, erweisen sich als unbegründet. Er begegnet einer aufgeschlossenen Gesangslehrerin und die erste Gesangsstunde nimmt wider Erwarten einen vollkommen anderen Verlauf. Der Roman des 1967 geborenen Autors erschien im Jahr 2015 in Köln.

HAUPTTEIL
1. Zusammenfassung des Inhalts
freundlicher Empfang trotz negativer Erwartungen (Z. 1–41)

Der Ich-Erzähler Joachim ist auf dem Weg zu seiner ersten Gesangsstunde und erwartet nach der Sprecherziehung eine weitere schlechte Erfahrung, da er sich für einen unbegabten Sänger hält. Der Empfang durch die Gesangslehrerin Irmgard Köster verläuft jedoch sehr freundlich. Sie ist interessiert, aufgeschlossen, wirkt unkonventionell und scheint bunte Farben zu lieben. Nach einem kurzen Begrüßungsgespräch, das dem Schüler auch ein wenig die Anspannung nehmen soll, singt sie einen am Klavier angestimmten Ton auf perfekte und für Joachim beeindruckende Weise nach.

Gesangsversuche (Z. 42–49)

Dieser wird anschließend aufgefordert, es ebenfalls zu versuchen. Da es ihm aber nicht gelingt, fühlt er sich zunächst hilflos. Irmgard Köster singt ihm den Ton erneut vor. Dieses Mal mit einem so motivierenden Gesichtsausdruck und derart eindringlich, dass er sich dem Ton immer weiter annähert, bis er ihn schließlich trifft.

unerwarteter Erfolg (Z. 49–93)

Die nun folgenden gemeinsam gesungenen Töne werden immer klarer und lauter, Joachim entwickelt Selbstvertrauen durch die ersten richtigen Töne seines Lebens. Am Ende ist er aufgrund der ersten unerwartet erfolgreichen Gesangsstunde in Hochstimmung.

Bei der Beschäftigung mit den sprachlichen Mitteln und deren Wirkung sollen zunächst die Auffälligkeiten in der Wortwahl in den Blick genommen werden. Der Autor verwendet häufig anschauliche und genau beschreibende Adjektive und Partizipien, mit denen es ihm gelingt, die jeweilige Situation klar und detailliert zu schildern. Dies ist beispielsweise der Fall, wenn es um die Darstellung von Joachims erfolglosen Gesangsversuchen (z. B. „eingeschüchtert" und „verklebt", Z. 43) oder die Bemühungen der Gesangslehrerin, diese Blockade zu überwinden (z. B. „glockenreinen", Z. 40; „farbenprächtige", Z. 47), geht. Dies führt schließlich auch zum Erfolg und wird mit entsprechenden Ausdrücken veranschaulicht (z. B. „zurechtgepegelt", Z. 61; „glasklaren", Z. 67; „waschechter", Z. 76; „kribbelnder übermütiger" Z. 92). Mithilfe treffender und ausdrucksstarker Verben gelingt es dem Autor, die gesangliche Entwicklung des Ich-Erzählers lebendig zu schildern. Als Belege dienen unter anderem Verben wie „verkrümelt" (Z. 44), „brummen" (Z. 48), „kitzelte" (Z. 51), „sirren" (Z. 51) oder „vibrierte" (Z. 54). Durch diese Verben wird das Singen als körperlich fühlbare Erfahrung dargestellt. Viele Fachbegriffe aus der Welt des Theaters und des Gesangs erzeugen eine überzeugende Atmosphäre, da es sich um eine Gesangsstunde an einer Schauspielschule handelt (z. B. „Studios für Sprecherziehung, Rollenstudium und Improvisation […] oder Monologe", Z. 19–21; „Klangkörper", Z. 74; „Tenor", Z. 76; „Klangpartikel", Z. 83). Die Verwendung von Fremdwörtern (z. B. „absurd", Z. 8; „voluminösen", Z. 31; „expandierte", Z. 65) und das Nebeneinander von anspruchsvollen, aber auch umgangssprachlichen Formulierungen (z. B. „aufonduliert", Z. 31; „knalligen Farben", Z. 32; „musizierende Eingeweide, tolles Quintett", Z. 53) sind weitere Belege für einen hohen sprachlichen Anspruch des Autors und erzeugen einen witzigen Grundton sowie eine gewisse Leichtigkeit.

2. Sprachliche Mittel und deren Wirkung

Wortwahl: anschauliche Adjektive und Partizipien

treffende, ausdrucksstarke Verben

Fachbegriffe aus dem Bereich Theater / Gesang

Fremdwörter, anspruchsvolle und umgangssprachliche Formulierungen

Beim Satzbau fallen an einigen Stellen, zum Beispiel bei der Beschreibung des Aussehens der Gesangslehrerin (Z. 29–31), kurze und zum Teil unvollständige Sätze, sogenannte Ellipsen, auf. Hier dienen sie dazu, den Leserinnen und Lesern ohne unnötige Worte einen detaillierten Eindruck von Irmgard Köster zu geben. Mithilfe einer langen Aufzählung (Z. 16–21) veranschaulicht der Erzähler den Weg in den vierten Stock zu den Räumen für Einzelunterrichte. Die Beschreibung jedes Stockwerks ist

Satzbau: kurze Sätze, Ellipsen

Aufzählung mit gleichbleibender Satzstruktur

immer gleich aufgebaut. Nach der Nennung des Stockwerks folgt ein Doppelpunkt, an den sich die mit Kommas abgetrennten Aufzählungselemente anschließen. Für die Leser*innen wird dadurch der Aufstieg durch das Treppenhaus der Schauspielschule nachvollziehbar. Zudem erhalten sie einen Eindruck von der Atmosphäre, die dort herrscht. Ein wichtiges sprachliches Merkmal ist zudem die wörtliche Rede, die zur Darstellung der Dialoge dient und den Erzähltext belebet (z. B. Z. 24–28, Z. 32–36, Z. 84–91). Außerdem steigert sie das Tempo und lässt die Leser*innen die Gespräche unmittelbar miterleben. Zudem geben die Dialoge einen Einblick, wie die beiden Figuren ihre Beziehung zueinander aufbauen.

wörtliche Rede

Auch zahlreiche Stilmittel und bildhafte Ausdrücke tragen zu einer interessanten Gestaltung des Textes bei. Mit Personifikationen und bildhaften Ausdrücken macht der Autor die überraschende gesangliche Entwicklung sowie die Motivationsfähigkeit und Begeisterung der Gesangslehrerin deutlich und nachvollziehbar. Zunächst hat sich die personifizierte Lunge „eingeschüchtert klein und verklebt in die hinterste Ecke [seines] Brustkorbs verkrümelt" (Z. 43/44), doch Joachim kann die Begeisterung der Gesangslehrerin sehen, denn „[i]hr ganzes Gesicht war eine farbenprächtige, Mut machende Gesangsaufforderung" (Z. 47/48). Der von ihr gesungene Ton, der ebenfalls menschliche Fähigkeiten erhält, „drang […] durch die Poren, kroch […] durch die Nasenlöcher, kitzelte in der Lunge" (Z. 50/51). Schließlich fühlt sich Joachim am Ende wie eine „endlich wieder geläutete glückliche Glocke aus Fleisch und Blut" (Z. 93). Witzige bildhafte Ausdrücke geben dem Text an manchen Stellen zudem einen leicht selbstironischen Ton, etwa an den Stellen, an denen Joachim seinen gesanglichen Fähigkeiten noch sehr zweifelnd gegenübersteht („Zwerchfell-Leber-Nieren-Magen-Darm-Combo", Z. 53/54; „Hier schleicht sich der Brummbär an die Nachtigall an.", Z. 55/56). Vergleiche geben den Leserinnen und Lesern die Möglichkeit, sich in die Eindrücke und das Erleben dieser besonderen Gesangsstunde einzufühlen. Als Beispiele hierfür sind zu nennen: „wie ein Fallschirm" (Z. 39), „Wie eine Klanghebamme" (Z. 66), „wie eine singende Rakete", (Z. 72) oder „wie Pfeile" (Z. 73).

Stilmittel:
Personifikationen und sprachliche Bilder

witzige bildhafte Ausdrücke

Vergleiche

Ein möglicher Grund für die Beliebtheit von Meyerhoffs Romanen liegt sicherlich darin, dass er – wie am Beispiel von Irmgard Köster zu erkennen ist – Personen so lebendig beschreiben kann, dass sie den Leserinnen und Lesern beinahe von Anfang an sympathisch sind. Auch die Beschreibung des Wegs zur Gesangsstunde, der Begrüßung durch die Gesangslehrerin und der Stimmung während des Unterrichts zeigen, dass der Autor Gegebenheiten nicht nur gut beobachten, sondern diese auch sprachlich geschickt, anschaulich und oft witzig wiedergeben kann. Somit werden Situationen und Personen für die Leserinnen und Leser sehr gut nachvollziehbar, sodass sie sich gut in den Ich-Erzähler hineinversetzen können. In diesem Romanauszug erkennt man zudem sehr gut, dass Meyerhoff menschliche Fehler genau beobachtet und mit einer gehörigen Portion (Selbst-)Ironie darstellen kann. Im vorliegenden Auszug aus seinem autobiografischen Roman beschreibt er nämlich seine eigenen Schwächen, seine Selbstzweifel und seine vermeintliche Talentlosigkeit beim Singen.

3. Gründe für die Beliebtheit von Meyerhoffs Romanen

gute Nachvollziehbarkeit durch detaillierte, anschauliche Beschreibungen

menschliche Schwächen, Selbstironie

In der sich nun anschließenden argumentativen Aufgabe werden Gründe dargestellt, warum musische Schulfächer wichtig sind. Zu den musischen Fächern an den Schulen gehören zum einen Kunsterziehung, Werken und Musik und zum anderen auch viele Wahlfächer, z. B. Chor, Orchester oder Theater.

4. Erörterung

Überleitung

Gemeinsam haben all diese Fächer, dass sie Vermittler wichtiger Schlüsselqualifikationen sind, über die ein Mensch verfügen sollte und die Teil unserer Persönlichkeit sind. Denn diese Fähigkeiten haben sowohl im Berufsleben als auch in der privaten Lebensgestaltung eine große Bedeutung. Dazu gehören Kreativität und Fantasie, wie sie beispielsweise der Kunstunterricht fördert, oder Einfühlungsvermögen, aber auch Gemeinschafts- und Verantwortungsgefühl, die besonders im gemeinsamen Theaterspiel oder im Chor bzw. Orchester gefördert werden. Denn jede erfolgreiche Aufführung braucht den vollen Einsatz aller Beteiligten.

Argument 1: Vermittlung wichtiger Schlüsselqualifikationen

Musische Schulfächer besitzen jedoch auch eine große Bedeutung für die kulturelle Bildung. Gerade Kunst und Musik sind ein wichtiger Bestandteil jeder Kultur, da sich in diesen Kunstrichtungen gesellschaftliche Entwicklungen widerspiegeln. So zeigt die Kunst des Mittelalters beispielsweise deutlich, wie stark die Gesellschaft durch die Kirche geprägt war, da sich der Großteil der Kunstwerke mit religiösen Themen befasst. Mit den

Argument 2: Förderung der kulturellen Bildung

einzelnen Epochen der Musik, der Malerei oder der Baukunst lernen Kinder und Jugendliche demnach in der Schule die kulturellen Grundlagen kennen und verstehen – und zwar unabhängig davon, in welchem Lebensumfeld sie aufwachsen oder welche Interessen ihre Eltern haben.

Nicht nur für das Verständnis unserer eigenen Kultur spielen musische Fächer eine große Rolle, sondern auch bei der Entdeckung und Förderung von Begabungen. Ohne die Anregung, selbst zu malen und zu zeichnen oder Musik zu machen, würden viele von ihren Begabungen und Fähigkeiten gar nichts wissen. Da macht es keinen Unterschied, ob die Schüler*innen im Kunstunterricht ihre Freude am Zeichnen und ihr Talent dafür entdecken oder ob man im Musikunterricht merkt, dass man gerne singt, und von der Musiklehrkraft ermuntert wird, diese Fähigkeit im Wahlfach Chor zu vertiefen. Auf diese Weise können musische Fächer nicht nur Spaß machen, sondern auch die Persönlichkeit stärken, weil man sich etwas zutraut und Anerkennung erfährt.

Argument 3: Entdeckung und Förderung von Begabungen

Es klopfte an der Tür. Das muss also der neue Schüler Joachim sein, dachte ich mir. Das Klopfen war nicht fest, ohne Rhythmus. Es klang zu zögerlich für jemanden, der Spaß am Singen und Talent dafür hat. Die Tür ging auf und es erschien ein ansehnlicher junger Mann, der gar nicht mehr aufhören wollte, so groß wie er war. Etwas unbeholfen stand er vor mir. Ihm war der Termin bei mir offensichtlich alles andere als angenehm. Also musste ich ihn zunächst in ein lockeres und herzliches Gespräch verwickeln, um ihm die Angst zu nehmen. Ich merkte seine Angst sofort. Kaum zu glauben, bei dieser tollen Sprechstimme! Aber ich dachte mir, das bekommt die olle Köster, die alte Tonhebamme, schon hin. Da war ich mir sicher. Zuerst zeigte ich ihm daher, wie schön so ein glockenreiner Ton klingen kann. Er war fasziniert, das sah man ihm an. Und dann warf ich ihn ins kalte Wasser und schlug am Klavier ein G an. Was ich zu hören bekam, war das Gebrumme einer Hummel. Diese Hummel musste ich unbedingt aus seinem Klangkörper vertreiben und ich wusste auch, wie ich diese Brummblockade auflösen kann. Ich nahm den Ton des Klaviers auf, sang gegen das Brummen an, hob es hoch und immer höher, bis es voller und sicherer wurde. Begeistert konnte ich nur nicken und sang weiter. Seine Lunge füllte sich, der Luftstrom wurde mächtiger, sein Körper wurde zu einem Resonanzkörper. Die Stimmbänder schienen den Rost

5. Erzählung

erster Eindruck von Joachim

seine Angst vor dem Singen

erste zögerliche Gesangsversuche

der gesanglosen Jahre abzuschütteln und wurden hörbar geschmeidiger. Unsere Töne verschmolzen und wurden lauter. Ich breitete die Arme aus und hob die Hände. Dann brachte ich ihn schließlich dazu, es mir gleich zu tun. Und da stand er nun wie ein Tenor beim großen Finale und sang ein lupenreines G! Was für ein gigantisches G. Das Beste, das ich seit Langem in dieser winzigen Bude zu hören bekommen hatte. Er war noch überraschter als ich. Er stand plötzlich da, wie ein Häufchen Elend mit gesenktem Kopf, aber ich konnte seine Ergriffenheit spüren. Ich hatte große Lust, mit Joachim diese erste Gesangsstunde fortzusetzen. Und auch er, der als verängstigte Brummhummel vor wenigen Minuten hier bei mir aufgeschlagen war, wollte sofort begeistert weitermachen.

erfolgreich gesungener Ton

Begeisterung auf beiden Seiten

Dieser Romanauszug ist ein gutes und beeindruckendes Beispiel dafür, wie groß die Bedeutung einfühlsamer Lehrkräfte für die Entdeckung verborgener Talente ist. Der Schauspielschüler hatte den Bezug zum Singen verloren, erinnerte sich nur noch an schreckliche Erlebnisse in der Grundschulzeit. Dort ist der Autor offenbar gebeten worden, nicht mehr mitzusingen, möglicherweise auch von der Lehrerin oder dem Lehrer. Daher war er überzeugt, dass er kein Talent dafür besitzt. Dann begegnet er viele Jahre später seiner Gesangslehrerin. Ihr gelingt es bereits in der ersten Unterrichtsstunde, seine Blockade zu lösen, da sie die Ausgangslage sicher erkannt hat und sowohl über die menschlichen als auch künstlerischen Fähigkeiten verfügt, diese zu durchdringen. Einfühlungsvermögen, Verständnis und Begeisterungsfähigkeit spielen dabei, wie man an diesem Beispiel eindrucksvoll sehen kann, eine ganz entscheidende Rolle.

SCHLUSS

Einfluss guter Lehrkräfte beim Aufspüren verborgener Talente

Erschließen eines literarischen Textes

Übungsaufgabe 3

Text **Bertolt Brecht: „Die unwürdige Greisin" (1939)**

Meine Großmutter war zweiundsiebzig Jahre alt, als mein Großvater starb. Er hatte eine kleine Lithografenanstalt[1] in einem badischen Städtchen und arbeitete darin mit zwei, drei Gehilfen bis zu seinem Tod. Meine Großmutter besorgte ohne Magd den Haushalt, betreute das alte, wacklige Haus und kochte für die Mannsleute und Kinder.

Sie war eine kleine magere Frau mit lebhaften Eidechsenaugen, aber langsamer Sprechweise. Mit recht kärglichen Mitteln hatte sie fünf Kinder großgezogen – von den sieben, die sie geboren hatte. Davon war sie mit den Jahren kleiner geworden. Von den Kindern gingen die zwei Mädchen nach Amerika, und zwei der Söhne zogen ebenfalls weg. Nur der Jüngste, der eine schwache Gesundheit hatte, blieb im Städtchen. Er wurde Buchdrucker und legte sich eine viel zu große Familie zu.

So war sie allein im Haus, als mein Großvater gestorben war. Die Kinder schrieben sich Briefe über das Problem, was mit ihr zu geschehen hätte. Einer konnte ihr bei sich ein Heim anbieten, und der Buchdrucker wollte mit den Seinen zu ihr ins Haus ziehen. Aber die Greisin verhielt sich abweisend zu den Vorschlägen und wollte nur […] eine kleine geldliche Unterstützung annehmen. […] Die Kinder schrieben ihr, sie könne doch nicht ganz allein leben, aber als sie darauf überhaupt nicht einging, gaben sie nach und schickten ihr monatlich ein bisschen Geld. Schließlich, dachten sie, war ja der Buchdrucker im Städtchen geblieben. Der Buchdrucker übernahm es auch, seinen Geschwistern mitunter über die Mutter zu berichten. […]

Auf eine schriftliche Anfrage meines Vaters, was die alte Frau denn jetzt so mache, antwortete er ziemlich kurz, sie besuche das Kino. Man muss verstehen, dass das nichts Gewöhnliches war, jedenfalls nicht in den Augen ihrer Kinder. Das Kino war vor dreißig Jahren noch nicht, was es heute ist. Es handelte sich um elende, schlecht gelüftete Lokale, oft in alten Kegelbahnen eingerichtet, mit schreienden Plakaten vor dem Eingang, auf denen Morde und Tragödien der Leidenschaft angezeigt waren, eigentlich gingen nur Halbwüchsige hin oder, des Dunkels wegen, Liebespaare. Eine einzelne alte Frau musste dort sicher auffallen.

Und so war noch eine andere Seite dieses Kinobesuchs zu bedenken. Der Eintritt war gewiss billig, da aber das Vergnügen ungefähr unter den Schleckereien rangierte, bedeutete es „hinausgeworfenes Geld". Und Geld hinauszuwerfen, war nicht respektabel.

Dazu kam, dass meine Großmutter nicht nur mit ihrem Sohn am Ort keinen regelmäßigen Verkehr pflegte, sondern auch sonst niemanden von ihren Bekannten besuchte oder einlud. Sie ging niemals zu den Kaffeegesellschaften des Städtchens. Dafür besuchte sie häufig die Werkstatt eines Flickschusters[2] in einem armen und sogar etwas verrufenen Gässchen, in der, besonders nachmittags, allerlei nicht besonders respektable Existenzen herumsaßen, stellungslose Kellnerinnen und Handwerksburschen. Der Flickschuster war ein Mann in mittleren Jahren, der in der ganzen Welt herumgekommen war, ohne es zu etwas gebracht zu haben. Es hieß auch, dass er trank. Er war jedenfalls kein Verkehr für meine Großmutter. [...]

Etwa ein halbes Jahr nach dem Tod des Großvaters schrieb der Buchdrucker meinem Vater, dass die Mutter jetzt jeden zweiten Tag im Gasthof esse. Was für eine Nachricht! Großmutter, die Zeit ihres Lebens für ein Dutzend Menschen gekocht und immer nur die Reste aufgegessen hatte, aß jetzt im Gasthof! Was war in sie gefahren?

Bald darauf führte meinen Vater eine Geschäftsreise in die Nähe, und er besuchte seine Mutter.

Er traf sie im Begriffe, auszugehen. Sie nahm den Hut wieder ab und setzte ihm ein Glas Rotwein mit Zwieback vor. [...] Das Einzige, was auf ihr neues Leben hindeutete, war, dass sie nicht mit meinem Vater auf den Gottesacker[3] gehen wollte, das Grab ihres Mannes zu besuchen. „Du kannst allein hingehen", sagte sie beiläufig, „es ist das dritte von links in der elften Reihe. Ich muss noch wohin." Der Buchdrucker erklärte nachher, dass sie wahrscheinlich zu ihrem Flickschuster musste. [...]

Aber sie schien mit ihrem Familienleben abgeschlossen zu haben und neue Wege zu gehen, jetzt, wo ihr Leben sich neigte. Mein Vater, der eine gute Portion Humor besaß, fand sie „ganz munter" und sagte meinem Onkel, er solle die alte Frau machen lassen, was sie wolle. Aber was wollte sie?

Das Nächste, was berichtet wurde, war, dass sie eine Bregg[4] bestellt hatte und nach einem Ausflugsort gefahren war, an einem gewöhnlichen Donnerstag. [...] Einige wenige Male, wenn wir Enkelkinder zu Besuch gekommen waren, hatte Großvater die Bregg gemietet. Großmutter war immer zu Hause geblieben. Sie hatte es mit einer wegwerfenden Handbewegung abgelehnt, mitzukommen.

Und nach der Bregg kam die Reise nach K., einer größeren Stadt, etwa zwei Eisenbahnstunden entfernt. Dort war ein Pferderennen, und zu dem Pferderennen fuhr meine Großmutter.

Der Buchdrucker war jetzt durch und durch alarmiert. Er wollte einen Arzt hinzugezogen haben. Mein Vater schüttelte den Kopf, als er den Brief las, lehnte aber die Hinzuziehung eines Arztes ab.

Nach K. war meine Großmutter nicht allein gefahren. Sie hatte ein junges Mädchen mitgenommen, eine halb Schwachsinnige, wie der Buchdrucker schrieb, das Küchenmädchen des Gasthofs, in dem die Greisin jeden zweiten Tag speiste. Dieser „Krüppel" spielte von jetzt an eine Rolle.

Meine Großmutter schien einen Narren an ihr gefressen zu haben. Sie nahm sie mit ins Kino und zum Flickschuster, der sich übrigens als Sozialdemokrat herausgestellt hatte, und es ging das Gerücht, dass die beiden Frauen bei einem Glas Rotwein in der Küche Karten spielten. „Sie hat dem Krüppel jetzt einen Hut gekauft mit Rosen drauf", schrieb der Buchdrucker verzweifelt. „Und unsere Anna hat kein Kommunionskleid!"

Die Briefe meines Onkels wurden ganz hysterisch, handelten nur von der „unwürdigen Aufführung unserer lieben Mutter" und gaben sonst nichts mehr her. Das Weitere habe ich von meinem Vater.

Der Gastwirt hatte ihm mit Augenzwinkern zugeraunt: „Frau B. amüsiert sich ja jetzt, wie man hört."

In Wirklichkeit lebte meine Großmutter auch diese letzten Jahre keinesfalls üppig. Wenn sie nicht im Gasthof aß, nahm sie meist nur ein wenig Eierspeise zu sich, etwas Kaffee und vor allem ihren geliebten Zwieback. [...] Genau betrachtet, lebte sie hintereinander zwei Leben. Das eine, erste, als Tochter, als Frau und als Mutter und das zweite einfach als Frau B., eine alleinstehende Person ohne Verpflichtungen und mit bescheidenen, aber ausreichenden Mitteln. Das erste Leben dauerte etwa sechs Jahrzehnte, das zweite nicht mehr als zwei Jahre. [...] Sie starb ganz unvermittelt, an einem Herbstnachmittag in ihrem Schlafzimmer, aber nicht im Bett, sondern auf dem Holzstuhl am Fenster. Sie hatte den „Krüppel" für den Abend ins Kino eingeladen, und so war das Mädchen bei ihr, als sie starb. Sie war vierundsiebzig Jahre alt.

Ich habe eine Fotografie von ihr gesehen, die sie auf dem Totenbett zeigt und die für die Kinder angefertigt worden war. Man sieht ein winziges Gesichtchen mit vielen Falten und einem schmallippigen, aber breiten Mund. Viel Kleines, aber nichts Kleinliches. Sie hatte die langen Jahre der Knechtschaft und die kurzen Jahre der Freiheit ausgekostet und das Brot des Lebens aufgezehrt bis auf die letzten Brosamen[5].

Quelle: Bertolt Brecht: Kalendergeschichten. Gebrüder Weiss Verlag, Berlin 1949.
Der Originaltext wurde zu Prüfungszwecken gekürzt und an die neue Rechtschreibung angepasst.

Anmerkungen

1 Lithografenanstalt: Druckerei
2 Flickschuster: repariert und bessert Schuhe aus
3 Gottesacker: Friedhof
4 Bregg: großes, hochrädriges Pferdegefährt
5 Brosamen: Brotkrümel

Aufgabenstellung

Lesen Sie den Text sorgfältig durch und bearbeiten Sie dann die folgenden Aufgaben.

1. Fassen Sie den Inhalt des Textes mit eigenen Worten zusammen.
2. Charakterisieren Sie die Großmutter und gehen Sie dabei auf deren „zwei Leben" ein.
3. Untersuchen Sie die sprachliche Gestaltung des Textes.
4. 2012 ist das „Europäische Jahr des aktiven Alterns und der Solidarität zwischen den Generationen". Wie können Sie dazu beitragen, das Verhältnis zwischen Jung und Alt zu verbessern?
5. „Mein Vater, der eine gute Portion Humor besaß, fand sie ‚ganz munter' und sagte meinem Onkel, er solle die alte Frau machen lassen, was sie wolle." (Z. 59–61) Verfassen Sie einen Dialog zwischen den Brüdern.

Die Aufgaben stammen aus der Original-Abschlussprüfung 2012.

Lösungsvorschlag

TIPP **Bearbeitungshinweise**

EINLEITUNG

Neben der Darstellung der **Thematik des Textes** bietet sich hier auch ein **eigenständiger Einleitungsgedanke** an. In jedem Fall musst du die **Basisinformationen** zum Text nennen (Titel, Autor, Quelle, Thema). Möglichkeiten für einen eigenen Einleitungsgedanken sind z. B.:

- Beschreibung, wie du dir die Gestaltung des Lebens im Alter vorstellst
- Darstellung, dass man sein Leben im Alter aktiv gestalten kann (z. B. Reisen)
- Hinweis, dass die Menschen in Deutschland immer älter werden und so als „junge Alte“ diesen Lebensabschnitt nach eigenen Vorstellungen gestalten können, sofern sie durch ihre Rente finanziell gut abgesichert sind
- Aussagen zum Zusammenleben von Jung und Alt (gegenseitiges Profitieren)

HAUPTTEIL

1. Zusammenfassung des Inhalts

Eine Darstellung des Textaufbaus wird nicht verlangt. Für die Zusammenfassung des Inhalts ist dennoch eine Gliederung des Textes in Sinnabschnitte hilfreich. Es ist sinnvoll, für diese jeweils eine **Überschrift zu formulieren**, die erfasst, was in dem jeweiligen Absatz geschieht. Die Zusammenfassung sollte dann in eigenen Worten in zwei bis drei Sätzen pro Abschnitt geschehen.

2. Charakterisierung der Großmutter

Für die Beschreibung des Charakters der Großmutter während ihrer „zwei Leben“ musst du sowohl die Textstellen auswerten, die direkt etwas über ihre Persönlichkeitsmerkmale aussagen, als auch die, aus denen du entsprechende Eigenschaften ableiten kannst. Dabei soll vor allem die Gegensätzlichkeit der Charakterzüge der alten Frau in ihren zwei Leben herausgearbeitet werden. Die beiden Leben werden am Ende der Erzählung in den Zeilen 102/103 konkret benannt, nämlich die „Jahre der Knechtschaft“ und die „Jahre der Freiheit“.

3. Sprachliche Gestaltung des Textes

Ein wichtiger Bereich der Untersuchung ist die **Wortwahl**, also z. B. Auffälligkeiten bei bestimmten Wortarten oder die Verwendung von Wörtern, die auf die **Sprachebene** hinweisen (Fremdwörter, umgangssprachliche oder veraltete Ausdrücke). Schließlich ist auch auf **rhetorische Mittel** (z. B. Metapher) einzugehen.

Beim **Satzbau** kannst du nach verschiedenen **Satzarten** oder **Satzstrukturen** suchen (z. B. Satzgefüge) und deren Eigenschaften beschreiben. Beachte dabei auch die **Stilmittel des Satzbaus** (z. B. Ellipse).

Aussagen zum **Sprachstil** stellen immer eine zusammenfassende Wertung des Satzbaus und der Wortwahl dar bzw. sollen Eigenheiten des Stils benennen. Dabei musst du besonders auf die **Wirkung** achten und **Textbelege** nennen.

4. Erörterung

Nach einer genauen **Themaanalyse** machst du eine **kurze Stoffsammlung**. In der Regel genügen zwei bis drei ausführlich veranschaulichte **Argumente** (mit Begründung, Beispiel(en) und evtl. Folge/Wirkung). Halte die Sprache sachlich und verknüpfe deine Argumente sprachlich miteinander.
Mögliche Stichworte für die Stoffsammlung:

- Hilfe im Alltag
- Kontaktpflege durch Besuche
- Bereitschaft, ihnen zuzuhören
- Betreuung im Krankheitsfall
- Verständnis für die Probleme alter Menschen
- gemeinsame Freizeitaktivitäten

5. Dialog

Ein Dialog ist ein **Gespräch** zwischen zwei Menschen, in diesem Fall zwischen dem Buchdrucker und seinem Bruder. Zunächst solltest du die **Ausgangssituation** beider Personen klären und dir überlegen, in welcher Stimmung sie sich befinden und was sie erreichen möchten. Beide können sich z. B. über ihre Situation unterhalten oder nach Lösungen suchen. Als Zeitstufe verwendest du in der Regel das Präsens.
Bei der **sprachlichen Gestaltung** der Dialogbeiträge solltest du den Stil aufgreifen, der im Ursprungstext verwendet wird, und die Aussagen so formulieren, dass sie zur Sprache der Gesprächspartner passen (z. B. zu Alter, Beruf, Bildung, Gefühlslage der Figuren; zur Zeit, in der die Geschichte spielt). Die Aussagen orientieren sich am mündlichen Sprachgebrauch. Dazu gehören Fragen, Ausrufe, unvollständige oder verkürzte Sätze, Unterbrechungen usw. Bei einem Dialog kannst du an wichtigen Stellen Regieanweisungen (wie jemand spricht, wie sich jemand bewegt, was jemand in dem Augenblick tut) in Klammern nach dem Namen des Sprechenden angeben.
In einer Art **Stoffsammlung** solltest du den Ursprungstext auswerten und festhalten, wo etwas Grundlegendes über die beiden Brüder und ihre unterschiedlichen Positionen und Einstellungen zu ihrer Mutter zu finden ist. Dies ist dann die Ausgangsbasis für deinen Dialog.

SCHLUSS

Neben deiner **begründeten Meinung** zur vorliegenden Erzählung könnte dein Schlussteil auch auf **folgenden Gedanken** aufbauen:

- Beschreibung der Lebensgestaltung deiner Großeltern
- Möglichkeit, dass Jung und Alt viel voneinander lernen
- begründete Beurteilung des Verhaltens der Großmutter in der Erzählung
- bestehende Vorurteile gegenüber alten Menschen
- Kritik an gesellschaftlichen Konventionen, die die Freiheit der Einzelnen beschneiden

Aufsatzbeispiel

> **TIPP** **Hinweis zum Aufsatzbeispiel**
>
> Die **Angaben am Rand** sind nicht Bestandteil des Aufsatzes, sondern dienen nur deiner Orientierung hinsichtlich Inhalt und Aufbau.
> Es kann sein, dass sich die **Sprachanalyse** in der Prüfung auf einen bestimmten Textabschnitt bezieht. Das Aufsatzbeispiel stellt daher insbesondere bei der Sprachanalyse, aber auch bei anderen Teilaufgaben, sehr viele infrage kommende inhaltliche Aspekte dar. Für einen sehr guten Lösungsaufsatz reichen aber auch weniger Aspekte aus.

EINLEITUNG
Thematik des Textes, Basisinformationen zum Text

Eine alte Frau nimmt sich die Freiheit, nach dem Tod ihres Mannes ihr Leben nach ihren Wünschen zu gestalten. Viele Jahrzehnte lebte sie nur für die Familie und den Haushalt, nun nimmt sie sich die Freiheit, ihr neues Leben etwas zu genießen. Sie erlaubt sich kleine Vergnügungen wie Kinobesuche oder in den Gasthof essen zu gehen und kümmert sich nicht um die Vorstellungen anderer. Die Erzählung „Die unwürdige Greisin" stammt von Bertolt Brecht und ist den „Kalendergeschichten" entnommen, die 1949 erschienen sind.

HAUPTTEIL
1. Zusammenfassung des Inhalts

Die Großmutter des Erzählers ist 72 Jahre alt, als der Großvater stirbt. Sie hat sich ihr ganzes Leben für Haushalt und Familie aufgeopfert. Mit dem Tod ihres Mannes bleibt sie allein zurück, da vier der Kinder aus der Heimatstadt weggezogen sind und auch der jüngste Sohn nicht im Elternhaus wohnt. Die Kinder wollen sich auf unterschiedliche Weise um sie kümmern, doch die alte Frau lehnt alle Vorschläge ab, will allein bleiben und nur eine finanzielle Unterstützung annehmen. Die Großmutter leistet sich bescheidene Vergnügungen und baut Kontakte zu eher „zweifelhaften" Menschen auf. Die Kinder, besonders der jüngste Sohn, der die Geschwister über das Verhalten der Mutter in Briefen informiert, sind empört oder zumindest beunruhigt. Sie kommen nicht damit zurecht, dass sich ihre Mutter nun auch etwas gönnt. Ein Besuch des Vaters des Ich-Erzählers bei ihr vermittelt den Eindruck, dass sie mit dem Familienleben völlig abgeschlossen habe. Die Großmutter ist weiterhin aktiv und unternehmungslustig und kümmert sich um ein vom Sohn als „schwachsinnig" bezeichnetes Küchenmädchen. Als sie diesem auch noch Geschenke macht, ist die Familie endgültig aufgebracht. Überraschend stirbt die Großmutter nach zwei Jahren. Keines ihrer Kinder ist bei ihr, nur das Küchenmädchen. Auf einem Foto, das die Frau auf dem Totenbett zeigt, kann der Erzähler aus ihrem Gesicht die vielfältigen und harten Erfahrungen ihres Lebens ablesen.

2. Charakterisierung der Großmutter

Überleitung

Die beiden Leben der Großmutter werden am Ende der Erzählung in den Zeile 102/103 benannt, nämlich als „Jahre der Knechtschaft" und als „Jahre der Freiheit". Im Folgenden soll vor allem die Gegensätzlichkeit der Charakterzüge der alten Frau in ihren Lebensabschnitten herausgearbeitet werden.

erstes Leben: „Jahre der Knechtschaft"

Ihr erstes Leben dreht sich ausschließlich um die Familie. Sie besorgt allein ohne eine Magd den Haushalt (vgl. Z. 3–5). Darüber hinaus muss sie viel erdulden, beispielsweise den Tod zweier Kinder (vgl. Z. 7/8) und die Auswanderung bzw. den Wegzug von vier der fünf verbliebenen (vgl. Z. 9/10). Sie ist genügsam und sparsam, klagt nicht über die knappen Mittel (vgl. Z. 7) und isst immer nur die Reste, die von der Familie und den Druckereiangestellten übrig gelassen werden (vgl. Z. 46/47). Vergnügungen lehnt sie ab und bleibt immer zu Hause (vgl. Z. 65/66).

zweites Leben: „Jahre der Freiheit"

In ihrem zweiten Leben nach dem Tod ihres Ehemannes wird sie eigenwilliger und entscheidet frei nach ihren Bedürfnissen. Sie baut soziale Kontakte zu nicht standesgemäßen Menschen auf und nimmt nicht an Veranstaltungen teil, die sich für sie gehören würden. Sie widersetzt sich einer weiteren Vereinnahmung durch die Familie und scheint den Kontakt ganz zu meiden (vgl. Z. 16–19). Ihren Sohn schickt sie allein auf den Friedhof zum Grab seines Vaters (vgl. Z. 54). Gesellschaftliche Erwartungen ignoriert sie: „Sie ging niemals zu den Kaffeegesellschaften des Städtchens." (Z. 37) Sie achtet nicht auf Äußerliches und gesellschaftliche Übereinkünfte. Weder ist der Flickschuster, mit dem sie sich regelmäßig trifft, ein gesellschaftlich akzeptierter Umgang für sie (vgl. Z. 43), noch ist das Kino, das sie nun gerne besucht, ein Ort, an dem sich eine Frau wie sie aufhalten sollte (vgl. Z. 25–30). Sie setzt sich auch darüber hinweg, bestimmte verrufene Stadtviertel zu meiden (vgl. Z. 38–41). Die Seniorin ist unternehmungslustig und genießt ihre Freiheit, indem sie ins Kino geht (vgl. Z. 23/24), jeden zweiten Tag im Gasthof isst (vgl. Z. 44/45), eine Kutschfahrt organisiert (vgl. Z. 62/63) oder zum Pferderennen fährt (vgl. Z. 67–69). Auch zeigt sie sich hilfsbereit und sozial engagiert, indem sie sich um ein benachteiligtes Küchenmädchen kümmert und dieses unter anderem ins

Kino mitnimmt (vgl. Z. 77/78). In diesem zweiten Lebensabschnitt stellt die alte Frau ihre Bedürfnisse in den Mittelpunkt, ohne verschwenderisch zu sein (vgl. Z. 88).

3. Sprachliche Gestaltung des Textes

Wortwahl: veraltete, umgangssprachliche Ausdrücke

Mit der Beschreibung von Auffälligkeiten in der Wortwahl beginnt nun die sprachliche Analyse der Erzählung. Mit veralteten und zum Teil umgangssprachlichen Ausdrücken (z. B. „Lithografenanstalt", Z. 2; „Mannsleute", Z. 4/5; „Schleckereien", Z. 32; „Flickschuster", Z. 38, Z. 41; „Gottesacker", Z. 53) wird eine lebensnahe und authentische Darstellung der kleinstädtischen Situation am Beginn des letzten Jahrhunderts erreicht.

Verkleinerungen

Ähnlich wirken auch einige Verkleinerungen (Diminutive), wie zum Beispiel „Städtchen" (Z. 2, Z. 37), „Gässchen" (Z. 39), „Gesichtchen" (Z. 100).

anschauliche Adjektive und Partizipien

Anschauliche Adjektive und Partizipien verstärken die genaue und lebendige Beschreibung der Lebensumstände der alten Frau. Belege hierfür sind Bezeichnungen wie „wacklige[s] Haus" (Z. 4), „magere Frau" (Z. 6), „elende, schlecht gelüftete Lokale" (Z. 26/27), „schreienden Plakaten" (Z. 27/28), „hinausgeworfenes Geld" (Z. 33).

Fremdwörter

Fremdwörter treten vor allem bei der Beurteilung des Verhaltens der Großmutter auf. Sie besitzen eine ironische Wirkung im Gegensatz zum ansonsten einfachen Erzählstil und könnten als Kritik an der spießigen Einstellung der Menschen interpretiert werden, indem sie Formulierungen der Gesellschaft aufgreifen („rangierte", Z. 32/33; „respektabel", Z. 34, Z. 40; „Existenzen", Z. 40; „hysterisch", Z. 83; „amüsiert", Z. 86).

Berufs- und Verwandtschaftsbezeichnungen statt Namen

Namen kommen in der Erzählung nicht vor. An ihre Stelle treten Berufs- und Verwandtschaftsbezeichnungen wie „Buchdrucker" (Z. 15, Z. 20, Z. 21), „Flickschuster" (Z. 38, Z. 41, Z. 56), „Großmutter", „Großvater", „Kinder", „Mutter" (unter anderem Z. 1, Z. 13, Z. 21). Dadurch werden die Personen recht oberflächlich beschrieben, indem sie auf ein Rollenmerkmal reduziert werden. Das Gleiche gilt für die abwertenden Bezeichnungen „Krüppel" (Z. 76, Z. 80, Z. 96) und „halb Schwachsinnige" (Z. 74), die zusätzlich noch als Beleg einer menschenverachtenden Haltung dienen und auch als Kritik daran zu verstehen sind.

Redewendung

Die Redewendung „einen Narren an ihr gefressen" (Z. 77) verstärkt den volkstümlichen Charakter der Erzählung.

Metapher

Diese wird mit einer Metapher abgeschlossen („Brot des Lebens aufgezehrt", Z. 103), die ein starkes und anschauliches Bild der Lebenseinstellung der alten Frau entwirft.

Beim Satzbau fallen an mehreren Stellen (z. B. Z. 26–30, Z. 38–41) lange verschachtelte Sätze auf, die zur Darstellung der vielschichtigen gesellschaftlichen Vorgaben dienen, etwa der Bewertung von Kinobesuchen oder des Besuchs „verrufene[r] Gässchen“ (Z. 39). Die Einleitung von Sätzen mit den Konjunktionen „aber“ (z. B. Z. 16, Z. 18) oder „dafür“ (Z. 38) und die häufige Verwendung von „und“ sind typisch für einen mündlichen Erzählstil. Dies ist erst recht der Fall, wenn die Konjunktion „und“ am Satzanfang steht, wie in den Zeilen 31, 33, 67 und 81. Einige Ausrufe („Was für eine Nachricht!“, Z. 45/46; „Und unsere Anna hat kein Kommunionskleid!“, Z. 81/82) sollen die Empörung der Verwandtschaft darstellen. Vor dem Hintergrund des Geschehens wirken sie ironisch. Fragesätze und rhetorische Fragen, zum Beispiel in den Zeilen 47/48 und 61, beziehen die Leser*innen mit ein und wirken wie eine scheinbare Übernahme dieser Empörung durch den Erzähler. An einigen Stellen kommt schließlich wörtliche Rede zum Einsatz, wenn es darum geht, einen direkten Bezug zu den Personen herzustellen und ihren Charakter zu beschreiben. Dies geschieht bei der trockenen und distanzierten Schilderung der Lage der Grabstätte durch die alte Frau (vgl. Z. 54/55) oder im verzweifelten Brief des Buchdruckers an seine Geschwister (vgl. Z. 80–82).

Satzbau: lange, verschachtelte Sätze

häufige Verwendung von Konjunktionen, auch zur Einleitung von Sätzen

Ausrufe

Fragesätze und rhetorische Fragen

wörtliche Rede

Zusammenfassend ist festzustellen, dass der Text weitgehend von einem mündlichen Erzählstil geprägt und in einfacher, aber anschaulicher Sprache verfasst ist. Bei den handelnden Personen wird auf genaue Angaben, z. B. Namen, verzichtet. An einigen Stellen werden wertende Aussagen getroffen, etwa wenn es heißt, dass sich der jüngste Sohn eine viel zu große Familie zugelegt habe (Z. 11/12).

Erzählstil: mündlicher Stil

einfache, aber anschauliche Sprache

wertende Aussagen

2012 war das „Europäische Jahr des aktiven Alterns und der Solidarität zwischen den Generationen“. Angesichts der immer älter werdenden Gesellschaft sollte man sich heute noch mehr als damals die Frage stellen, wie man das Verhältnis zwischen Jung und Alt verbessern kann.

4. Erörterung

Einleitung mit Themafrage

Eine sehr naheliegende Möglichkeit, das Verhältnis zwischen Jung und Alt zu verbessern, ist es, Hilfe im Alltag anzubieten. Für nicht wenige ältere Menschen sind verschiedene Tätigkeiten im Haushalt nur mit Mühe zu erledigen. So könnte man beispielsweise den Großeltern oder bekannten Seniorinnen und Se-

Argument 1: Hilfe im Alltag

nioren beim Einkaufen helfen oder bei schwereren Haushaltstätigkeiten, z. B. beim Wäsche aufhängen. Auch Hilfe bei der Gartenarbeit ist sicherlich gern gesehen. Zudem könnte die junge Generation dazu beitragen, dass alte Menschen mit den technischen Neuerungen besser zurechtkommen und zum Beispiel lernen, mit einem Mobiltelefon umzugehen, das im Notfall wichtig sein kann, um Hilfe holen zu können. Ein bedeutender Nebeneffekt einer solchen Hilfe ist auch, dass man wieder mehr zueinander in Kontakt kommt, mehr miteinander spricht und so auch als junger Mensch von den Erfahrungen der älteren Generation profitieren kann.

Argument 2: Gemeinsame Freizeitaktivitäten

Der Kontakt zwischen den Generationen sollte aber nicht nur aus Hilfeleistungen, sondern auch aus gemeinsamen Freizeitaktivitäten bestehen. Dies ist eine besonders gute Möglichkeit, das Verhältnis zueinander zu verbessern, da die positiven Erlebnisse und die gemeinsamen Erinnerungen daran Nähe zwischen allen Beteiligten schaffen. Wenn die Großeltern noch gesund genug dafür sind, könnte man sie beispielsweise in den Familienurlaub oder auf eine Wanderung mitnehmen. Es gibt aber auch zahlreiche Freizeitaktivitäten, die körperlich nicht so anstrengend sind. Ein Besuch im Kino, Tierpark oder Botanischen Garten ist meistens sogar mit einem Rollstuhl möglich.

Schluss

Allein an diesen beiden Beispielen sieht man, dass es viele unterschiedliche Möglichkeiten gibt, das Verhältnis zwischen Jung und Alt zu verbessern. Wenn man also etwas zur Verbesserung beitragen will, muss man sich nur eine davon aussuchen und sie entsprechend umsetzen.

5. Dialog

Buchdrucker lehnt das Verhalten der Mutter schärfstens ab

BUCHDRUCKER *(verächtlich)*: Na, erzähl, wie war dein Besuch bei unserer lieben Mutter? Wofür müssen wir uns neuerdings schämen?

BRUDER *(gelassen)*: Ich fand sie ganz munter und zufrieden vor. Soll sie doch ihr Leben jetzt so gestalten, wie sie es will.

hat kein Verständnis dafür, dass die alte Frau Geld ausgibt

BUCHDRUCKER *(aufgebracht)*: Ja, ja, mit unserem Geld!

BRUDER: Meinst du nicht, dass sie sich das verdient hat? Schließlich hat sie ihr Leben lang geschuftet und auf alles verzichtet, nur um uns und die Lithografenanstalt durchzubringen.

schämt sich für das Verhalten der Mutter

BUCHDRUCKER *(lauter werdend)*: Nein, meine ich nicht … solange sie sich und uns zum Gespött der Leute macht, solange sie ungehörige Dinge tut … pah, eine alte Frau im Kino! Und dann dieses Gesindel, mit dem sie sich abgibt! Jetzt sag schon, was sie wieder alles getrieben hat!

BRUDER *(beschwichtigend)*: Du übertreibst, sie schadet doch niemandem. Als ich sie besuchte, wollte sie gerade ausgehen …

BUCHDRUCKER: Was, ausgehen? Wenn ein Sohn sie besucht?! Siehst du, völlig unmöglich, respektlos!

BRUDER *(ruhig)*: Jetzt beruhige dich doch, sonst erzähle ich dir gar nichts mehr. Ich war schließlich nicht angemeldet und du kannst von niemandem verlangen, dass er zu Hause sitzt und wartet, bis mal jemand zu Besuch kommt. Du wohnst nur ein paar Gassen weiter und warst schon ewig nicht mehr dort!

BUCHDRUCKER *(trotzig)*: Weil ich mich schäme, bei ihr gesehen zu werden. Weil die Leute über sie reden.

BRUDER *(zunehmend gereizt)*: Jetzt hör mal auf mit deinem Gejammere und nimm es mit mehr Humor. Wir haben Rotwein getrunken und …

Bruder nimmt es mit Humor

BUCHDRUCKER *(triumphierend)*: Na bitte, sag ich es doch, Rotwein am helllichten Tag! Wie ihr guter Bekannter, der nichtsnutzige Flickschuster!

BRUDER *(lauter werdend)*: Unterbrich mich nicht mehr, mit keinem Wort, sonst erzähl ich nichts mehr. Vielleicht wäre das sogar besser, dann musst du dich nicht mehr so künstlich aufregen … Mutter und ich haben ihren geliebten Zwieback gegessen und sie erzählte mir, wie sehr sie es genieße, nicht mehr kochen zu müssen und sich stattdessen im Gasthof bedienen lassen zu können.

BUCHDRUCKER *(empört)*: Sich bedienen lassen! Gehört sich das für eine alte Frau? Was meinst du, was ich mir alles anhören muss in der Stadt!

BRUDER *(resignierend)*: Du musst dir gar nichts anhören. Gönn' unserer Mutter diese kleinen Freiheiten und sei ein bisschen gelassener, es ist ihr Leben.

BUCHDRUCKER *(schimpfend)*: Aber ich muss mich dafür schämen! Du wirst es schon noch sehen, sie bringt noch alles durch! Sie amüsiert sich doch auf unsere Kosten! Ich werde nicht tatenlos zusehen, vielleicht muss ich doch den Arzt zu ihr schicken.

BRUDER: Tu, was du für richtig hältst …

Bruder gibt resigniert nach

Jung und Alt können viel voneinander lernen und dadurch gegenseitig voneinander profitieren. Die Lebenserfahrung alter Menschen kann für die junge Generation ein großer Schatz sein. Ältere Menschen haben sich ein Leben lang erfolgreich im Beruf bewährt und können hieraus wichtige Erfahrungswerte und Erfolgsvoraussetzungen an die Jungen weitergeben. Außerdem haben die „Alten“ in ihrem Leben verschiedenste Krisen bewältigt, sei es im zwischenmenschlichen Bereich oder bei Krankheiten. Diese Erfahrungen können eine große Hilfe bei der Bewältigung eigener Probleme sein. Die Jungen können ihrerseits einen wertvollen Beitrag dazu leisten, dass die ältere Generation „jung“ bleibt und sich nicht aufs Abstellgleis abgeschoben fühlt. So können wir ältere Menschen an unserem Leben teilhaben lassen oder ihnen zum Beispiel die Möglichkeiten neuer elektronischer Kommunikationsformen näherbringen.

SCHLUSS

Möglichkeit, dass Jung und Alt viel voneinander lernen

MUSTERAUFGABEN

DES ISB BAYERN

Informationen des ISB Bayern

Weiterentwicklung der schriftlichen Abschlussprüfung im Fach Deutsch ab dem Schuljahr 2022/23

Ab dem Schuljahr 2022/23 wird den Schülerinnen und Schülern in der schriftlichen Abschlussprüfung aus den folgenden **drei Aufgabenbereichen** jeweils ein Thema zur Auswahl gestellt:

I. Materialgestütztes Argumentieren
II. Erschließen eines pragmatischen Textes
III. Erschließen eines literarischen Textes

Die Schülerinnen und Schüler bearbeiten das ausgewählte Thema in der zur Verfügung stehenden Arbeitszeit von 240 Minuten. Als Hilfsmittel ist ein Rechtschreibwörterbuch zugelassen.

Das Prüfungsbeispiel soll die weiterentwickelte Konzeption lediglich exemplarisch veranschaulichen. Es versteht sich von selbst, dass die konkrete Ausgestaltung der Aufgabenbereiche sowie Aufgabenstellungen und -formulierungen variabel sind.

Zu I. Materialgestütztes Argumentieren

In diesem Aufgabenbereich erörtern die Schülerinnen und Schüler sachlich fundiert und überzeugend ein Thema mithilfe unterschiedlicher vorgegebener Materialien (z. B. umfangreichere Auszüge aus journalistischen Texten, Büchern, Internetseiten, Schaubilder, Diagramme), die auf drei Seiten dargeboten werden, und beziehen dabei auch ihr eigenes Wissen sowie eigene Erfahrungen mit ein.
Die Anfertigung einer gesonderten Gliederung ist erforderlich.

Zu II. Erschließen eines pragmatischen Textes

In diesem Aufgabenbereich setzen sich die Schülerinnen und Schüler mit einem pragmatischen Text (z. B. Bericht, Reportage, Kommentar, Glosse) auseinander, den sie anhand von fünf Aufgabenstellungen erschließen:

1. **Inhaltszusammenfassung unter Berücksichtigung des Aufbaus des Textes**
2. **Untersuchen und Reflektieren der Sprache des Textes**
   Dies kann mit Blick auf den gesamten Text, einen bestimmten Textabschnitt, eine vorgegebene Anzahl sprachlicher Mittel/Auffälligkeiten oder ausgehend von einer vorgegebenen These (z. B.: „Jemand behauptet, der Verfasser schreibe in einer sehr anspruchsvollen Sprache. Welche Textbelege lassen sich für und welche gegen diese Behauptung anführen? Gehen Sie dabei auch auf die Wirkung der jeweiligen sprachlichen Mittel ein.") erfolgen.

3. **Erschließen einer weiteren Besonderheit des Textes (z. B. Textsorte, mögliche Verfasserabsichten, Zielgruppen)**
   Um dem Besonderen des jeweiligen Textes gerecht zu werden, können Aufgabenstellungen dabei einen entsprechend textspezifischen Zuschnitt erhalten oder auch verschiedene Aspekte kombinieren (z. B.: „Weisen Sie nach, dass es sich um einen subjektiven, meinungsbetonten Text handelt. Berücksichtigen Sie dabei auch die möglichen Absichten des Verfassers.“ / „Was spricht dafür, den Text als Reportage einzuordnen, was dagegen? Begründen Sie.“).
4. **Begründete Stellungnahme (ca. 250 Wörter) zu einer Aussage des Textes oder einer Frage- bzw. Problemstellung, die der Text aufwirft**
5. **„Offenerer“ Schreibauftrag zum Text bzw. dessen Thematik**
   Zu den entsprechenden Schreibformen zählen insbesondere: erzählen, schildern, einen inneren Monolog verfassen, einen Tagebucheintrag verfassen, einen persönlichen Brief schreiben, einen Dialog schreiben.

Zu III. Erschließen eines literarischen Textes

In diesem Aufgabenbereich setzen sich die Schülerinnen und Schüler mit einem literarischen Text (z. B. Kurzgeschichte, Auszug aus einem Roman, einer Novelle, einer Erzählung, satirischer Text) auseinander, den sie anhand von fünf Aufgabenstellungen erschließen:

1. **Inhaltszusammenfassung**
2. **Untersuchen und Reflektieren der Sprache des Textes**
   Dies kann mit Blick auf den gesamten Text, einen bestimmten Textabschnitt, eine vorgegebene Anzahl sprachlicher Mittel/Auffälligkeiten oder ausgehend von einer vorgegebenen These (z. B.: „Der Autor schreibt in einem auffällig schildernden Stil. Beschreiben Sie die entsprechenden sprachlichen Mittel und deren Wirkung.“) erfolgen.
3. **Erschließen einer weiteren Besonderheit des Textes (z. B. Figurencharakterisierung, Textsorte, Zusammenhang zwischen Text, Entstehungszeit und Autorenbiografie)**
   Um dem Besonderen des jeweiligen Textes gerecht zu werden, können Aufgabenstellungen auch einen entsprechend textspezifischen Zuschnitt erhalten oder verschiedene Aspekte kombinieren (z. B.: „Der Romanauszug spielt in der Nachkriegszeit. Überprüfen Sie diese Aussage und erläutern Sie Ihr Ergebnis anhand entsprechender Textstellen.“ / „Der Autor erhielt für seine Romanreihe verschiedene Preise, unter anderem einen Schülerliteraturpreis. Erläutern Sie anhand dieses Auszugs, weshalb seine Romane so beliebt sind.“).
4. **Begründete Stellungnahme (ca. 250 Wörter) zu einer Aussage des Textes oder einer Frage- bzw. Problemstellung, die der Text aufwirft**

5. „Offenerer" Schreibauftrag zum Text bzw. dessen Thematik

Zu den entsprechenden Schreibformen zählen insbesondere: erzählen (z. B. eine Leerstelle füllen, einen Text fortsetzen, aus einer anderen Perspektive erzählen), schildern, einen inneren Monolog verfassen, einen Tagebucheintrag verfassen, einen persönlichen Brief schreiben, einen Dialog schreiben.

In den Aufgabenbereichen II und III ist die Anfertigung einer gesonderten Gliederung **nicht** erforderlich.

In allen drei Aufgabenbereichen gehören selbstverständlich auch eine **Einleitung und ein Schluss** zum Textganzen.

Thema 1
Materialgestütztes Argumentieren

Erörtern Sie mögliche Ursachen für mangelnde Zivilcourage in unserer Gesellschaft und zeigen Sie auf, wie Zivilcourage bei jungen Menschen gefördert werden kann.

Beziehen Sie die beigefügten Materialien sowie eigenes Wissen und eigene Erfahrungen sinnvoll in Ihre Argumentation ein. Wenn Sie Informationen aus den Materialien wörtlich oder sinngemäß übernehmen, müssen Sie dies in Ihrem Aufsatz angeben.

Material 1 **Medienmeldung vom 11. 04. 2018**

Hohe Auszeichnung für Nicklas Neubauer

Bad Kötzting. Ministerpräsident Markus Söder hat am Mittwoch die Bayerische Rettungsmedaille und Christophorus-Medaille in München verliehen. Er sagte: „Bayern dankt seinen Rettern für ihren selbstlosen Einsatz in größter Not, ihre Mitmenschlichkeit ist Vorbild für uns alle.“ Die Bayerische Rettungsmedaille wurde an 45 Lebensretter vergeben. Außerdem überreichte Söder an 54 Personen die Christophorus-Medaille. Einer davon war der 20-jährige Nicklas Neubauer. Er wurde Zeuge einer handgreiflichen Auseinandersetzung zweier Gruppen bei einer Diskothek in Bad Kötzting, wobei ein Mann zu Boden fiel und von einem anderen attackiert wurde. Neubauer forderte den Angreifer auf, damit aufzuhören, und wurde selbst von einem anderen Mann bewusstlos geschlagen.

Lob gab es auch von Landrat Franz Löffler: „Ihr selbstloser Einsatz ist ein herausragendes Beispiel für Zivilcourage und Verantwortungsbewusstsein“, heißt es in einer Pressemitteilung des Landratsamtes.

Quelle: Hohe Auszeichnung für Nicklas Neubauer, Mittelbayerische Zeitung vom 11. 04. 2018, Bayerische Staatskanzlei, www.mittelbayerische.de/region/cham-nachrichten/hohe-auszeichnung-fuer-nicklas-neubauer-20909-art1636127.html

Material 2 aus einem Handbuch zur Gewaltprävention

Wie reagiere ich selbst eigentlich, wenn ...

- ► negative Vorurteile über andere verbreitet werden?
- ► eine Schülerin/ein Schüler bloßgestellt wird?
- ► ausländerfeindliche Witze erzählt werden?
- ► ein Erwachsener ein Kind schlägt?
- ► in einer Gruppe über Abwesende herabsetzend geredet wird?
- ► rechtsextreme Parolen verbreitet werden?
- ► ein Tier gequält wird?
- ► Andersdenkende beleidigt werden?

Quelle: Günther Gugel: Handbuch Gewaltprävention I, Tübingen 2010

Material 3 aus der Ankündigung einer Radiosendung vom 18. 09. 2017 zum Thema Zivilcourage

Warum aber geschieht es immer wieder, dass „Hilfeleistung unterlassen" wird, dass Passanten nichts sehen oder nichts sehen wollen? Über diese Fragen hat die Autorin Jeannette Hagen ein Buch geschrieben: „Die leblose Gesellschaft" – Untertitel: „Warum wir nicht mehr fühlen können".

„Ich glaube, dass ein Hauptgrund ist, dass unsere Aufmerksamkeitsschwelle mittlerweile so weit verschoben ist, dass wir viele Dinge überhaupt nicht mehr an uns ranlassen – vieles ist völlig normal geworden, es ist ‚normal', dass Obdachlose auf der Straße liegen; es ist ‚normal', dass Flüchtlinge im Mittelmeer ertrinken. Das löst bei vielen überhaupt keine Emotionen mehr aus. Anderen sind die Gefühle regelrecht abtrainiert worden – wir kennen das aus der Erziehung, wir haben alle Sätze gehört wie: ‚Hab dich nicht so!' Es ist in unserer Gesellschaft nicht cool, Gefühle zu zeigen." (Jeannette Hagen)

Quelle: Jeannette Hagen: Zivilcourage, BR vom 18. 09. 2017

Material 4 **aus einem Interview mit dem Münchener Sozialpsychologen Dieter Frey**

ZDF: Worin unterscheidet sich Zivilcourage von einer Hilfeleistung?
Frey: Bei einer Hilfeleistung krieg ich positives Feedback von der ganzen Umgebung. Ich helfe einem Nachbarn oder einem Kranken, unterstütze mit Geld und alle sagen „prima“. Bei der Zivilcourage ist das anders: Da gibt es einen Täter, der Unrecht tut, und es gibt ein Opfer und viele Menschen, die wegschauen. In einem solchen Fall ist es notwendig, dass ich aktiv werde, indem ich das Opfer schütze, den Täter möglicherweise neutralisiere und es der Polizei melde. Und das ist auch gefährlich. Oft bin ich in einer Minderheitsposition und bekomme nicht unbedingt Beifall für meinen Einsatz. Die Kunst ist nun, den Mut aufzubringen, da einzuschreiten.

ZDF: Wie kann man eine solche Bereitschaft stärken?
Frey: Indem man Menschen vermittelt, jeder ist dazu fähig und jeder sollte es auch machen. Dazu muss man Wissen transportieren und dieses auch in Rollenspielen veranschaulichen, beispielsweise wie geht man mit ausländerfeindlichen Äußerungen oder Mobbing am Arbeitsplatz um.

ZDF: Ist Zivilcourage also lernbar?
Frey: Aufgrund unserer Forschung eindeutig. Man braucht ein Grundwissen, was man tun könnte, was man tun sollte und was man auf keinen Fall tun sollte. Zum zweiten, wenn man dieses Wissen hat, muss man dieses üben, um Handlungskompetenzen zu erwerben. Solche Automatismen kann jeder lernen. Natürlich werden es eher Menschen lernen, die gleichzeitig ein Verantwortungsgefühl haben. Aber das Hochinteressante ist, wenn man Wissen und Handlungskompetenzen vermittelt, erhöht sich auch das Verantwortungsgefühl, bei Verletzung der Menschenwürde tatsächlich einzuschreiten.

ZDF: Warum sind wir auf Zivilcourage im Alltag angewiesen?
Frey: Ob vor Gericht, in Betrieben oder in der Familie: Es ist wichtig, dass engagierte Bürger ein wachsames Auge haben, wo Menschenwürde verletzt wird, und die dann einschreiten. Eine Demokratie ist auf Dauer nicht aufrechtzuerhalten, wenn wir nicht einen gewissen Prozentsatz solcher Menschen haben.

Quelle: Dieter Frey: Zivilcourage, ZDF.de

Material 5 **Gedicht**

Gründe

„Weil das alles nicht hilft
Sie tun ja doch was sie wollen
Weil ich mir nicht nochmals
die Finger verbrennen will
Weil man nur lachen wird:
Auf dich haben sie gewartet
Und warum immer ich?
Keiner wird es mir danken
Weil da niemand mehr durchsieht
sondern höchstens noch mehr kaputtgeht
Weil jedes Schlechte
vielleicht auch sein Gutes hat
Weil es Sache des Standpunktes ist
und überhaupt wem soll man glauben?
Weil auch bei den anderen nur
mit Wasser gekocht wird
Weil ich das lieber
Berufeneren überlasse
Weil man nie weiß
wie einem das schaden kann
Weil sich die Mühe nicht lohnt
weil sie alle das gar nicht wert sind“
Das sind Todesursachen
zu schreiben auf unsere Gräber
die nicht mehr gegraben werden
wenn das die Ursachen sind

Erich Fried (1921–1988)

Material 6 Zeichnung

Quelle: © Jan Reiser

Material 7 aus dem Strafgesetzbuch

§ 323c – Unterlassene Hilfeleistung
Wer bei Unglücksfällen oder gemeiner Gefahr oder Not nicht Hilfe leistet, obwohl dies erforderlich und ihm den Umständen nach zuzumuten, insbesondere ohne erhebliche eigene Gefahr und ohne Verletzung anderer wichtiger Pflichten möglich ist, wird mit Freiheitsstrafe bis zu einem Jahr oder mit Geldstrafe bestraft.

Material 8 Ergebnisse psychologischer Forschung

Helfen oder nicht?

Am 27. März 1964 druckte die New York Times einen der erschreckendsten Artikel in ihrer 155-jährigen Geschichte. Er begann mit dem Satz: „Mehr als eine halbe Stunde lang schauten 38 achtbare, gesetzestreue Bürger in Queens zu, wie ein Mörder eine Frau in Kew Gardens belästigte und auf sie einstach.“ Die Frau hieß Kitty Genovese. Sie war 28 Jahre alt und starb in dieser Nacht. Nach den Gründen für die Passivität befragt, gab einer später zu Protokoll: „Ich wollte da nicht hineingezogen werden.“

Die beiden Psychologen John Darley und Bibb Latané wollten es genauer wissen: Waren diese Zuschauer alle schlechte Menschen, Monster? Was ist die Ursache für die Untätigkeit? Sie untersuchten Ende der 60er-Jahre die Prozesse, die ablaufen, wenn Menschen mit Notsituationen konfrontiert werden:

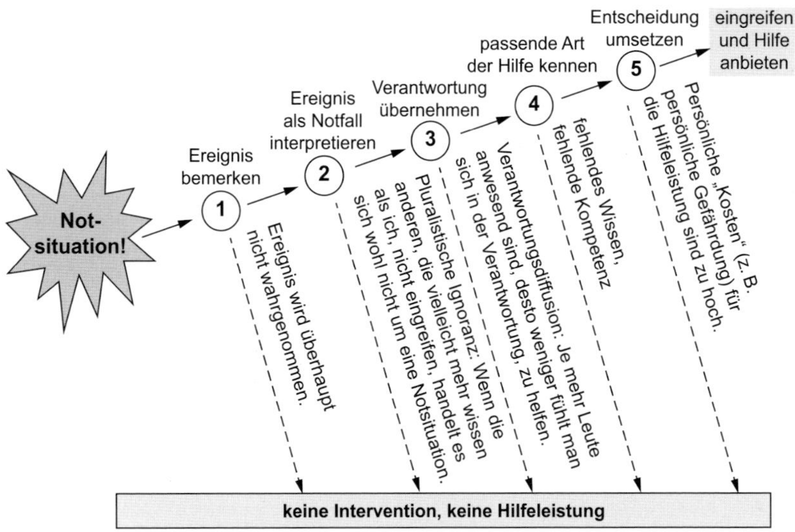

Quelle: hda: Wenn Forscher Crash-Test-Dummy spielen, SPIEGEL vom 10. 06. 2009, www.spiegel.de/wissenschaft/mensch/verrueckte-experimente-wenn-forscher-crash-test-dummy-spielen-a-627702.html
Grafik: eigene Darstellung nach: www.hasen.esslingen.de

Material 9 aus einer Linksammlung zum Thema Zivilcourage

step21
Initiative für Toleranz und Verantwortung

Mit seinem medienpädagogischen Programm bestärkt step21 seit mehr als zehn Jahren Kinder und Jugendliche darin, Selbstbewusstsein und Rückgrat zu entwickeln, um gegen Unrecht, Diskriminierung und Gewalt aufzustehen und als Vorbild in unserer Gesellschaft zu wirken. Kernelement sind Medienboxen sowie regionale, bundesweite und internationale Projekte, Aktionen und Begegnungen.

Schule ohne Rassismus – Schule mit Courage

ist ein Projekt des Vereins Aktion Courage e.V. Mindestens 70 Prozent aller Personen, die an einer solchen Schule lernen und arbeiten, erklären sich bereit, dass sie eingreifen, wenn an ihrer Schule Gewalt, diskriminierende Äußerungen oder Handlungen ausgeübt werden, und dass sie sich dafür einsetzen, in einer offenen Auseinandersetzung mit diesem Problem gemeinsam Wege zu finden, sich respektvoll zu begegnen.

Quelle: nach: step21 – Initiative für Toleranz und Verantwortung Jugend fordert! gGmbH; Logo: © Stiftung Jugend fordert! step21; nach: Schule-ohne-Rassismus.org; Logo: Schule ohne Rassismus – Schule mit Courage

Lösungsvorschlag

TIPP **Bearbeitungshinweise**

Erschließung des Themas

Bei dieser Aufgabe steht der Themabegriff „Zivilcourage“ im Mittelpunkt. Eingeschränkt wird er durch das Attribut „mangelnd“ und durch „in unserer Gesellschaft“, wobei dies eigentlich eine starke Ausweitung darstellt, da die Gesellschaft etwas sehr Vielschichtiges ist. Der erste Erörterungsauftrag fragt nach den Ursachen mangelnder Zivilcourage in der Gesellschaft. Im zweiten Teil sollst du Möglichkeiten aufzeigen, wie Zivilcourage bei jungen Menschen gefördert werden kann.

Themabegriff	Zivilcourage
Einschränkung	mangelnde, in unserer Gesellschaft
Präzisierung	mögliche Ursachen dafür; Maßnahmen der Förderung bei jungen Menschen
Erörterungsauftrag zweigliedrig	1. Worin liegen mögliche Ursachen für mangelnde Zivilcourage in unserer Gesellschaft? 2. Mit welchen Maßnahmen kann sie bei jungen Menschen gefördert werden?

Eine genaue Auseinandersetzung mit dem vorgegebenen Material ist wesentlicher Teil der Stoffsammlung. Dabei ist es wichtig, zu überlegen, welche Informationen du für welchen Bereich deines Aufsatzes verwenden kannst.

Überlegungen zur Einleitung und zum Schluss

Überprüfe das Material auf seine Verwendbarkeit für einen sinnvollen Einleitungs- oder Schlussgedanken oder greife auf **eigene Erfahrungen** zurück, die du z. B. in der Schule gemacht hast. Es ist auch eine Kombination aus mehreren Materialaussagen möglich. Achte darauf, dass du in der Einleitung **keine Gründe vorwegnimmst**. Vielleicht besitzt du eigene Erfahrungen zum Thema aus dem Schulleben, dann nenne die Maßnahmen, die euch helfen sollen, Zivilcourage zu lernen. Auch eigene Erlebnisse mit fehlender, erlebter oder angewendeter Zivilcourage verhelfen dir zu einem überzeugenden Anfang oder Ende deines Aufsatzes.

Vorarbeiten für den Hauptteil

Neben einer genauen Materialauswertung unter der Vorgabe, daraus **Argumente für beide Themafragen** zu formulieren, solltest du die vorliegenden Texte gleichzeitig auf ihre **Verwendbarkeit für Begründungen und Beispiele** überprüfen und dies entsprechend markieren. Textstellen, Daten oder Aussagen, die du zitierst oder benutzt, müssen als **Zitate** gekennzeichnet werden. Überlege in einem letzten Schritt jeweils, ob du aus deinem **eigenen Wissen weitere Argumente** formulieren kannst. Eine Untergliederung der Argumente in einzelne Bereiche erscheint nicht notwendig.
Grundsätzlich wird erwartet, dass dem Aufsatz deutlich anzumerken ist, dass das Material gelesen, ausgewertet und sinnvoll verarbeitet wurde.

So könnte die **Auswertung der Materialien** aussehen:

Einleitung	Materialien 1, 2, 6, 8	• Situationen, in denen mutiges Handeln notwendig ist
	Material 4	• Worterklärung
	Materialien 5, 6	• aktueller Anlass
	Materialien 5, 8	• Zitate, mit denen du zum Thema hinführst
	Material 7	• Paragraf aus dem Strafgesetzbuch passend zum Themabegriff
Hauptteil 1. Thema-frage	Material 3	• Abstumpfung durch Gewalt in den Medien • mangelndes Einfühlungsvermögen
	Materialien 4, 5, 8, 9	• Unsicherheit und mangelndes Selbstbewusstsein
	Material 5	• Gleichgültigkeit und Bequemlichkeit
	Materialien 5, 8	• Abschieben von Verantwortung • Angst, selbst zum Opfer zu werden
2. Thema-frage	Material 1	• Preise und Ehrungen für vorbildliches Verhalten • Herausstellung von Vorbildern
	Materialien 1, 3	• Thematisierung in den Medien
	Material 2	• Überdenken des eigenen Verhaltens
	Materialien 3, 4	• Ziel der elterlichen Erziehung
	Material 9	• Projekte und Angebote an Schulen
Schluss	Materialien 1, 2, 6, 8	• Situationen, in denen mutiges Handeln notwendig ist
	Materialien 7, 9	• Notwendigkeit, Zivilcourage zu fördern

Gliederungsvorschlag

TIPP **Hinweis zur Gliederung**

Die **Gliederungspunkte** für Einleitung, Hauptteil und Schluss können je nach Vorgabe deiner Lehrkraft einheitlich in ganzen Sätzen oder im Nominalstil formuliert sein.

A. Fehlende Selbstverständlichkeit in der Gesellschaft, bei Bloßstellungen, Beleidigungen oder Angriffen einzugreifen

B. Erörterung von möglichen Ursachen für mangelnde Zivilcourage in unserer Gesellschaft und von Maßnahmen zur Förderung von Zivilcourage bei jungen Menschen

1 Mögliche Ursachen für mangelnde Zivilcourage in unserer Gesellschaft

1.1 Abschieben von Verantwortung
1.2 Unsicherheit und mangelndes Selbstbewusstsein
1.3 Gleichgültigkeit und Bequemlichkeit
1.4 Angst, selbst zum Opfer zu werden
1.5 Abstumpfung durch Gewalt in den Medien
1.6 Mangelndes Einfühlungsvermögen

2 Maßnahmen zur Förderung von Zivilcourage bei jungen Menschen

2.1 Projekte und Angebote an Schulen
2.2 Ziel der elterlichen Erziehung
2.3 Thematisierung in den Medien
2.4 Preise und Ehrungen für vorbildliches Verhalten
2.5 Herausstellung von Vorbildern
2.6 Überdenken des eigenen Verhaltens

C. Drohende Freiheitsstrafe bis zu einem Jahr bei unterlassener Hilfeleistung

Aufsatzbeispiel

TIPP **Hinweis zur Randspalte**

Die **Angaben am Rand** sind nicht Bestandteil des Aufsatzes, sondern dienen nur deiner Orientierung hinsichtlich Inhalt und Aufbau.

A. Einleitung

Unerschrocken und entschlossen einzugreifen, wenn jemand bloßgestellt, beleidigt oder angegriffen wird, ist in unserer Gesellschaft leider nicht selbstverständlich. Dabei gibt es viele Bereiche oder Situationen, in denen Zivilcourage angebracht wäre, sei es in der Schule, wenn jemand gemobbt wird, oder in der Öffentlichkeit, wenn jemand bedroht wird. Ebenso sollte man nicht den Blick abwenden, sondern reagieren, wenn Vorurteile verbreitet werden, ausländerfeindliche Witze erzählt werden oder eine erwachsene Person ein Kind schlägt – um nur einige Beispiele zu nennen (vgl. Material 2). Da viel zu viele Menschen in solchen Situationen wegschauen, muss man sich die Frage stellen, worin mögliche Ursachen für mangelnde Zivilcourage in unserer Gesellschaft liegen und mit welchen Maßnahmen sie bei jungen Menschen gefördert werden kann.

Überleitung

Themafrage als Aussagesatz

B. 1

1.1 Behauptung

Begründung

Die Ursachen können sehr vielschichtig sein. Viele Menschen schieben ihre Verantwortung, Schwächeren oder Bedrängten zu helfen, gerne ab. Denn es ist sicherlich unbequemer und mit einem gewissen Aufwand verbunden, sich seiner Verantwortung zu stellen und sich einzumischen. Gerade wenn mehr Menschen in einer Notsituation anwesend sind, fühlen sich die einzelnen weniger in der Verantwortung, zu helfen (vgl. Material 8). Im Gedicht „Gründe“ von Erich Fried (Material 5) fallen einige Aussagen, die diesen Menschen als Ausreden dienen könnten, z. B. „Weil ich das lieber / Berufeneren überlasse“ oder „Weil sich die Mühe nicht lohnt“.

Beispiele

1.2 Behauptung

Ein weiterer Aspekt, warum es in unserer Gesellschaft an Entschlossenheit und Mut mangelt, einzugreifen, liegt in der Unsicherheit zahlreicher Menschen und in ihrem mangelnden Selbstbewusstsein begründet. Einige wissen nicht, wie sie eingreifen sollen, bei ihnen sind also „fehlendes Wissen [und] fehlende Kompetenz“ (Material 8) Grund für die unterlassene Hilfeleistung. Andere haben wiederum gar nicht die Selbstsicherheit, einen fremden Menschen auf sein Fehlverhalten anzusprechen. Oft befürchten sie auch, sich lächerlich zu machen („Weil man

Begründung

nur lachen wird“, Material 5), wenn sie ihren Unmut zum Aus-	
druck bringen. So könnte es z. B. sein, dass ein schüchternes	Beispiel
Kind zwar gerne eingreifen würde, aber es sich einfach nicht	
traut, andere Kinder zurechtzuweisen, wenn diese schlecht über	
einen abwesenden Freund sprechen.	
Daneben kommen Gleichgültigkeit und Bequemlichkeit als Ur-	1.3 Behauptung
sachen infrage. Offenbar ist es vielen Menschen egal, wie es	Begründung
ihren Mitmenschen ergeht und sicherlich ist es einfacher, sich	
wegzuducken, als mutig Stellung zu beziehen, wenn z. B. eine	Beispiel
Frau in der Öffentlichkeit von einem Mann belästigt wird. Be-	
quemer ist es, sich zu sagen, dass „das alles nicht hilft“ und „sich	
die Mühe nicht lohnt“ (vgl. Material 5). Sich in einer solchen	
Situation schützend vor die Frau zu stellen, erfordert natürlich	
eine gewisse Entschlossenheit und vor allem Mut.	
Neben all diesen Gründen für mangelnde Beherztheit spielt in-	1.4
dessen die Angst eine ganz wesentliche Rolle. Entweder ist es	Behauptung
die Angst, in eine körperliche Auseinandersetzung hineingezo-	Begründung
gen und verletzt zu werden (vgl. Material 8), oder die Sorge, sich	
anderweitig durch sein Eingreifen Ärger einzuhandeln („Weil	
ich mir nicht nochmals / die Finger verbrennen will“, Material 5).	
Ein Beispiel wäre das Mobbing in der Schule: Häufig greifen die	Beispiel
Mitschüler*innen nicht ein, wenn ein Kind oder Jugendlicher	
von einigen Personen aus der Klasse gemobbt wird, weil sie	
Angst haben, dadurch selbst zum Mobbingopfer zu werden.	
Die Ankündigung einer Radiosendung bringt eine weitere mög-	1.5
liche Ursache für mangelnde Zivilcourage ins Spiel. Die darin	Behauptung
erwähnte Buchautorin Jeannette Hagen glaubt, „dass ein Haupt-	
grund [für die fehlende Zivilcourage] ist, dass unsere Aufmerk-	
samkeitsschwelle mittlerweile so weit verschoben ist, dass wir	
viele Dinge überhaupt nicht mehr an uns ranlassen“ (Material 3).	
Sie meint damit, dass wir abgestumpft und gleichgültig gegen-	
über Leid und Gewalt geworden sind. Die Medien haben dabei	Begründung
sicherlich eine Mitschuld, da dort Leid und Gewalt an der	
Tagesordnung sind. Man braucht nur an die Bilder von im Mit-	Beispiele
telmeer ertrinkenden Flüchtlingen in den Nachrichten oder an	
die vielen Krimis im Fernsehen denken. Sogar in Vorabend-	
serien sind Gewaltszenen die Regel. Wenn man dann noch die	
vielen gewaltverherrlichenden Computerspiele dazu nimmt, ist	
gut nachvollziehbar, dass die Gesellschaft abgestumpft ist und	
Notsituationen, in denen Zivilcourage erforderlich wäre, gar	
nicht mehr als solche wahrnimmt.	

1.6 Behauptung

Schließlich ist auch mangelndes Einfühlungsvermögen als Grund zu sehen – in der bereits erwähnten Ankündigung zu einer Radiosendung deutet Jeannette Hagen etwas Derartiges an.

Begründung

Denn wenn eine Situation bei einer Person „überhaupt keine Emotionen mehr aus[löst]" und ihr „Gefühle regelrecht abtrainiert worden" sind (Material 3), liegt es auch nahe, dass sie nicht die Bereitschaft und Fähigkeit besitzt, sich in einen anderen Menschen einzufühlen.

Beispiel

Diese Person wird auch viel eher sagen, dass etwas „doch gar nicht schlimm" war. Sie wird nicht auf die Idee kommen, dass sich jemand, der beleidigt oder herabgesetzt wird, verletzt fühlen könnte. Auch deswegen hören viele in unserer Gesellschaft beispielsweise bei verbaler Gewalt oder Diskriminierung einfach weg.

Überleitung
B. 2

Fragt man nach den Ursachen mangelnder Zivilcourage in unserer Gesellschaft, muss auch die Frage beantwortet werden, mit welchen Maßnahmen sie bei jungen Menschen gefördert werden kann.

2.1 Behauptung
Begründung

Projekte an Schulen spielen dabei sicherlich eine zentrale Rolle, da damit nicht nur viele Jugendliche erreicht werden können, sondern diese mit ihren erworbenen Fähigkeiten aktiv dafür eintreten können, dass zum Beispiel das Schulklima verbessert wird oder gleich auf Mobbing oder Beleidigungen reagiert wird. Schülerinnen und Schüler können so direkt den Sinn und die Wirkung mutigen Handelns erkennen.

Beispiel

In Material 9 werden zwei bekannte Projekte vorgestellt. Im einen geht es darum, die eigene Schule zu einem Ort ohne Rassismus und mit Courage zu machen, das andere Projekt, „step21", fördert das Selbstbewusstsein und Rückgrat von Kindern und Jugendlichen, damit sie sich trauen, Zivilcourage zu zeigen.

2.2
Behauptung
Begründung
Beispiele

Der wichtigste Lernort für Zivilcourage wurde bisher noch nicht genannt: das Elternhaus. Den Eltern kommt bei der Erziehung ihrer Kinder im Hinblick darauf eine entscheidende Rolle zu. Einerseits erfüllen sie eine wichtige Vorbildfunktion, wenn sie selbst durch mutiges Verhalten anderen Menschen in schwierigen Situationen in der Öffentlichkeit helfen. Andererseits können sie ihre Kinder für Ungerechtigkeiten sensibilisieren und entsprechende Werte wie Toleranz, Offenheit und Gewaltlosigkeit einüben und festigen. Zudem hat die Erziehung Einfluss auf den Umgang mit Emotionen (vgl. Material 3) und damit auch auf die Entwicklung von Einfühlungsvermögen, was für Zivilcourage notwendig ist. Material 4 weist darauf hin, dass man Zivilcourage lernen kann. Die eigene Familie ist dafür sicher ein geeigneter Lernort.

2.3 Behauptung: Bei der Frage nach den Maßnahmen zur Förderung von Zivilcourage kommt auch den Medien eine zentrale Bedeutung zu. Begründung: Die Thematisierung in Zeitungen und im Fernsehen ist dabei besonders wichtig, weil sie viele Menschen erreicht. Auch das Internet mit den sozialen Netzwerken und den zahllosen Blogs spielt eine große Rolle, indem es Berichte über couragiertes Handeln verbreitet, durch das Menschen vor verbalen oder gewalttätigen Übergriffen bewahrt werden konnten. Solche Berichte erzeugen nicht nur Mitgefühl, sondern auch Unverständnis und Wut über die Gewalt oder Scham, sodass die oder der Einzelne ihr oder sein Verhalten vielleicht ändert und in entsprechenden Situationen selbst Verantwortung übernimmt. Beispiele: Beispiele wie der Fall von Nicklas Neubauer (vgl. Material 1) und der Mord an der 28-jährigen Kitty Genovese (vgl. Material 8) können bei vielen Menschen die Notwendigkeit von Zivilcourage wieder ins Bewusstsein rücken.

2.4 Behauptung: Auch durch Preise und Ehrungen für vorbildliches Verhalten kann man die Bereitschaft zur Zivilcourage bei jungen Menschen erhöhen. Begründung: Zum einen wird dann davon in den Medien berichtet, zum anderen sehen die Menschen, dass Mut in der Gesellschaft ein positives Ziel ist, das entsprechend belohnt wird. Beispiel: Dabei muss es gar nicht um solch exklusive Ehrungen wie die Bayerische Rettungsmedaille (vgl. Material 1) gehen. Couragiertes Verhalten wird z. B. auch mit steigendem gesellschaftlichem Ansehen belohnt, welches wir alle gerne genießen.

2.5 Behauptung: In engem Zusammenhang damit steht die Herausstellung von Vorbildern. Begründung: Es ist gar nicht so wichtig, ob sie einen großen Namen besitzen, sondern ob sie in der jeweiligen Situation das Richtige getan haben, wo man selbst vielleicht gezögert hätte. Beispiel: Es müssen keine berühmten Vorbilder wie Mutter Theresa oder Sophie Scholl sein. Auch ganz normale Menschen wie Nicklas Neubauer (vgl. Material 1) können durch ihr mutiges und selbstloses Handeln zum Vorbild für andere junge Menschen werden.

2.6: Nicht nur Vorbilder oder Berichte in den Medien oder Ehrungen und Preise führen dazu, dass die Zivilcourage wächst, man kann auch selbst etwas dazu beitragen. Behauptung: Im Alltagsleben sollte man sein eigenes Verhalten immer wieder überdenken. Begründung: Es ist durchaus sinnvoll, Beispiele: sich Fragen zu stellen, wie sie z. B. in Material 2 zu lesen sind und zum Nachdenken darüber anregen, wie man selbst reagieren würde, wenn eine Schülerin/ein Schüler bloßgestellt wird oder wenn ausländerfeindliche Witze erzählt werden. Dies stellt nicht nur eine Vorbereitung auf solche Situationen dar, sodass man dann nicht hilflos zusehen muss, sondern macht uns auch klar, in welchen Situationen unsere Zivilcourage gefragt ist.

C. Schluss

Laut Strafgesetzbuch droht bei unterlassener Hilfeleistung eine Freiheitsstrafe bis zu einem Jahr. Der entsprechende Paragraf umreißt auch genau die Bedingungen, wann unterlassene Hilfeleistung vorliegt, nämlich dann, wenn jemand bei einem Unglücksfall oder bei allgemeiner Gefahr oder Not nicht Hilfe leistet, obwohl es erforderlich und zumutbar ist (vgl. Material 7). Dies trifft genau auf jene Fälle zu, in denen wir uns über mangelnde Zivilcourage in unserer Gesellschaft beklagen. Unser Handeln sollte daher zum Wohle eines friedlichen und respektvollen Umgangs miteinander so funktionieren, dass der entsprechende Paragraf gar nicht benötigt wird.

Thema 2

Erschließen eines pragmatischen Textes

Text

Invasion der Luftquirle

Nirgendwo starten so viele Profi-Drohnen wie in Hamburg. Doch das dürfte erst der Anfang sein. Denn die Einsatzmöglichkeiten der fliegenden Augen sind für viele Branchen interessant. Nur Hobbypiloten machen immer mal wieder Ärger.

Von Steve Przybilla

Ein eisiger Wind pfeift in der Hamburger Hafencity. Timm Korth (41) knöpft die Jacke bis ganz oben zu. „Windstärke fünf ist für unseren *Oktopus* fast schon zu stark", sagt der Filmproduzent und blickt sorgenvoll in den Himmel. *Oktopus* ist ein selbst gebauter Multikopter mit acht Rotoren, 4,9 kg Gewicht und einer 20-Megapixel-Kamera. Ein Außenstehender würde das Gerät einfach als Drohne bezeichnen. Korth sagt: „Er ist eine ganz treue Seele." *Oktopus* hat schon viel erlebt. Er hat die Elbe überquert, Turbulenzen überstanden und sogar einen stehenden *Airbus A380* umrundet. Alles ganz legal, versteht sich, denn *Oktopus* ist mehr als ein Spielzeug. Er ist ein Arbeitsgerät. Ein fliegendes Auge. Seine Aufgabe: möglichst schöne und gleichzeitig präzise Luftbilder erstellen.

„Unsere Auftraggeber haben ganz genaue Vorstellungen davon, was sie wollen", sagt Korth. Zusammen mit seinem Geschäftspartner Marc Asmussen (42), einem gelernten Bauingenieur, Elektrotechniker und Modellflieger, hat

er vor drei Jahren ein Kleinunternehmen für professionelle Luftaufnahmen gegründet. Seither fotografieren sie aus der Luft – für Immobilienmakler, Projektentwickler und Konzerne, die ihre Produkte in Szene setzen wollen. Dabei überlassen sie nichts dem Zufall: Auf einem Bildschirm sieht Korth, was *Oktopus* sieht. Daneben ein Laptop, der alle Vitaldaten anzeigt: Höhe, Position, Beschleunigung, Stromverbrauch. Und natürlich die Fernsteuerung. Als kürzlich ein Vogel mit *Oktopus'* Rotoren kollidierte, geriet die Drohne kurz ins Schlingern. Doch Asmussen brachte den Flieger heil runter. Er kennt jede Schraube, jede Lötstelle. Er hat das Gerät selbst konstruiert.

Am Hamburger Himmel ist *Oktopus* längst nicht mehr allein. Im vergangenen Jahr erteilte die Luftverkehrsbehörde 618 Aufstiegsgenehmigungen. Das macht die Hansestadt zum Spitzenreiter in Deutschland. Wobei die Behörde nur die gewerblichen Starts erfasst. Wer die Geräte zum Privatvergnügen nutzt, eine Höhe von 30 Metern nicht überschreitet und sich von Flughäfen sowie anderen Sperrzonen fernhält, braucht keine Erlaubnis. Und genau da fangen die Probleme an.

„Ich finde diese Regelung ungerecht“, sagt Drohnen-Profi Korth. Zwar habe er mit den Behörden nur gute Erfahrungen gemacht. Doch ihn stört das Prinzip: „Letztens hat direkt neben mir ein Privatmann seine Drohne gesteuert. Ich musste meinen Start mit zehn Ämtern abklären, er mit keinem einzigen. Und am Ende hatte er genauso schöne Bilder.“ Korth ist überzeugt, dass auch Hobbypiloten ihre Bilder ins Internet stellen – auch wenn das aus Datenschutzgründen verboten ist. „Unter solchen schwarzen Schafen leiden wir alle“, klagt der Drohnen-Pilot. „Neulich ist sogar die Polizei angerückt, weil ein Anwohner dachte, wir filmen heimlich sein Wohnzimmer. Dabei hatten wir eine Genehmigung.“ Das konnte der Anwohner freilich nicht wissen, zumal sich Beschwerden häufen, seit Drohnen für weniger als 100 Euro im Baumarkt erhältlich sind. Heimliche Luftbilder der Nachbarin, die sich im Garten sonnt? Technisch längst möglich.

Die Hamburger Wirtschaftsbehörde hat noch andere Sorgen. Es gibt dort eine eigene Abteilung, die sich nur mit Drohnen beschäftigt. Harry Denz, der zuständige „Aerodrome Inspector“, sagt: „Die meisten halten sich an die Vorschriften. Aber es gibt eben diejenigen, die gerne mal das Cockpit eines landenden Flugzeugs filmen möchten.“ Auch solche Fälle hat es in Hamburg gegeben. Schon mehrmals haben Piloten den Tower vor Drohnen in der Einflugschneise gewarnt. Das Landeskriminalamt hat im Anschluss wegen gefährlichen Eingriffs in den Luftverkehr ermittelt, eine Straftat, die mit bis zu zehn Jahren Haft geahndet werden kann. Doch wenn die Polizei kommt, suchen die Hobbypiloten schnell das Weite.

Auf Bundes- und EU-Ebene wird bereits eine Gesetzesverschärfung diskutiert. In Zukunft müssten dann alle Drohnen – auch private – registriert werden, damit ihre Besitzer im Falle eines Verstoßes oder Unfalls auffindbar sind. Denz hält das für einen guten Weg, gerade auch, weil er die neue Technologie nicht verteufeln möchte. In Hamburg müssen Drohnen-Piloten schon heute beweisen, dass sie ihre Geräte im Griff haben. Wer zum ersten Mal eine Aufstiegserlaubnis beantragt, wird zum „Vorfliegen“ in die Wirtschaftsbehörde gebeten. Ein einheitlicher Drohnenführerschein, der auch staatlich anerkannt wird, existiert bisher nicht. Daher die Flugshow im Amt.

Auch der Handel spürt den Trend zum unbemannten Flugobjekt. Ein alteingesessenes Hamburger Modellflug-Geschäft hat eine eigene Abteilung nur für Drohnen eingerichtet. „Seit drei Jahren hat der Markt deutlich angezogen“, berichtet Inhaber Dirk Marquard. „Wir machen inzwischen 30 Prozent unseres Umsatzes mit Drohnen, wobei 80 Prozent die Geräte gewerblich nutzen.“ Die Technik, die früher nur Fachleuten und Bastlern vorbehalten war, ist nun für verschiedenste Branchen interessant – vom Landwirt, der seine Felder überprüft, bis hin zum Dachdecker, der nach Schäden sucht. Die gute Nachricht: Laut Marquard fliegt die neueste Generation von Profi-Drohnen nicht mehr einfach so in einen gesperrten Bereich. „Da sind alle Flugverbotszonen eingespeichert. Keines dieser Geräte wird sich einem Flughafen mehr als fünf Kilometer nähern."

Reinhard Gedack (64), ein ehemaliger Airbus-Ingenieur, denkt schon einen Schritt weiter. Auf dem Laptop zeigt er den Entwurf einer unbemannten Rettungsdrohne, die er möglichst bald auf den Markt bringen möchte. „Wir könnten sie einsetzen, um Personen aus brennenden Hochhäusern zu retten", sagt Gedack. Überhaupt sei der Bedarf groß und das Potenzial riesig. Schon heute könne man Windräder, Schornsteine und Hochwassergebiete per Drohne kontrollieren. „Was in Zukunft noch alles hinzukommt? Das werden wir sehen. Auf jeden Fall fängt die Entwicklung gerade erst an."

Quelle: Steve Przybilla: Invasion der Luftquirle, Süddeutsche Zeitung vom 27. 05. 2016 (Text zu Prüfungszwecken gekürzt und verändert)
Foto: Tyler Olson. Shutterstock (Das verwendete Foto entspricht nicht der Original-Aufgabenstellung, zeigt aber ein sehr ähnliches Motiv.)

Aufgabenstellung

Lesen Sie den Text „Invasion der Luftquirle" sorgfältig durch und bearbeiten Sie dann die folgenden Aufgaben.

1. Fassen Sie den Inhalt des Textes so zusammen, dass der Aufbau erkennbar wird.

2. Beschreiben Sie auffällige sprachliche Mittel und deren Wirkung in den Zeilen 9 bis 53.

3. Um welche Textsorte handelt es sich? Begründen Sie Ihre Entscheidung.

4. Manche fordern aufgrund der im Text erwähnten Probleme ein Verbot von privaten Drohnenflügen. Nehmen Sie dazu ausführlich (etwa 250 Wörter) Stellung.

5. „Was in Zukunft noch alles hinzukommt? Das werden wir sehen. Auf jeden Fall fängt die Entwicklung gerade erst an." (Z. 164–167) Erzählen Sie anschaulich, wie Sie in der Zukunft Transport- und/oder Personendrohnen in Ihrem Alltag benutzen.

Lösungsvorschlag

TIPP **Bearbeitungshinweise**

EINLEITUNG

Neben der Darstellung der Thematik des Textes bietet sich hier auch ein **eigenständiger Einleitungsgedanke** an, den du mit einer **Überleitung zum Thema** des Textes abschließt. In jedem Fall musst du in einem **Basissatz** die grundlegenden Informationen zum Text (Titel, Autor, Textsorte, Quelle, Thema) nennen. Möglichkeiten für einen eigenen Einleitungsgedanken sind z. B.:

- eigene Erfahrungen zum Thema Drohnen (Es gibt an manchen Schulen Multikopter-Arbeitsgemeinschaften.)
- persönliche Einstellung zum Thema Drohnen bezogen auf sinnvolle Verwendungsmöglichkeiten
- aktueller Bezug zu Berichten in den Medien über die Erprobung des Einsatzes von Drohnen zur Auslieferung von Paketen

HAUPTTEIL

1. Inhaltszusammenfassung und Textaufbau

Bei dieser Aufgabe wird eine Gliederung des Textes in **Sinnabschnitte**, die kurze Wiedergabe des Inhalts und die Darstellung des Textaufbaus, bei der du auch die jeweilige **Funktion** der Sinnabschnitte nennen musst, verlangt. Die Absätze können dir einen ersten Anhaltspunkt geben, wo neue Sinnabschnitte beginnen. Es kann aber auch sein, dass ein Sinnabschnitt mitten in einem Absatz anfängt, z. B. wenn ein neues Thema angesprochen wird oder eine neue Person auftritt (z. B. andere Interviewpartner*innen). Formuliere für jeden dieser Abschnitte eine inhaltlich passende Überschrift, mit der du erfasst, was im jeweiligen Textabschnitt geschieht. Die Zusammenfassung sollte in eigenen Worten und in zwei bis drei Sätzen pro Abschnitt erfolgen.

2. Sprachliche Mittel und deren Wirkung (Z. 9–53)

Ein wichtiger Bereich der Untersuchung ist hier zunächst die **Wortwahl**, also z. B. Auffälligkeiten bei bestimmten Wortarten (Adjektiven, Verben, Nomen) oder die Verwendung von Wörtern, die auf die Sprachebene hinweisen (Fremdwörter, umgangssprachliche Ausdrücke).

Beim **Satzbau** kannst du zunächst nach verschiedenen Satzarten oder -strukturen suchen (z. B. Satzgefüge) und deren Eigenschaften beschreiben. Beachte auch die Stilmittel des Satzbaus wie die Auslassung von Satzteilen (= Ellipse). Schließlich ist auch auf die rhetorischen Mittel bzw. **Stilmittel** einzugehen, die der Autor verwendet hat.

Bei der Untersuchung der Sprache musst du besonders auf die jeweilige **Wirkung** der sprachlichen Mittel achten und Textbelege nennen.

3. Textsortenbegründung
Beim Nachweis der Textsorte sollst du den vorliegenden Text mithilfe von **Textbelegen** einer Textsorte zuordnen. Achte dabei zuerst auf solche Merkmale, mit deren Hilfe du die journalistischen Textsorten grob voneinander unterscheiden kannst. Wurde das Thema rein objektiv (Bericht) oder auch aus subjektiver Perspektive (Kommentar, Glosse, Reportage) dargestellt? Handelt es sich eher um einen meinungsbildenden (Kommentar, Glosse) oder einen informierenden Text (Reportage, Bericht)? Konzentriere dich nach dieser groben Zuordnung auf die wesentlichen Merkmale der jeweiligen Textsorte und weise diese am Text nach.

4. Stellungnahme
Die Aufgabenstellung verlangt von dir eine Stellungnahme, also eine **argumentative Auseinandersetzung** mit dem vorgegebenen Thema. Dein erster Schritt zur Bearbeitung dieser Teilaufgabe ist es also, dir zum Thema eine eigene Meinung zu bilden. Anschließend sollst du deine Meinung zum Verbot von privaten Drohnenflügen formulieren und mithilfe von Argumenten (Behauptung, Begründung, Beispiel(en) und ggf. Abrundung) darlegen. Neben deinen eigenen Ideen sollst du auch auf Aussagen im Text zurückgreifen, da die im Text angesprochenen Probleme in der Aufgabenstellung erwähnt werden. Achte bei der Ausformulierung auch auf die **vorgegebene Wortanzahl** („etwa 250 Wörter").

5. Erzählung
Ausgangspunkt für deine Erzählung ist der Schluss der Reportage ab Zeile 164. Du sollst darüber nachdenken, wie du in Zukunft Transport- und/oder Personendrohnen in deinem Alltag benutzen könntest. Deine Ideen sollst du in einer **anschaulichen Erzählung** darstellen. Das bedeutet, dass du die verschiedenen Nutzungsmöglichkeiten von Drohnen nicht einfach nur vorstellen, sondern sie in eine Geschichte einbauen sollst. Du kannst deiner Fantasie hier freien Lauf lassen und z. B. einen humorvollen Text schreiben, der die Leser*innen zum Schmunzeln bringt. In jedem Fall sollte dein Text mehrere Ideen enthalten, welche Aufgaben Drohnen in Zukunft haben könnten und wie sich dadurch dein oder unser aller Leben verändert. Die **Sprache** ist bei Erzählungen durch ausdrucksstarke Adjektive und Verben sowie die Verwendung der direkten Rede gekennzeichnet. Die Zeitform ist in der Regel das Präteritum und in der direkten Rede das Präsens.

SCHLUSS
Neben den nicht verwendeten Einleitungsgedanken kannst du z. B. auch folgende Ideen für einen passenden **Schlussgedanken** verwenden:

- eigene Meinung zur Reportage und zur Thematik des Textes
- Kritik an der „Drohnenschwemme"
- Ausblick auf zukünftige mögliche Einsatzgebiete von Drohnen
- Hinweis auf Gefahren für den Flugverkehr und Forderungen zur Vermeidung
- Hinweis auf den Datenschutz, der durch die Veröffentlichung von Luftaufnahmen von Privatgrundstücken verletzt wird
- begründeter eigener Wunsch, eine Drohne zu besitzen

Aufsatzbeispiel

TIPP **Hinweis zur Randspalte**

Die **Angaben am Rand** sind nicht Bestandteil des Aufsatzes, sondern dienen nur deiner Orientierung hinsichtlich Inhalt und Aufbau.

EINLEITUNG
Thematik des Textes, Basisinformationen zum Text

Die Reportage „Invasion der Luftquirle" beschäftigt sich mit dem Trend, dass immer mehr Menschen Drohnen steuern, sowie den Gefahren, die sich daraus ergeben. Darüber hinaus geht sie auch auf sinnvolle Verwendungsmöglichkeiten und zukünftige Entwicklungspotenziale ein. Der Artikel erschien in der Süddeutschen Zeitung vom 27. 05. 2016 und wurde von Steve Przybilla verfasst.

HAUPTTEIL

1. Inhaltszusammenfassung und Textaufbau

Sinnabschnitt 1 (Z. 1–8)

Der Text beginnt mit einer Art Einleitung (Z. 1–8), die die Leser*innen zum Thema hinführt. Darin erfährt man, dass nirgendwo so viele Profi-Drohnen wie in Hamburg in die Luft steigen.

Sinnabschnitt 2 (Z. 9–29)

Im zweiten Sinnabschnitt (Z. 9–29) beschreibt Timm Korth, ein professioneller Drohnenpilot, seinen selbstgebauten Multikopter in seinen technischen Einzelheiten und seiner Verwendung für möglichst beeindruckende Luftaufnahmen.

Sinnabschnitt 3 (Z. 30–53)

Anschließend (Z. 30–53) geht es um Korths Firma, die er zusammen mit seinem Geschäftspartner Marc Asmussen gegründet hat, sowie um Einsatzmöglichkeiten, den Kundenkreis und die technische Ausrüstung seines Fluggeräts.

Sinnabschnitt 4 (Z. 54–91)

Im vierten Sinnabschnitt (Z. 54–91) wird erwähnt, dass die Zahl der gewerblichen Drohnenflüge in Hamburg deutschlandweit am höchsten ist. Drohnenpilot Korth beschwert sich auch darüber, dass die gesetzlichen Regelungen für professionelle Nutzer*innen im Vergleich zu denen für Privatpersonen zu streng seien.

Sinnabschnitt 5 (Z. 92–110)

Im darauffolgenden Textabschnitt (Z. 92–110) werden mögliche Gefahren durch Hobbypilotinnen und -piloten thematisiert. Harry Denz von der Hamburger Wirtschaftsbehörde beschreibt Fälle, die strafrechtlich geahndet werden, weil Flugzeuge durch Drohnen gefährdet wurden.

Sinnabschnitt 6 (Z. 111–128)

Im nächsten Sinnabschnitt (Z. 111–128) wird eine geplante Gesetzesverschärfung angesprochen. Denz befürwortet die angedachte Registrierungspflicht für alle Drohnen. Er achtet zudem jetzt schon darauf, dass alle Drohnenpilotinnen und -piloten ihr

Fluggerät beherrschen, bevor er ihnen zum ersten Mal die Aufstiegserlaubnis erteilt. Dafür lässt er sie in seinem Hamburger Amt sogar „vorfliegen".

Sinnabschnitt 7 (Z. 129–151)

Im vorletzten Sinnabschnitt (Z. 129–151) geht es um wirtschaftliche Auswirkungen des Drohnen-Booms. Ladeninhaber Dirk Marquard gibt über die steigenden Umsätze in diesem Bereich, die auf die vielfältigen gewerblichen Verwendungsmöglichkeiten zurückzuführen sind, Auskunft. Zudem würden laut Marquard zukünftig technische Neuerungen ein Eindringen in Flugverbotszonen verhindern.

Sinnabschnitt 8 (Z. 152–167)

Der Text endet schließlich mit einem Ausblick in die Zukunft der Drohnen (Z. 152–167), indem Ingenieur Reinhard Gedack zukünftige Verwendungsmöglichkeiten der Flugobjekte darstellt und darauf verweist, dass die Entwicklung erst am Anfang stehe.

2. Sprachliche Mittel und deren Wirkung (Z. 9–53)

Wortwahl: anschauliche/bildhafte Ausdrücke

Untersucht man die Sprache in den Zeilen 9 bis 53, fallen im Bereich der Wortwahl zunächst die anschaulichen und bildhaften Ausdrücke am Anfang des Textes auf („Ein eisiger Wind pfeift in der Hamburger Hafencity", Z. 9/10). Durch die genaue Detailschilderung mithilfe dieser Ausdrücke „zoomt" der Autor in das Treffen mit den beiden Drohnen-Piloten hinein (Zoomtechnik), wodurch die Atmosphäre, die dabei herrscht, für die Leser*innen nachvollziehbar wird.

Fachbegriffe

Die verwendeten Fachbegriffe (z. B. „20-Megapixel-Kamera", Z. 17; „Turbulenzen", Z. 22; „Vitaldaten", Z. 45) verdeutlichen hingegen, dass sich der Autor Steve Przybilla eingehend mit der Thematik des Textes befasst hat, und erhöhen damit auch die Glaubhaftigkeit seiner Ausführungen.

umgangssprachliche Ausdrücke

Die vereinzelten umgangssprachlichen Ausdrücke, die er in den Text einstreut, z. B. „mal" (Z. 8), „runter" (Z. 51), dienen eher der Auflockerung.

Satzbau: kurze Sätze, Satzreihen, Parataxe

Betrachtet man den Satzbau des zu untersuchenden Textabschnitts näher, merkt man, dass die kurzen Sätze und Satzreihen (z. B. „Doch das dürfte erst der Anfang sein.", Z. 3/4; „*Oktopus* hat schon viel erlebt.", Z. 20/21; „Er ist ein Arbeitsgerät.", Z. 26) sowie der parataktische Satzbau (= Aneinanderreihung von Hauptsätzen; vgl. Z. 1–11, Z. 26/27, Z. 50–53) dem Text mehr Tempo verleihen.

Ellipsen

Ähnliches gilt auch für die Ellipsen, z. B. „Seine Aufgabe:" (Z. 27), „Daneben ein Laptop" (Z. 44), die das Tempo im Text ebenfalls erhöhen und an den „Telegrammstil" erinnern.

wörtliche Rede

Außerdem verwendet der Autor häufig wörtliche Rede (z. B. Z. 19/20, Z. 30–32), mit der er Aussagen, die von den Fachleuten getätigt wurden, direkt wiedergibt. Einen dieser Fachleute bzw. Interviewpartner stellt er im genannten Textabschnitt kurz und kompakt mithilfe einer Apposition („einem gelernten Bauingenieur“, Z. 34) vor.

Apposition

Der Textabschnitt weist aber auch einige Stilmittel auf – besonders dann, wenn es um die Drohne *Oktopus* geht. Mithilfe einer ersten Aufzählung („mit acht Rotoren, 4,9 kg Gewicht und einer 20-Megapixel-Kamera“, Z. 16/17) hebt der Autor Steve Przybilla zunächst die besonderen Eigenschaften des Multikopters hervor. Einige Zeilen später stellt er mit einer weiteren Aufzählung („für Immobilienmakler, Projektentwickler und Konzerne“, Z. 39/40) die Attraktivität der Luftbildaufnahmen heraus, bis er schließlich mit einer letzten Aufzählung („Höhe, Position, Beschleunigung, Stromverbrauch.“, Z. 45/46) den hohen technischen Anspruch der Drohne betont. Außerdem werden bei der Beschreibung der Drohne Metaphern verwendet: Die Formulierung „Ein fliegendes Auge“ (Z. 26/27) verweist auf die Leistungsfähigkeit der Kamera und „eine ganz treue Seele“ (Z. 20) verdeutlicht die Zuverlässigkeit des Multikopters. Bei letzterem Beispiel handelt es sich zudem noch um eine Personifikation. Diese und weitere Personifikationen („hat schon viel erlebt“, Z. 20/21; „was *Oktopus* sieht“, Z. 43/44; „Vitaldaten“, Z. 45) stellen die Drohne als Lebewesen dar und verdeutlichen damit, dass sie für den Besitzer mehr als nur ein technisches Gerät ist.

Stilmittel: Aufzählungen

Metaphern

Personifikationen

Der Zeitungsartikel „Invasion der Luftquirle“ lässt sich aufgrund zahlreicher Merkmale der Textsorte „Reportage“ zuordnen.

3. Textsortenbegründung

Die Vermutung, dass es sich um die genannte Textsorte handeln könnte, kommt bereits beim ersten Blick auf die äußeren Merkmale des Textes auf. So sind ein Vorspann (Z. 1–8), die Nennung des Autorennamens, die Verwendung eines Fotos sowie einer einprägsamen und auf Wirkung bedachten Überschrift typisch für eine Reportage.

typische Merkmale des Layouts

Auch die Aktualität der Thematik des Textes, der die Zunahme gewerblicher und privater Drohnenflüge am konkreten Beispiel der Situation in Hamburg schildert, verweist auf diese Textsorte.

aktuelles Thema

Zu diesem Thema liefert der Autor einerseits sachliche Informationen, z. B. über die Einsatzmöglichkeiten, die Technik und die Gefahren von Drohnen sowie die Gesetzeslage (vgl. z. B. Z. 14–17, Z. 38–41, Z. 102–108, Z. 111–117). Andererseits verknüpft er diese auch mit einer persönlichen Anmerkung („Heimliche Luftbilder […]? Technisch längst möglich.“, Z. 89–91) und drückt seine eigene Meinung durch die Zusammenstellung der

Kombination aus sachlichen Informationen zum Thema und Darstellung der subjektiven Meinung des Autors

eher problematischen Gesichtspunkte zum Thema Drohnen aus. Diese Kombination aus sachlichen Informationen zum Thema und der Darstellung der subjektiven Meinung des Autors ist häufig bei Reportagen zu finden.

Zudem setzt der Autor die „Zoomtechnik" (vgl. Z. 9–29) ein, was für eine Reportage ebenfalls typisch ist. Von eher allgemeinen Aussagen zum Thema im Vorspann wechselt er zu einer „Nahaufnahme" ins Hamburger Hafenviertel, die den Einsatz einer Drohne durch den Firmeninhaber schildert. Anschließend verengt er den Blickwinkel noch weiter auf die genaue Beschreibung der Drohne *Oktopus* (vgl. Z. 14–29).

Zoomtechnik

Auch der sogenannte Recherchestil ist ein Indiz dafür, dass es sich um eine Reportage handelt. Wie man an zahlreichen Stellen im Text erkennen kann, war der Autor zu Recherchezwecken selbst vor Ort. So sieht er dem Einsatz der Drohne zu und besucht verschiedene Experten zum Thema (vgl. z. B. Z. 9–29, Z. 30–53, Z. 67–91, Z. 92–128, Z. 129–151).

Recherchestil

Auch die Tatsache, dass mehrfach Aussagen von Interviewpartnern in wörtlicher (z. B. Z. 19/20, Z. 30–32, Z. 67/68), aber auch in indirekter Rede (z. B. Z. 68–71, Z. 160–164) in den Text eingebaut werden, verweist auf die genannte Textsorte.

wörtliche und indirekte Rede

Schließlich ist auch der Tempuswechsel, der immer wieder im Text stattfindet, ein Bestimmungsmerkmal der Reportage: Hauptsächlich verwendet der Autor das Präsens, z. B. bei Erläuterungen und Beschreibungen (z. B. Z. 9–11, Z. 38–47), bei Rückblicken wechselt er aber in das Präteritum (z. B. Z. 47–51, Z. 55–57) oder Perfekt (z. B. Z. 20–24, Z. 30–38).

Tempuswechsel

Somit weist der vorliegende Zeitungsartikel zahlreiche typische Erkennungsmerkmale einer Reportage auf, weshalb es sich mit großer Wahrscheinlichkeit um diese Textsorte handelt.

4. Stellungnahme

Einleitung

Die im Text „Invasion der Luftquirle" vom Verfasser Steven Przybilla angesprochenen Probleme mit privaten Drohnenflügen wiegen schwer. Dennoch bin ich der Meinung, dass sie nicht grundsätzlich verboten werden, sondern unter strengen Auflagen erlaubt sein sollten.

Behauptung 1

Begründung

Beispiel

Hobbypilotinnen und -piloten sollten ihre Fluggeräte meiner Auffassung nach nur in unbebautem Gelände starten dürfen, weil sie sonst in die Privatsphäre der Anwohner*innen eindringen oder ihr Eigentum beschädigen könnten. Wenn Hobbypilotinnen und -piloten ihre Drohnen nicht sicher steuern können oder zu niedrig fliegen, könnten sie z. B. versehentlich Schäden an Antennen auf Hausdächern oder anderem Eigentum der Anwohner*innen verursachen. Außerdem könnten sie Kameraaufnahmen von Personen, die sich in ihren Wohnzimmern oder Gärten aufhalten, machen. Das erzeugt nicht nur Ärger bei den Betroffenen, sondern kann auch aufgrund des Datenschutzes rechtliche Folgen haben, wenn diese Bilder ins Internet gestellt werden. Folge

Gerade private Drohnenpilotinnen und -piloten, die ihre Flüge nicht anmelden müssen, verstoßen außerdem manchmal gegen die Sicherheitsbestimmungen und fliegen in Flugverbotszonen ein, wodurch die Drohne zur Gefahr für den Luftverkehr wird. Behauptung 2

Dies ist beispielsweise der Fall, wenn jemand eine Drohne in der Nähe eines Flughafens aufsteigen lässt. Die Flugzeuge sind aufgrund des Start- oder Landevorgangs besonders gefährdet und fliegen auf einer niedrigen Höhe, die auch von Drohnen erreicht werden kann. Beispiel

Solche gefährlichen Eingriffe in den Luftverkehr können selten verfolgt werden, weil die Hobbypilotinnen und -piloten schnell flüchten und ihre Fluggeräte nicht registriert sind. Begründung

Deshalb würde ich dafür plädieren, dass alle Drohnen – unabhängig davon, ob sie gewerblich oder privat genutzt werden – angemeldet werden müssen und sämtliche Sperrzonen wie Flughäfen oder bebautes Gelände eingespeichert werden. Auf diese Weise kann man verhindern, dass Gefahren von den Drohnen ausgehen, und ihr Potenzial kann trotzdem gewerblich wie auch privat genutzt werden. *(279 Wörter)* Schluss

Eine Drohne kommt selten allein **5. Erzählung**

Endlich Ferien! Endlich raus aufs Land zu meinen Großeltern. Ich konnte es kaum mehr erwarten und bestellte mir eine Citydrohne, die mich über all die verstopften Straßen rechtzeitig zum Hauptbahnhof bringen sollte. Aber von wegen! Mein Gerät hatte eine ungerade Zulassungsnummer und heute war Dienstag, das war schlecht. Personendrohne im Stadtverkehr

Denn am Dienstag haben an jeder Luftkreuzung zunächst die Paketdrohnen und dann die Lieferdrohnen Vorfahrt – oder besser „Vorflug“. Meine Drohne reihte sich also in einen langen Stau an der ersten Luftkreuzung ein. Den winzigen Augenblick von zwei Stunden kam ich zu spät am Bahnhof an und hatte natürlich eine ganze Reihe von Zügen verpasst. Und wenn man kein Glück hat, dann kommt auch noch Pech dazu: Paket- und Lieferdrohnen

Irgendwo war die Bahnstrecke blockiert, weil eine Lastdrohne ihre Waschmaschinenladung irrtümlicherweise an einem Stellwerk Lastdrohnen und nicht beim Media-Markt abgeladen hatte. Doch dann überrannte mich das Glück förmlich, denn ich erhielt ein kostenloses Upgrade meines Zugtickets für den Flug mit einer Nahverkehrsdrohne. Jetzt brauchte ich nur noch die GPS-Daten meiner Großeltern eingeben und dann würde ich staufrei und zielgenau, quasi mit einer Punktlandung, wie es in der Werbung heißt, dort „abgeladen" werden. Fast – denn woher sollte ich auf die Schnelle die GPS-Daten wissen, wo ich doch eigentlich mit dem Zug fahren wollte? Einige langwierige Suchvorgänge bei irgendeinem Kartendienst später hatte ich tatsächlich die Daten. Nach der Eingabe und dem Anschnallen düste meine Drohne sofort los, um sich nach ein paar Kilometern mit einer haarsträubenden Linkskurve von der berechneten Route abzuwenden. Eine überfreundliche, also für die Situation völlig unpassende Computerstimme teilte mir mit, dass der Flug umgeleitet werden müsse. Die für die Strecke zuständige Wetterbeobachtungsdrohne habe einen leichten Regenschauer im Zielgebiet gemeldet. Deshalb würde ich zum nächstgelegenen trockenen Punkt gebracht werden. Das bedeutete jedoch fünf Kilometer Fußmarsch bis zum Haus meiner Großeltern, mittlerweile im strömenden Regen. Also machte ich mich auf den Weg, immer angestrengt den Himmel beobachtend, nicht wegen des Regens, sondern um schnell in den Straßengraben springen zu können, sobald ich hinter mir ein Summen höre. Denn Regen mag die Drohnensoftware immer noch nicht. Dann fallen sie runter.

Nahverkehrsdrohnen

Wetterbeobachtungsdrohne

Am Ende der Reportage wird zu Recht auf die Einsatzmöglichkeiten von Drohnen und auf das riesige Potenzial der zukünftigen Entwicklungen bis hin zur Rettungsdrohne verwiesen. Tatsächlich laufen bereits Tests mit Rettungsdrohnen, z. B. an der Ostsee, um in Not geratenen Schwimmerinnen und Schwimmern rasche Hilfe zukommen zu lassen. Auch die Paketzustellung mittels Drohne wird seit einer Weile erprobt. Drohnen sind also schon heute in vielen Bereichen sehr hilfreich. Es spricht daher nichts dagegen, das Potenzial von Drohnen gewerblich zu nutzen und weiterzuentwickeln. Gleichzeitig ist aber darauf zu achten, dass von ihnen keine Gefahren ausgehen, weshalb es für den Einsatz von Drohnen klare Regeln geben muss, die auch mit technischer Unterstützung, z. B. eingespeicherten Flugverbotszonen, umgesetzt werden sollten.

SCHLUSS
Ausblick

Hinweis auf Gefahren

Thema 3
Erschließen eines literarischen Textes

Text **Ingrid Noll: „Ehrenwort" (Romanauszug)**

„Kopf oder Schwanz?", fragte die Großmutter immer, wenn sie den Vanillepudding aus der Form gestürzt hatte und anschließend verteilte. Da Mizzi mit der Antwort schneller war als ihr kleiner Bruder, landete der Schwanz bei Max. Mit kindlicher Grausamkeit malte ihm seine Schwester aus, was da alles auf seinem Teller lag. Daraufhin verekelte Max ihr den Kopf: Im Maul steckte bestimmt ein Wurm, und erst die glotzenden Fischaugen! Die Eltern und die beiden Alten machten sich ungerührt über den Bauch her. Nachdem die Großmutter gestorben war, wurde die Fischform nicht mehr gebraucht, doch sie hing immer noch in der Küche. Mittlerweile wusste Max auch, was sich dahinter verbarg: der Schlüssel für den kleinen Tresor, der in den Tiefen des Küchenbuffets angeschraubt war. Noch heute, viele Jahre später, erinnerte sich Max bei jedem Besuch an Großmutters leckeren Vanillepudding und daran, wie es nach Zimt, Äpfeln und Zitronen duftete. Heute roch es leider anders, der Witwer lüftete kaum und rauchte ständig. Seit Max einen Führerschein besaß, war er für den Opa zuständig, tauschte Glühbirnen aus, mähte den Rasen oder brachte einen Luftpostbrief zur Post. Auch die an Altersschwäche gestorbene Katze hatte er beerdigt. Mit der Zeit kamen weitere Aufgaben hinzu. Nach vollbrachter Tat nickte der Alte immer wohlwollend, angelte den Schlüssel aus der Fischform, öffnete sein Schatzkästchen und zog einen einzelnen Geldschein aus dem dicken Stoß heraus. Er ging nur selten zur Bank und hob dann stets eine größere Summe ab. Meistens hatte sein Großvater einen lateinischen Spruch auf den Lippen, dessen Bedeutung Max mit der Zeit erfasste. Nicht zuletzt *pecunia non olet:* Auch Max fand, dass Geld nicht stank. Max wartete immer hoffnungsvoll auf dem grünen Küchensofa, das dort stand, seit er denken konnte. […] In seiner Kindheit war ein Besuch bei den Großeltern stets ein Abenteuer gewesen, inzwischen war es eher Pflicht oder, besser gesagt, ein lukrativer Job.

Schon immer wollte der Großvater seinem Enkel gefallen und redete mit ihm in beinahe vertraulichem Ton, auch wenn seine Sprache längst aus der Mode gekommen war. „Junge, ob du es glaubst oder nicht, ich war mal ein toller Hecht – so wie du –, und deine Großmutter eine kesse Biene!"

Max kannte das vergilbte Foto von Hecht und Biene. Willy in Uniform, Ilse im Dirndlkleid. Er streng und kantig, sie verträumt und hausbacken, alle beide dünn und hochgewachsen.

Meistens steckte ihm sein Opa 100 Euro fürs Benzin und für Zigaretten zu, weil sie unter Männern waren. Mit neunzehn hatte Max sich das Rauchen zwar weitgehend abgewöhnt, doch das brauchte der Großvater nicht unbedingt zu wissen. Eines Tages flog es beinahe auf: „Max, deine Mutter hat gesagt, du rauchst schon seit einem Jahr nicht mehr!“ Max wurde rot und stotterte: „Mütter wissen auch nicht alles …“ Der Alte grinste zwar verständnisvoll, rückte aber keinen einzigen Schein heraus. Und das ausgerechnet an jenem Tag, als Max ihm zum ersten Mal – mühselig und mehr schlecht als recht – die gelblich verfärbten, steinharten Zehennägel abgeknipst hatte.

Es kann verhängnisvoll sein, wenn man eine gewisse Summe fest eingeplant hat, weil man sie einem gnadenlosen Typen pünktlich abliefern muss. Nachdem Max recht verzweifelt das großväterliche Haus verlassen hatte, kehrte er noch einmal um. Schließlich wusste er, wo „Barthel den Most holt“. Einen Hausschlüssel besaß Max schon seit zwei Jahren. Der Opa hörte fast nie, wenn sein Enkel hereinkam, und falls doch, konnte er sich immer noch herausreden. Im Wohnzimmer lief der Fernseher, wie gewöhnlich unerträglich laut. Max angelte sich den Schlüssel aus der Puddingform, schloss den Tresor auf und bediente sich.

Einen Monat später erzählte ihm seine Mutter mit besorgter Miene, dass Opa *seine* Frau Künzle entlassen habe. Max wunderte sich nicht weiter darüber: In letzter Zeit sah es beim Großvater aus wie im Schweinestall. Doch dann erfuhr er, dass die Frau Geld gestohlen habe. Seine Mutter wollte das allerdings nicht recht glauben; sie dachte, der Alte hätte seine Moneten verlegt und die Haushaltshilfe zu Unrecht beschuldigt. „Das passiert in Altenheimen fast täglich“, sagte sie, „die Senioren können ihren Schmuck nicht finden, weil sie ihn unter der Matratze gebunkert haben, sie suchen vergeblich nach Fotos, Briefen oder Bargeld, erinnern sich nicht, wo sie es diesmal hingesteckt haben. Die Pflegerinnen sind an Verdächtigungen gewöhnt, aber Frau Künzle, die sich so viele Jahre lang für Oma und Opa abgerackert hat, ist bis ins Mark getroffen.“ Wenn das Geld noch in seinem Besitz gewesen wäre, hätte Max es heimlich wieder hingebracht. Seine Mutter meinte noch: „Wir müssen uns wohl bald einmal eine andere Lösung einfallen lassen.“ „Eine Polin“, schlug Max vor. „Bei seinen Vorurteilen gegenüber Ausländern? Aber du kannst ein gutes Werk tun“, meinte sie und schob ihrem Sohn einen Fünfziger hin, „und ihm den Korb mit Wäsche bringen. Vielleicht könntest du ihm auch sonst ein bisschen mehr unter die Arme greifen.“ „Man müsste mal die Wände weißeln“, sagte Max und dachte dabei an einen größeren Auftrag. Aber seine Mutter fand, es lohne sich nicht, im Grunde dürfe der Opa überhaupt nicht mehr alleine wohnen. „Okay“, sagte Max, „dann kann er ja in Mizzis Zimmer einziehen.“ Seine Mutter lachte nur. „Bring das mal deinem Vater bei!“ Der hoffte nämlich immer noch, dass seine Tochter ins elterliche Nest zurückkehren würde.

Quelle: Ingrid Noll: „Ehrenwort“, Diogenes Verlag Zürich, 2012, S. 5–9.

Informationen zur Autorin

Ingrid Noll, geboren 1935 in Shanghai, Autorin zahlreicher Romane, schreibt meist „bitterböse“ Komödien über die Tücken des Lebens sowie die Höhen und Tiefen zwischenmenschlicher Beziehungen.

Informationen zum Roman

Nach einem Sturz und einem Krankenhausaufenthalt wird der fast 90-jährige Willy Knobel im Haus seines Sohnes aufgenommen und hauptsächlich von Enkel Max und Schwiegertochter Petra gepflegt, was mit allerhand Schwierigkeiten verbunden ist.

Aufgabenstellung

Lesen Sie den Auszug aus dem Roman „Ehrenwort“ sorgfältig durch und bearbeiten Sie dann die folgenden Aufgaben.

1. Fassen Sie den Textinhalt zusammen.
2. Untersuchen Sie besonders auffällige sprachliche Mittel und beschreiben Sie deren Wirkung. Beschränken Sie sich auf sechs unterschiedliche Merkmale.
3. Charakterisieren Sie Max und seinen Großvater. Gehen Sie dabei auch auf deren Verhältnis ein.
4. Das Zusammenleben mehrerer Generationen unter einem Dach bringt Vor- und Nachteile mit sich. Legen Sie sich auf einen Standpunkt fest und erörtern Sie diesen (etwa 250 Wörter).
5. Max möchte später seinen Fehler wiedergutmachen. Welche Möglichkeiten könnte er in Betracht ziehen und wozu könnte er sich letztendlich entschließen? Verfassen Sie einen inneren Monolog.

Lösungsvorschlag

TIPP **Bearbeitungshinweise**

EINLEITUNG

Neben der Darstellung der Thematik des Textes ist auch ein **eigenständiger Einleitungsgedanke** möglich, den du mit einer **Überleitung zum Thema** des Textes abschließt. In jedem Fall musst du in einem **Basissatz** die grundlegenden Informationen zum Text (Titel, Autorin, Textsorte, Quelle, Thema) nennen. Die Möglichkeiten für einen eigenständigen Einleitungsgedanken sind hier eher begrenzt. Du könntest als Ausgangspunkt dein Verhältnis zu deinem Großvater oder zu den Großeltern darstellen oder Erfahrungen beschreiben, die du bei der Hilfe und Unterstützung für sie gemacht hast. Möglicherweise verfügst du auch über Erfahrungen mit dem Zusammenleben mehrerer Generationen unter einem Dach, die du in der Einleitung verarbeiten kannst.

HAUPTTEIL

1. Zusammenfassung des Inhalts

Eine Darstellung des Textaufbaus wird zwar nicht verlangt, aber es ist dennoch hilfreich, den Text in Sinnabschnitte zu gliedern und für jeden Abschnitt jeweils eine **Überschrift zu formulieren**. Diese sollte knapp wiedergeben, was im jeweiligen Absatz geschieht. Die Zusammenfassung sollte dann in eigenen Worten in zwei bis drei Sätzen pro Abschnitt geschehen.

2. Sprachliche Mittel und deren Wirkung

Untersuche die Sprache des Romanauszugs zunächst wie gewohnt und notiere dir alle sprachlichen Auffälligkeiten, z. B. hinsichtlich des **Satzbaus** (z. B. Satzstruktur, Satzarten), der **Wortwahl** (z. B. Fachbegriffe, Umgangssprache) oder der **rhetorischen Mittel** (z. B. Aufzählung, Metapher). Da dir in der Aufgabenstellung vorgegeben wird, dass du dich auf sechs unterschiedliche und „besonders auffällige“ Merkmale beschränken sollst, kannst du bei der Ausformulierung der Teilaufgabe auch kurz darauf eingehen, warum du dich für die von dir ausgewählten sechs Merkmale entschieden hast. Diese Überlegung hilft dir auch, diejenigen Merkmale aus deiner Auflistung herauszufiltern, die für den Text von besonderer Bedeutung sind.

3. Charakterisierung von Max und seinem Großvater

Für die Beschreibung des Charakters der handelnden Figuren (Max und sein Großvater) musst du sowohl die Textstellen auswerten, die direkt etwas über die **Persönlichkeitsmerkmale** oder **Stimmungen** der zu beschreibenden Person aussagen, als auch die, aus denen du entsprechende Eigenschaften ableiten kannst. Denke auch daran, am Ende der Charakterisierung auf das **Verhältnis** zwischen den beiden Figuren einzugehen.

4. Stellungnahme
Themabegriff der Aufgabe ist das „Zusammenleben mehrerer Generationen“. Der **Erörterungsauftrag** besteht in der Frage nach den Vor- oder Nachteilen. Diese können auf die verschiedenen Generationen, also z. B. die Kinder, die Eltern und die Großeltern, bezogen werden oder generationenübergreifend sein. Bei einer Stellungnahme ist es wichtig, dass du von Anfang an deutlich machst, welche Meinung du zum Thema vertrittst. Nach einer genauen **Themaanalyse** entscheidest du dich also für eine von beiden Seiten (Vor- oder Nachteile) und machst zu dieser Seite des Themas eine kurze **Stoffsammlung**. Suche dir anschließend die zwei bis drei **Argumente** aus, die dir am wichtigsten erscheinen und die du gut veranschaulichen kannst. In der Regel dürften zwei bis drei ausführliche Argumente (mit Begründung, Beispiel(en) und eventuell Folge/Wirkung) genügen, um auf die vorgegebene Wortanzahl zu kommen (etwa 250 Wörter). Halte die Sprache sachlich, auch wenn du deine Meinung darstellst.

5. Innerer Monolog
Für die inhaltliche Gestaltung dieser Aufgabe ist zunächst eine **genaue Klärung der Aufgabenstellung** notwendig. Es heißt „möchte später seinen Fehler wiedergutmachen“. Dieses „später“ bezieht sich offensichtlich auf die Zusatzinformation zum Roman, in der es heißt, dass der Großvater ins Haus seines Sohnes zieht und hauptsächlich von Schwiegertochter und Enkel gepflegt wird. In dieser Situation soll sich jetzt der Enkel Gedanken machen, welche Möglichkeiten sich ihm bieten, seinen Fehler wiedergutzumachen. Außerdem soll er sich für eine der Möglichkeiten entscheiden. Man könnte den Inhalt des inneren Monologs also um das Verwerfen unterschiedlicher Möglichkeiten anlegen und dann nach Alternativen suchen, wie Max zumindest für sich eine Möglichkeit findet, sein Gewissen zu beruhigen. Das starke finanzielle Interesse des Enkels kann hier mit einfließen. Zu bedenken ist dabei, dass Max zwar einerseits ein schlechtes Gewissen hat, andererseits aber kein allzu stark ausgeprägtes Unrechtsbewusstsein besitzt. Außerdem musst du bei dieser Aufgabe darauf achten, dass du die Merkmale eines inneren Monologs erfüllst. Hierbei geht es in erster Linie um die anschauliche Darstellung der **Gedanken, Stimmungen und Empfindungen** einer Figur. Denke auch daran, das Sprachniveau dem Romanauszug anzupassen (einfacher und verständlicher Erzählstil). Weitere allgemeine Hinweise zum inneren Monolog findest du im vorderen Teil dieses Buchs.

SCHLUSS
Sofern du die genannten **Einleitungsvarianten** nicht verwendet hast, kannst du sie auch für einen Schlussgedanken benutzen. Zudem ist es möglich, das **Verhalten des Enkels** im Schluss in den Mittelpunkt zu stellen und es zu bewerten. Auch eine Darstellung eventueller **Schwierigkeiten und Probleme** im Zusammenleben von Jung und Alt und bei Pflegebedürftigkeit ist als Abschluss deines Aufsatzes geeignet. Du kannst dich auch allgemein mit der **Wichtigkeit von Werten**, wie Vertrauen, Ehrlichkeit und Verantwortung, für das Zusammenleben in der Familie auseinandersetzen.

Aufsatzbeispiel

TIPP **Hinweis zur Randspalte**

Die **Angaben am Rand** sind nicht Bestandteil des Aufsatzes, sondern dienen nur deiner Orientierung hinsichtlich Inhalt und Aufbau.

EINLEITUNG
Thematik des Textes, Basisinformationen zum Text

Der Auszug aus dem Roman „Ehrenwort" beschreibt einige Aspekte der Beziehung zwischen dem verwitweten Großvater und seinem Enkel, der sich um ihn kümmert. Der Großvater ist sehr an einem vertraulichen Verhältnis interessiert und gibt dem Enkel für seine Hilfe regelmäßig Geld. Als dieses ausbleibt, nimmt der Enkel unbemerkt Geld aus dem Tresor, was etwas später weitreichende Folgen hat. Die 1935 geborene Autorin Ingrid Noll hat zahlreiche Romane geschrieben, in denen sie sich meist den Widrigkeiten des Lebens und den positiven und negativen Seiten zwischenmenschlicher Beziehungen widmet. Der Roman ist 2010 beim Diogenes Verlag in Zürich erschienen.

HAUPTTEIL
1. Zusammenfassung des Inhalts
(Z. 1–25)

Max erinnert sich an die Besuche bei den Großeltern in seiner Kindheit und daran, wie seine Großmutter den Vanillepudding in Form eines Fisches immer aufgeteilt hat. Heute ist die Puddingform unbenutzt, da die Großmutter gestorben ist. Der Großvater ist mittlerweile auf Hilfe angewiesen, weshalb sich Max um ihn kümmert, seit er den Führerschein besitzt. Er erledigt Besorgungen sowie Aufgaben im Haushalt und bekommt vom Großvater dafür regelmäßig Geld. Dieses bewahrt der Großvater in einem Tresor auf, dessen Schlüssel hinter der Fischform versteckt ist, was der Enkel längst weiß.

(Z. 26–49)

Für Max entwickelt sich die Hilfe für den Großvater zu einer fast berufsmäßigen Pflicht, der Großvater hingegen bemüht sich um ein vertrauliches Verhältnis zum Enkel, indem er ihre gemeinsame Schwäche, das Rauchen, bei Max finanziell unterstützt. Als der Großvater durch Max' Mutter erfährt, dass dieser mit dem Rauchen aufgehört hat, bleiben die großzügigen Geldgeschenke aus. Dies bringt den Enkel in eine Zwangslage, weil er mit dem Geld offenbar Schulden zurückzahlen muss. Da Max einen Hausschlüssel besitzt, schleicht er sich ins Haus des Großvaters und stiehlt ihm Geld aus dem Tresor.

(Z. 50–60)

Später erfährt Max von seiner Mutter, dass der Großvater seine langjährige Haushaltshilfe Frau Künzle entlassen hat, weil er sie verdächtigt, das Geld gestohlen zu haben.

Weder kann Max seinen Fehler gutmachen, weil er das Geld nicht mehr hat, noch gesteht er seiner Mutter den Diebstahl. Im Gegenteil, er versucht die Überlegungen seiner Mutter, wie man den Großvater weiter unterstützen könnte, dahingehend zu beeinflussen, dass er davon finanziell möglichst stark profitiert. (Z. 60–71)

2. Sprachliche Mittel und deren Wirkung

Bei der Untersuchung der Sprache fallen sechs Merkmale in besonderer Weise auf, da sie den Erzählstil deutlich prägen oder optisch hervorgehoben sind.

einfache Satzgefüge oder Satzreihen

Der Textauszug weist insgesamt einen klaren, verständlichen und einfachen Sprachstil auf, der sich auch an den übersichtlich formulierten Satzgefügen und Satzreihen ablesen lässt. So verwendet die Autorin meist nur einfache Satzgefüge (z. B. Z. 2/3, Z. 3–5, Z. 8/9), welche die einfache Erzählweise und den ruhigen Erzählfluss unterstützen, oder reiht Hauptsätze aneinander (z. B. Z. 14/15, Z. 17–19, Z. 48/49). Dabei dienen die Satzreihen oftmals der knappen Darstellung von zum Teil routinemäßigen Handlungsabläufen.

sehr wenige Fremdwörter

Auch die Wortwahl ist einfach gehalten, da die Autorin nur sehr wenige Fremdwörter („lukrati[v]“, Z. 25; „Senioren“, Z. 56) verwendet.

umgangssprachliche Ausdrücke

Außerdem streut Ingrid Noll einige umgangssprachliche Ausdrücke aus verschiedenen Zeiten in den Text ein, wodurch deutlich wird, wie unterschiedlich die Lebenswelten der beteiligten Personen sind. So stellt sie beispielsweise altmodisch wirkende Formulierungen aus der Jugendzeit des Großvaters (z. B. „toller Hecht“, Z. 28; „kesse Biene“, Z. 29) bzw. der Mutter (z. B. „Moneten“, Z. 54; „gebunkert“, Z. 57) Ausdrücken aus der Gegenwart, die Max zuzuordnen sind (z. B. „Job“, Z. 25; „rückte […] heraus“, Z. 38/39; „Typen“, Z. 43; „weißeln“, Z. 67; „Okay“, Z. 69), entgegen.

wörtliche Rede

Trotz der einfachen Sprache wirkt der Text abwechslungsreich, wofür unter anderem die wörtliche Rede (z. B. Z. 28/29, Z. 36–38, Z. 55–60) sorgt. Diese wird zum Teil an Schlüsselstellen (Thema „Rauchen“), die für den Fortgang der Geschichte entscheidend sind, verwendet, und hebt sie damit hervor.

bildhafte, aussagekräftige Ausdrücke

Auch die bildhaften und aussagekräftigen Ausdrücke, z. B. „kindlich[e] Grausamkeit“ (Z. 3/4), „verekelte“ (Z. 5), „glotzend[e] Fischaugen“ (Z. 6), „in den Tiefen des Küchenbuffets“ (Z. 10) und „Spruch auf den Lippen“ (Z. 20/21), tragen zur Abwechslung bei. Darüber hinaus stellen sie einen Gegensatz zur insgesamt recht einfachen Wortwahl dar und heben die Kindheitserinnerungen im Vergleich zur Gegenwart als etwas Besonderes heraus.

Kursivschreibung

Neben diesen für den Erzählstil prägenden Merkmalen fällt die Kursivschreibung von zwei Textstellen vor allem optisch auf, wodurch die Formulierungen stärker in den Fokus der Aufmerksamkeit rücken. Zum einen wird die lateinische Redensart „pecunia non olet“ (Z. 21/22), die einerseits auf die Bildung des Großvaters verweisen und andererseits auf das später folgende Problemthema „Geld“ vorausdeuten könnte, durch die kursive Schrift hervorgehoben. Zum anderen wird das Possessivpronomen „seine“ (Z. 50) kursiv gesetzt, was die Sonderrolle der Haushälterin als jahrelange treue Hilfe betont und damit die Tiefe des scheinbaren Vertrauensbruchs verdeutlicht.

3. Charakterisierung von Max und seinem Großvater

Aus dem Romanauszug lassen sich einige Merkmale zur Charakterisierung von Max, seinem Großvater und dessen Verhältnis zueinander herauslesen oder ableiten.

Charakterisierung von Max

So wird klar, dass Max ein junger erwachsener Mann ist („Mit neunzehn hatte Max“, Z. 34), der alt genug ist, um einen Führerschein zu besitzen (vgl. Z. 13/14). Trotz seines Erwachsenenalters wohnt er aber vermutlich noch bei seinen Eltern. Seine ältere Schwester ist hingegen bereits von zu Hause ausgezogen (vgl. Z. 69–71). Für seinen Großvater erledigt Max alltägliche Arbeiten (vgl. Z. 13–16) und übernimmt auch unangenehme zusätzliche Aufgaben („Und das ausgerechnet […] Zehennägel abgeknipst hatte.“, Z. 39–41). Dabei scheint es ihm jedoch weniger um das Wohl seines Großvaters als vielmehr um finanzielle Vorteile zu gehen („doch das brauchte der Großvater nicht unbedingt zu wissen“, Z. 35; „Auch Max fand, dass Geld nicht stank“, Z. 22; „dachte dabei an einen größeren Auftrag“, Z. 67). Das Thema „Geld“ spielt für ihn auch in anderer Hinsicht eine Rolle, da er offenbar finanzielle Verpflichtungen zweifelhafter Herkunft hat (vgl. Z. 42/43). Max ist deswegen so verzweifelt, dass er sogar seinen eigenen Großvater bestiehlt. Sein Unrechtsbewusstsein scheint somit nicht sehr ausgeprägt zu sein („Nachdem Max recht verzweifelt“, Z. 43/44; „Max […] bediente sich.“ Z. 48/49). Nur an zwei Stellen im Text wird möglicherweise ein schlechtes Gewissen bei Max spürbar, nämlich als er von seinem Großvater darauf angesprochen wird, dass er ihm verheimlicht hat, mit dem Rauchen aufgehört zu haben („Max wurde rot und stotterte“, Z. 37), und als Max erfährt, dass die Haushälterin Frau Künzle fälschlicherweise des Diebstahls beschuldigt wird („[...] hätte Max es heimlich wieder hingebracht", Z. 60/61).

Charakterisierung des Großvaters

Der Großvater hat alterstypische gleichförmige Verhaltensweisen entwickelt (vgl. z. B. Z. 16–20), ist verwitwet (vgl. Z. 13) und spätestens seit dem Tod seiner Frau auf Hilfe im Alltag angewiesen (vgl. z. B. Z. 13–16). Seine Unselbstständigkeit nimmt offenbar auch immer weiter zu, sodass er zu verwahrlosen droht (z. B. „lüftete kaum", Z. 13; „die gelblich verfärbten", Z. 40; „wie im Schweinestall", Z. 52; „im Grunde dürfe der Opa überhaupt nicht mehr alleine wohnen.", Z. 68/69). Die Hilfe der Haushälterin Frau Künzle war also dringend notwendig. Da der Vorschlag, eine polnische Pflegekraft oder Haushaltshilfe einzustellen, mit den Worten „Eine Polin [...]. Bei seinen Vorurteilen gegenüber Ausländern?" (Z. 63) gleich wieder verworfen wird, wird deutlich, dass der Großvater Vorbehalte gegenüber Ausländerinnen und Ausländern hat.

ihr Verhältnis zueinander

Der Großvater vertraut Max so sehr, dass aus seiner Sicht nur die Haushälterin für den Diebstahl des Geldes verantwortlich sein kann (vgl. Z. 50–53). Auch in der Vergangenheit war der Großvater um ein vertrauliches Verhältnis zum Enkel bemüht („Schon immer wollte der Großvater seinem Enkel gefallen", Z. 26). Im Gegensatz zur Kindheit sind für Max die Besuche beim Großvater jedoch nur noch „Pflicht" und ein „Job", der in finanzieller Hinsicht interessant ist (vgl. Z. 23–25). Der Großvater glaubt hingegen an ein gutes und enges Verhältnis zwischen ihm und seinem Enkel (vgl. Z. 26–28, Z. 33/34). Max kann mit der Vertraulichkeit seines Großvaters aber offenbar nicht viel anfangen (fast verächtliche Kurzbeschreibung des Fotos, vgl. Z. 30–32); die finanziellen Vorteile, die sich daraus ergeben, nimmt er jedoch gerne an. Deshalb verschweigt er auch, dass er gar nicht mehr raucht (vgl. Z. 34/35). Das Verhältnis zwischen Großvater und Enkel kann daher insgesamt als ungleich bezeichnet werden, da sein Großvater mehr Zuneigung zeigt als Max (vgl. Z. 26–28). Dennoch basiert das Verhältnis auf gegenseitigem Vertrauen im Zusammenhang mit Max' zuverlässiger Hilfe. Doch dieses Vertrauen nutzt der Enkel schließlich dreist aus, indem er sich den Schlüssel zum Tresor „angel[t]" (Z. 48) und sich ungefragt am Geld des Großvaters bedient.

4. Stellungnahme

Einleitung

In den Zusatzinformationen zum Roman „Ehrenwort" von Ingrid Noll wird erwähnt, dass der Großvater nach einem Sturz bei seinem Sohn aufgenommen und von Max und seiner Mutter gepflegt wird. Das Zusammenleben mehrerer Generationen unter einem Dach hat meiner Meinung nach aber nicht nur im Roman, sondern auch in der Realität viele Vorteile.

Argument 1: Gegenseitige Unterstützung bei der Lebensführung und im Haushalt

Einen besonders wichtigen Vorteil sehe ich darin, dass sich die verschiedenen Generationen gegenseitig bei der Lebensführung und im Haushalt unterstützen können, da sie unter demselben Dach wohnen und Hilfe somit schnell verfügbar ist. Während die Eltern arbeiten, können die Großeltern beispielsweise auf die Kinder aufpassen. Brauchen die Großeltern hingegen Unterstützung bei körperlich anstrengenderen Tätigkeiten im Haushalt, z. B. staubsaugen, so können die jüngeren Generationen diese Arbeiten für sie übernehmen. Diese gegenseitige Hilfe erleichtert demzufolge allen Bewohnerinnen und Bewohnern des Mehrgenerationen-Haushalts die eigene Lebensführung.

Argument 2: Aufteilung der Lebenshaltungskosten

Neben der gegenseitigen Unterstützung bei den alltäglichen Dingen und im Haushalt trägt das Zusammenleben mehrerer Generationen unter einem Dach, wie ich finde, auch zu Einsparungen in den Lebenshaltungskosten bei. Denn es macht einen erheblichen Unterschied, ob sowohl die Eltern als auch die Großeltern Miete zahlen müssen und jeder für sich die Kosten für Heizung, Warmwasser, Strom etc. tragen muss. Entscheiden sich mehrere Generationen, zusammen ein Haus zu beziehen, bietet das den Vorteil, dass sie sich die Kosten teilen können. Dies ist besonders dann interessant, wenn es sich um den Bau eines neuen Hauses oder den Kauf einer Immobilie handelt. Auch Einkaufen kann für alle gemeinsam erledigt werden und ist somit zeitsparender. Wird dann noch für alle gekocht, was zum Beispiel die Großeltern übernehmen können, spart dies wiederum Geld und außerdem Zeit.

Schluss

Dies sind nur zwei Vorteile von zahlreichen weiteren positiven Aspekten, die ein Zusammenleben mehrerer Generationen unter einem Dach mit sich bringt. Diese Vorteile allein sind meiner Ansicht nach aber schon so groß, dass es sich für viele Familien lohnen dürfte, ernsthaft über dieses Wohn- und Lebenskonzept nachzudenken. *(312 Wörter)*

Ein Gutes hat es ja, dass Großvater nun bei uns ist. Ich komme wieder zusätzlich zu Geld, wenn auch nicht von ihm. Mutter gibt mir einen Anteil von dem, was sie von ihm fürs Essen und alles andere bekommt. Es wird ja immer mehr, was er nicht selber tun kann, und er wird immer gebrechlicher und grantiger. Die Sache von damals liegt mir schwer im Magen, jedes Mal, wenn ich ihn sehe, erinnere ich mich daran. Und ich sehe ihn oft, sehr oft … Was hätte ich damals machen können? Ihn anbetteln und erzählen, dass ich Schulden habe, so unter Männern? Dass mir der Typ mit Schlägen drohte, wenn ich nicht pünktlich meine Spielschulden abstottere?

5. Innerer Monolog

Bezug zur aktuellen Situation

Erinnerung an die damalige Situation

Jetzt wäre das Geld da, ich könnte es zurücklegen. Er hätte sich einfach andauernd verrechnet … Ja, wie dumm wäre das denn! Opa ist noch ganz klar im Kopf, woher soll plötzlich das Geld kommen? Dann könnte ich es ja auch gleich gestehen. Außerdem, den Tresor gibt es nicht mehr, Opas Haushalt ist aufgelöst, das Haus wird verkauft.

Verwerfen der Möglichkeit, das Geld heimlich zurückzugeben

Ja genau, du gestehst einen Diebstahl! Klar! Genial! Und das einem alten, pflegebedürftigen Menschen, der dir vertraut und der dir hilflos ausgeliefert ist. Der auch noch deswegen seine treue Haushaltshilfe entlassen hat. Deren Geschrei mag ich mir gar nicht vorstellen, die erfährt das ja garantiert. Also, spar dir das Geld für den Urlaub. Und – Mensch, spar dir auch die Wahrheit. Das macht alles nur noch schlimmer. Für Großvater, für mich …! Das zieht mich dann erst recht runter. Und mein Vater zeigt mich glatt an und meine Mutter heult dann wieder den ganzen Tag herum.

Verwerfen der Möglichkeit, den Diebstahl zu gestehen

Es muss doch einen Ausweg geben, der mein Gewissen beruhigt und dem Alten nicht wehtut! … Ja, jetzt, das ist es! Ich arbeite das Geld einfach ab. Opa kommt kaum raus an die frische Luft. Ich werde ihm vorschlagen, jeden Nachmittag, wenn ich von der Arbeit komme, mit ihm eine halbe Stunde im Park eine Runde zu drehen. Naja, eigentlich müsste es heißen zu schieben, den Rollstuhl nämlich. Wenn ich die halbe Stunde – virtuell – mit 10 Euro verrechne, dann sind das dreißig Mal und ich hab's abgearbeitet. Und wenn er mir dafür ab und zu Geld gibt, dann mach ich's halt länger. Hauptsache, ich werde dieses blöde Gefühl endlich los.

Entschluss, seine Schulden und seine Schuld durch Spazierfahrten abzuarbeiten

SCHLUSS

Bewertung von Max' Verhalten

Für den Enkel ergeben sich nach dem Einzug des Großvaters eigentlich keine sinnvollen Möglichkeiten, den Diebstahl wiedergutzumachen oder den Vertrauensbruch zu gestehen. Der entscheidende Fehler war dabei natürlich, dass er im Gelddiebstahl die einzige Lösung seiner finanziellen Probleme sah. Dieser Vertrauensbruch wiegt an sich zu schwer, um ihn wiedergutzumachen. Mit dem Einzug des Großvaters ins Haus seiner Eltern sehe ich erst recht keine Möglichkeiten mehr, irgendetwas daran zu ändern, ohne dass die lange unterdrückte Wahrheit nicht noch schlimmere Konsequenzen hätte, weil sie den Großvater in einer weitaus hilfloseren Situation trifft.
Max wird wohl mit seiner ungesühnten Schuld leben müssen. Vielleicht bleibt bei ihm die nachhaltige Erkenntnis für sein Leben zurück, Vertrauen niemals zu missbrauchen und niemals mehr einen Menschen zu bestehlen.

Um dir die Prüfung 2022 schnellstmöglich zur Verfügung stellen zu können, bringen wir sie in digitaler Form heraus.

Sobald die Original-Prüfungsaufgaben 2022 freigegeben sind, können sie als PDF auf der Plattform **MyStark** heruntergeladen werden (Zugangscode vgl. Umschlaginnenseite).

Prüfung 2022

www.stark-verlag.de/mystark